4訂版

精神科産業医が明かす

職場の
メンタルヘルスの
正しい知識

ゲートウェイコンサルティング(株) 代表取締役
吉野聡産業医事務所 代表

吉野 聡

ゲートウェイコンサルティング(株) COO
吉野聡産業医事務所 副代表

梅田忠敬

共著

筑波大学医学医療系 教授

松崎一葉

監修

日本法令

4訂版刊行にあたり

　本書の初版が刊行されてから、すでに12年近くの歳月が経過しました。「十年一昔」といわれますが、その10年を越えて多くの方々にご愛読いただき、今回4訂版を刊行させていただけることに、心より御礼申し上げます。

　今回あらためて本書を見返した時、メンタルヘルスに関連した仕事を毎日行っている私たちはあまり実感することのないまま、大きな変化が、この長い年月の間に生じていたことに気づかされました。たとえばメンタルヘルスの問題は、初版刊行当時はうつ病が議論の中心でしたが、近年は発達障害、適応障害、双極性障害など、多様な精神障害の存在が知られるようになりました。もちろん、臨床医学の世界でも、治療薬や治療方針にもさまざまな変化が生じています。また、メンタルヘルスに関連する社会的事象に関しても、ストレスチェック制度の創設やハラスメント防止対策の義務化、労働時間の上限規制や健康経営ブームの到来など、時々刻々と、中心となる話題は変化しています。

　そのようななか、今回の4訂版では、2019年の中国武漢での感染報告に端を発し、世界的なパンデミックを引き起こした新型コロナウイルス感染症によってもたらされた、働き方の変化に注目し、内容を増補しています。これまでも働き方改革の一環としてさまざまな企業で導入が検討されてきたテレワークは、今回の感染症の流行を機に、一気に大きな広がりを見せました。それにともない、これまでは対面か電話・メールが主流であったコミュニケーションも、オンラインツールを用いて、画面越しに相手の顔を見ながら話ができる体制が急速に構築されました。また、在宅で仕事をするようになったことで、これまでのFAXや押印を必要とする書面などのアナログ的な手段が衰退し、さまざまな書類の電子化やデータのクラウド化など、デジタルトランスフォーメーションが一気に加速した感があります。

これらの変化は、効率性や利便性を生み出すことはたしかですが、その一方で、職場に大きな変化と、それにともなうストレスを発生させていることもまた、たしかなことです。効率化を追求すればするほど、便利になればなるほど、人の心の余裕が失われる危険性があることに注目しなければなりません。「いつでも、どこでも仕事ができる」ことは、一歩まちがえると、「いつでも、どこでも仕事に追われる」という事態を引き起こす可能性を孕んでいるのです。

　今回の改訂にあたっては、これらの新しいストレスとどのように上手に付き合っていくのか、テレワークにともなうストレスとその対処法に関し、事例を交えながら大幅に追記いたしました。本書を、新しい働き方にともなうリスクを上手にコントロールしながら、そのメリットを最大限に享受し、より一層、働きやすく、活気ある職場をつくるための参考にご活用いただければ幸甚です。

令和３年７月吉日

　　　　　　　吉野聡産業医事務所 代表
　　　　　　　ゲートウェイコンサルティング（株）代表取締役

　　　　　　　　　　　　　吉野　聡

初版刊行にあたり
～本書の特徴と使い方～

　職場には、メンタルヘルス以外にもメタボリックシンドローム、受動喫煙、新型インフルエンザなど、対策を講じなければならない健康面の問題がたくさんあります。私が産業医として不思議に感じるのは、どこの企業でも生活習慣を改善するためのレクチャーをしたり、分煙化を進めたり、消毒薬を入り口に配置したりと、メンタルヘルス以外の問題に対してはそれなりに画一的な取り組みがなされているにもかかわらず、メンタルヘルス対策に関しては企業間の温度差が顕著なことです。「メンタルヘルス対策なんてやっても意味がない」と考えている企業から、「メンタルヘルス対策こそ現代社会の最重点課題だ」と捉えている企業まで、企業間で大きな温度差があるのです。

　私は、この温度差の原因は、対策の対象が腹囲、煙、ウィルスという物理的に把握できる物と、「心」というわかったようでよくわからない抽象的な存在との違いにあるのではないかと考えています。対象が抽象的なので、厚生労働省から出される指針や手引きも抽象的で一般的なものにならざるを得ません。そのため、よく練られた指針や手引きであっても、具体的にどのように活用したら良いのか、今ひとつピンとこないのです。しかし、対象が抽象的で理解しにくい物だからといって、対策を講じなくて良いことにはなりません。とくに心の健康問題の職域における増加は著しく、今後もおおいに増え続けることが予想されているわけですから、企業が適切な対策を講じることは不可避といえるでしょう。

　そこで本書では、筆者の精神科を専門とする産業医の経験から、指針や手引きを具体的にどのように使いこなすのか、そして企業が今、心の健康問題を減らすために何をすべきなのかについて、実践的に解説をしていきたいと思います。

メンタルヘルス対策は、企業がどこまで真剣に心の健康問題を減らそうという熱意を持っているかにより、その浸透度が大きく異なります。「メンタルヘルス対策なんて意味があるの？」とお話をされる方は、おそらく基本的なメンタルヘルス対策の考え方が十分に理解できていないために心の健康問題の重要性が理解できていない方か、もしくはメンタルヘルスの一般論を勉強しすぎたあまりに対応困難事例に対しても一般的な対応方法を行い、事例がさらにこじれてしまったことで無力感を味わった方のどちらかではないでしょうか。

　本書は、このどちらの方にも対応できるような構成をとりました。前者の方は、序章から順に読み進めていただければメンタルヘルスの重要性とその対策が十分にご理解いただけると思います。後者の方は、第4章から逆に読み進めていただければ、困難事例の特徴と対応をご理解いただき、一般的なメンタルヘルス対策についてもより深くご理解いただけると思います。

　もちろん、どのようなメンタルヘルス対策がもっとも効果的で、効率的なのかといった問題に対する答えは誰も持ち合わせていないことは事実です。だからこそ本書の具体的取り組みを参考に、それぞれの企業の実情にあわせた実効的なメンタルヘルス対策が実行されることを期待致します。

　平成21年11月吉日
　　　　　　筑波大学大学院人間総合科学研究科 助教・精神科産業医

　　　　　　　　　吉野　聡

監修にあたり

　みなさんはストレスという存在をどのように捉えられているでしょうか？　ストレスというと、何か悪いもののように捉えられがちですが、ストレスの本当の意味は、良いことも悪いことも、我々を取り巻く環境のすべての変化のことなのです。つまり、ストレスの少ない職場というのは変化の乏しい膠着した職場ということになり、活性化し、新しい取り組みを目指す企業は常に多くのストレスにさらされているということになります。

　携帯電話やインターネットなどのモバイル機器が広く普及し、飛行機や新幹線などの交通手段の発達により時間距離が短縮され、変化のスピードが格段に上がった現代社会はストレス社会といえるのです。

　そのような社会の中で、企業がメンタルヘルス対策に取り組む重要性はますます高まっています。とくに、常に新しいことに挑戦している活性化している会社であればあるほど、いかに上手に社員のストレスを管理していくかが課題となるのです。

　そこで、企業がどのようなメンタルヘルス対策を講じていくかが重要です。しかし、何から取り組むべきなのか、その道筋がはっきりとしない企業は少なくありません。もちろん、厚生労働省から出されている指針や手引きにその概要は示されていますが、実際にどのように運用すべきなのかがわからなかったり、指針や手引きに当てはまらない困難事例が出てきたりとさまざまな壁にぶつかってしまうことがあると思います。

　そこで本書は、大学における研究の成果を社会還元するとともに、我々の精神科産業医としての実務経験を踏まえたうえでの明日からでも実践的に使えるメンタルヘルス対策の知識を広く提供することを目的といたしました。私は、このストレス社会の中で、社員が心の健康を保ちながら社会に貢献していけるようにすることが、企業の社会的な責任で

はないかと考えています。そのような責任をはたすための一つの方策として、本書をご活用いただければ幸いです。

平成21年11月吉日

筑波大学大学院人間総合科学研究科 教授・精神科産業医

松崎　一葉

目　次

序　章

なぜメンタルヘルス対策は難しいのか
〜まったく異なる２つの「うつ」の事例から〜

第1章

企業における心の健康問題の実態
〜増え続ける心の健康問題の現状と今後〜

第2章

心の健康問題を発生させない職場づくり
～「メンタルヘルス指針」とストレスチェック制度～

Ⅰ　メンタルヘルス指針と4つのケア

Ⅱ　セルフケア

Ⅲ　ラインケア

Ⅳ　事業場内産業保健スタッフによるケア

療養中の社員に対する職場復帰支援の方策
～「職場復帰支援の手引き」の実践的活用法～

職場復帰支援の流れと方策

第4章

職場対応が困難な心の健康問題への対処法
～事例から学ぶ、特徴と対策～

「職場対応が困難な事例」に対する考え方

困難事例1　現代型うつ病

困難事例2　パーソナリティ障害

困難事例3　自閉症スペクトラム障害

困難事例4　アルコール依存症

memo

なぜ
メンタルヘルス対策は
難しいのか

～まったく異なる2つの「うつ」の事例から～

① 同じ診断書内容の、まったく異なる2つの事例

筆者は、ある日、2人の部長からまったく同じ相談を受けました。それは、「部下から『うつ状態のため3か月の自宅療養を要する』という診断書が送られてきたのだが、今後はどのように対応したらよいのだろうか」というものでした。

くわしく話を聞いてみると……

事例1　過重労働が発症の主な原因と考えられる「うつ」（従来型うつ）

山本修治さん　38歳　大手総合食品メーカー勤務（営業第2課 課長）

山本さんは学生時代、名門大学のアメリカンフットボール部のキャプテンを務めるなど、文武両道をモットーに、ゼミでも部活でも周囲を引っ張り、リーダーシップを発揮していました。卒業後はアメリカンフットボール部の先輩に誘われて大手の総合食品メーカーに就職し、営業担当に配属されました。

入社当時から熱心な仕事ぶりと豊富な知識、そしてその明るいキャラクターでお客さんからの評判も非常によく、30歳を過ぎた頃くらいからは毎年、最高の売上成績を更新するなど会社の業績にも大きく貢献していました。そして、35歳の時にはその優秀な成績を買われて異例のスピードで営業課長に昇進、同期でも出世頭となりました。

しかし、課長に昇進して以降、部下のマネジメントに時間を割かれることが多くなり、得意の客先回りをする時間が少なくなったせいか、営業成績が伸び悩むようになりました。周囲からは「管理職になると、なかなか自分のことに時間を割けないから、それは仕方ないことだよ」と言われるものの、山本さん自身は「課長がトップの成績を上げなくては、部下に示しがつかない」と、さらに躍起になって残業を繰り返す日々が続き、ついには残業時間が月に140時間にも及ぶようになってしまいました。また、家族思いの山本さんは、平日の帰りが遅くなって子供と遊んであげられないことを気にして、毎週日曜日の午前中には子供の野球のコーチをやり、夕方からは休日出勤して次の日の朝まで会社に泊まり込むといった生活を

していたようです。

　そんなある日、職場に行く電車の中で軽い頭痛と吐き気に襲われ、病院に行きましたが、とくに異常はないと診断されました。しかし、その後もなんとなく体の調子が悪いと感じることが多く、とくに朝方に強い倦怠感を感じていたそうです。

　そして、初めて体の異変を感じてから２か月後、ついに「会社に行かなければならない」と思うものの体が動かなくなり、出社できなくなってしまいました。奥さんに付き添われて近所の内科を受診したところ、「うつ病の可能性が高いので、精神科を紹介しましょう」と紹介状を手渡されました。紹介された精神科を受診したところ、『うつ状態のため３か月の自宅療養を要する』という診断書が発行されました。診察の際、山本さんは主治医に対して「３か月も休めるはずがありません。自分が行かなければ、職場のみんなに迷惑をかけてしまいます。１週間も休めば仕事に行けると思います。お願いですから、もっと早く職場に行けるようにしてください」と取り乱したといいます。しかし、その場は主治医から「３か月というのはあくまで目安です。もちろん病気が良くなれば、もっと早くに職場に戻ることはできますよ。ですから今はあわてずに、まずは病気を治すことに専念しましょう」と促され、しぶしぶ診断書を会社に提出することに納得したようです。

　その翌日、郵送で部長の下に診断書が届いたとのことでした。

浅沼隼人さん　26歳　大手製造業メーカー勤務（設計技師）

　浅沼さんは、父親は大手企業の取締役、母親は専業主婦という裕福な環境で育ちました。幼い頃から塾に通い、有名私立大学の附属中学校に進学。トライアスロン部に入部して、高校1年生の時には全国大会に出場するなど、期待の新人であったといいます。しかし、高校2年生の時の大会で自転車をこいでいる際に転倒、骨折したために母親が部活顧問の責任を問いただしたことをきっかけに、退部することになってしまいました。大学は、順調にエスカレーター式で附属大学の理工学部に入学。イベントサークルに入り、勉学は単位を落とさない程度に行っていました。その後、就職浪人となったことより、父親のすすめで大学院の修士課程に進学し、24歳の時に現在の会社に大学教授の推薦で入社しました。

　入社後、初期研修の時期には、同期の仕切り役として飲み会を開催したり、メーリングリストを作成したりと、生き生きと過ごしていたそうです。そして半年の初期研修を終え、本人が希望した、会社の基幹工場の設計部門に配属となりました。配属後の新人歓迎会では、「自分はこの会社を背負って立つような一流の設計技師になりたいと思います」と力強く宣言しました。

　しかし、実際に業務を開始すると、思うように仕事が進みません。大学院時代に習得した知識はほとんど役に立たず、先輩からも「ここの部分はもう少しユーザーが使いやすいように工夫が必要だね」などと、お客様の気持ちに立った設計を行うように指導されることが多かったそうです。そのような指導に対して、その場では表面上「そうですね」と聞いているふりをしているものの、その後もまったく改善するきざしはなく、逆に「自分が頑張っているのに職場で力を発揮できないのは先輩の指導が抽象的だからだ。大学院時代の先生はもっと丁寧に具体的に教えてくれた」、「自分が配属された工場は大きすぎて、こまめな育成指導が行き届いていない。もっと小さな工場だったら自分の力が発揮できるのに」などと同期に漏らすようになりました。

　また、浅沼さんは日頃から先輩に対し「仕事とプライベートは区別したい」と話し、製品開発の期限が迫り部署の全員が残業している時でも、「用事がありますから」と終業時刻になると1人先に帰ってしまうことも多かったようです。その場は仕方なく先輩が浅沼さんの尻拭いをして、な

んとか開発の期限に間に合わせていましたが、先輩に感謝の気持ちを述べることも決してなかったといいます。

　このような浅沼さんの態度について、しだいに先輩も仕事に対する責任感が希薄だと憤りを感じるようになり、先輩との関係が悪化していきました。そして、浅沼さんが入社して２年目のある日、部長から「もうそろそろ今年度の新入社員も配属される時期だから、浅沼君ももっと責任感を持って仕事に取り組んでもらわないと困るよ」と指導されたのをきっかけに、職場に来なくなってしまいました。

　心配になった部長が自宅に電話をしたところ、母親が憤慨した様子で「職場で過度なプレッシャーをかけられて仕事に行けなくなったようです。今日病院に行ったら、うつで３か月の自宅療養が必要と診断されました。明日には会社に診断書が届くと思います」と言ったといいます。そこで部長が「隼人さんと直接話がしたい」と申し出たところ、母親は「隼人はあなたの一言が原因でうつになったそうじゃないですか。それなのになんであなたとお話ししなければならないのですか。本当に非常識な職場ですね。それに今息子は、気分転換にスポーツジムに出かけているので、家にはいません」と言い放ち、一方的に電話を切ってしまいました。

　その翌日、郵送で部長の下に診断書が届いたとのことでした。

❷ なぜメンタルヘルス対策は難しいのか？

　みなさんはこの2つの事例をご覧になって、どのように感じられたでしょうか？　おそらく、【事例1】に対しては非常に同情的な気分になったものの、【事例2】に対しては批判的な気分がわいてきて、「これは本当に『うつ』なのか？」と思われたのではないでしょうか？

　このようにみなさんがまったく異なる感情を抱く2つの事例ですが、診断書にはまったく同じ文言が書かれている——そうです、メンタルヘルス対策の難しさはここにあるのです。すなわち、心の病気はレントゲン写真や血液検査ではわかりません。そうなると、企業が頼る情報源として、主治医の診断書やそれに基づく主治医の意見のウェイトが非常に大きくなってしまうのです。にもかかわらず、この2つの事例のように、まったく違うと思われる病態に対して、まったく同じ診断書が発行されてしまうのでは、いったい企業としては何を頼りにメンタルヘルス対策を進めていけばよいのか、途方に暮れてしまいます。

❸ メンタルヘルス対策は企業を救う

　筆者は、メンタルヘルス対策は、企業の成長にとって必要不可欠なものであると考えています。【事例1】の山本さんが典型ですが、うつ病を中心としたメンタルヘルス不全は、企業の中心となるハイパフォーマーに起こりやすいという特徴があります。これは当然といえば当然です。仕事ができる人ほど多くの複雑な案件を抱え、さらには胃が痛くなるような対人折衝の場面を任されることも多いからです。また、真面目・几帳面といった性格傾向から仕事を断ることが苦手で、過重労働から心身の疲弊を来すことも少なくありません。

　以前、とある過労自殺をめぐる裁判で、このように大真面目に主張し

た日本の大企業があります——「自殺した労働者は真面目で責任感が強く、几帳面かつ完璧主義で、自ら仕事を抱え込んでやるタイプで、能力を超えて全部自分で背負い込もうとする行動傾向があった。その性格傾向が自分の仕事を増やし、その処理を遅らせ、仕事に対する時間配分を不適切なものにした。だから会社側だけでなく、自殺した労働者の側にも責任がある」。筆者はこの主張に強い憤りを覚えます。真面目、強い責任感、几帳面といった性格傾向は、戦後の高度経済成長を支えてきた、日本人が美徳とするものだったのではないでしょうか。もし、この性格傾向が原因でうつになったことについて、本人も責任を負わされるのであれば、うつにならないために不真面目、無責任、いい加減になれというのでしょうか。もちろんそれでは、決して企業の発展にはつながりません。

　真面目に一生懸命働く人だからこそ、ストレスがたまり、心の不調を来す可能性が高くなることを企業はきちんと認識すべきなのです。そのうえで、一生懸命働く人のストレスが過度に蓄積しないような労務管理の手法を考え、それでも不調を来してしまったときのために早期発見・早期受診につなげる体制、さらには心の不調で仕事を長期に休んだ労働者がもう一度社内で活躍できるような円滑な職場復帰の方法を整備しておくことが重要なのです。企業がこのようなメンタルヘルス対策を行うことで、労働者は安心して一生懸命働けるようになるのです。

心の健康問題の多様性に対応するために

　さて、ここまでの内容をお読みになって、多くの方がこう思うでしょう——「真面目、几帳面、他者配慮的な、いわゆる社内の『いい人』『できる人』に対しては、企業がきちんとメンタルヘルス対策を行わなければならないことは十分にわかった。しかし【事例2】のような、一見単なるワガママとも思えるような事例にどのような対応をすべきなのかがわからずに困っているのだ」。たしかに、おっしゃるとおりです。

厚生労働省を中心とした公的な機関から出されている指針や手引きは、あくまで【事例１】のような典型的なタイプの心の健康問題への対応を想定したものです。本人の性格的な要因が強く影響したり、完全な回復が困難な障害としての要素が強く、職務遂行能力に大きな問題が生じてしまったりするタイプの心の健康問題には、十分に対応しきれていません。

　ですから、企業としては、【事例１】のような典型的なタイプの心の健康問題については基本的なメンタルヘルス対策を推進すること、一方、【事例２】のような"どうも定型的ではなさそうだな"と思われる事例については事例に応じた対応をとることが必要となるのです。

　そこで、本書では、「基本的なメンタルヘルス対策」と「事例に応じた対応」を学ぶことができるよう、次のような構成をとりました。

第１章　企業における心の健康問題の実態　（☞33ページ〜）

◆まず企業における心の健康問題の現状を把握していただきます。

第２章　心の健康問題を発生させない職場づくり　（☞61ページ〜）

◆現在、メンタルヘルス対策の一般的な指針とされている「労働者の心の健康の保持増進のための指針」（平成18年策定、平成27年改正。厚生労働省）に記載されている４つのケアを、実際に職場ではどのように実践していくべきなのかについて理解を深めていただきます。

◆ストレスチェック制度と、その活用の仕方についてお示しします。

◆新型コロナウイルスの大流行で導入が急速に進んだ「テレワーク」は、その急激な変化により、また「職場に通勤して業務を行う」という従来のやり方とは異なる働き方であることから、労働者に新しいストレスを生じさせています。テレワーク時に発生しやすいストレスと、それに対す

る労働者自身・管理監督者の対処法についてお示しします。

第3章　療養中の社員に対する職場復帰支援の方策　（☞181ページ～）

◆多くの企業で頭を悩ませている、心の健康問題による長期欠勤者の職場復帰をどのように支援していくかについて、「心の健康問題により休業した労働者の職場復帰支援の手引き」（平成16年作成、平成21年・平成24年改訂。厚生労働省）をもとに、職場は具体的にいつ、何をすべきなのかをはっきりとお示しします。

◆休職・復職システムの制度化やそれに対応する就業規則の整備などにも触れ、人事労務の観点からこの問題をどのように解決すべきかの道筋をお示しします。

第4章　職場対応が困難な心の健康問題への対処法　（☞245ページ～）

◆第2章・第3章で示した原則がうまく適用できない心の健康問題に焦点をあて、多くの事例を紹介することにより心の健康問題の多様性についての理解を深めるとともに、その対応方法を身につけていただきます。具体的には、統合失調症、躁うつ病、パーソナリティ障害、自閉症スペクトラム障害（発達障害）、アルコール依存症、【事例2】のような現代型うつ病、また近時特有の問題であるテレワークうつ（適応障害）について取り上げています。

　本書を通読いただくことで、増え続ける心の健康問題に対して会社は何をすべきなのか、そして、心の健康問題は決して人事労務担当や職場の管理職、産業医など誰か1人の努力で解決するものではなく、職場全体が問題意識を持って取り組み、相互に連携して解決していかなければならない問題であるということがご理解いただけると思います。

memo

第1章

企業における
心の健康問題の実態

～増え続ける心の健康問題の現状と今後～

　「自殺」という言葉を聞いた時に、非常に縁遠い、何か特別なものと捉える方は多いのではないでしょうか。しかし、日本における自殺者数は、平成24年以降ようやく３万人を下回ったものの、依然として年間２万人以上という大変高い数値で推移しています。特に令和２年は、新型コロナウイルスの影響もあり、11年ぶりに前年より増加しました。毎晩のように交通事故による死亡者発生のニュースが流れていますが、令和２年中における交通事故死者数は2,839人ですから、いかに自殺で命を落とす方が多いか、ご理解いただけることかと思います。

■図表1-1 日本人の死因（令和元年）

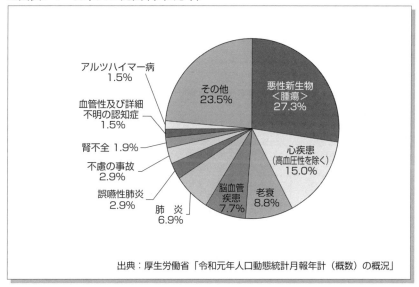

出典：厚生労働省「令和元年人口動態統計月報年計（概数）の概況」

■図表1-2 自殺者数の年次推移

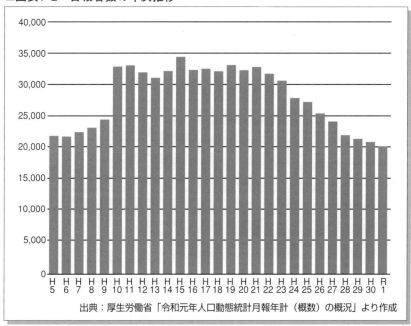

出典：厚生労働省「令和元年人口動態統計月報年計（概数）の概況」より作成

しかも、これを生産年齢人口（15歳以上65歳未満）に限って見ると、30代までの死因としては自殺が第１位、40代でも第２位となっており、働き盛りの世代にとって、いかに自殺が深刻な問題かがご理解いただけるでしょう。

■図表1-3　年齢（5歳階級）別死因順位と死亡率

年齢	第1位		第2位		第3位	
	死因	死亡率	死因	死亡率	死因	死亡率
15-19	自　殺	9.8	不慮の事故	3.6	悪性新生物	2.2
20-24	自　殺	17.4	不慮の事故	5.2	悪性新生物	2.7
25-29	自　殺	16.9	悪性新生物	4.2	不慮の事故	3.8
30-34	自　殺	17.7	悪性新生物	7.9	不慮の事故	4
35-39	自　殺	17.6	悪性新生物	14.9	心疾患	5.5
40-44	悪性新生物	26.2	自殺	17.5	心疾患	9.8
45-49	悪性新生物	49	自殺	18.9	心疾患	17.6
50-54	悪性新生物	86	心疾患	30.4	自殺	20.7
55-59	悪性新生物	154.3	心疾患	45.4	脳血管疾患	26.5
60-64	悪性新生物	259.1	心疾患	71.5	脳血管疾患	39.2

出典：厚生労働省「令和元年人口動態統計月報年計（概数）の概況」

また、自殺は以前は高齢者の死因として問題になっていましたが、最近では働き盛りの中高年層の自殺が目立っています。

■図表1-4　男女別・年齢別自殺者数

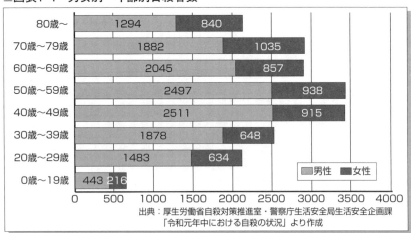

出典：厚生労働省自殺対策推進室・警察庁生活安全局生活安全企画課
「令和元年中における自殺の状況」より作成

実は、世界的に見ても、日本の自殺率は非常に高く、「自殺大国」といえるほど深刻な社会問題となっています。

■図表1-5　自殺の国際比較（人口10万対）

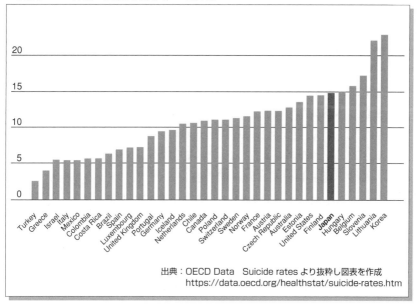

出典：OECD Data　Suicide rates より抜粋し図表を作成
https://data.oecd.org/healthstat/suicide-rates.htm

*

なぜこのように日本の自殺率が高いのかは明らかになっていません。島国の閉鎖的な文化がコミュニケーションを阻害し、悩みを抱え込みやすい国民気質を作り出しているのかもしれませんし、真面目・几帳面といった、日本人が美徳とする性格がストレス社会を生み出しているのかもしれません。少なくともこれまでに挙げてきたデータから読み取れることは、多くの日本人、とくに働き盛りの年代は、心の健康問題を抱えている可能性が高いということです。

❷ 増え続ける、企業における心の健康問題

　現在、みなさんの会社に、心の健康問題のために１か月以上お休みされている方はいらっしゃいますか？　そう聞くと、おそらく多くの方が、「はい」と答えるでしょう。それもそのはずです。厚生労働省の労働安全衛生調査（平成30年）によれば、メンタルヘルス不調により連続１か月以上休業した労働者がいる事業所は、中小企業を含めた全事業所で6.7％でした。従業員数1,000人以上の事業所に限れば、90％以上の事業所でメンタルヘルス不調が原因で休業した労働者がいたという結果が出ています（図表1-6）。また、同調査によれば、5.8％の事業所で、メンタルヘルス不調により退職した労働者が出ています。

　さらに、メンタルヘルス不調者が最近３年間で「増加傾向」「横ばい」と回答している企業の割合は、合計で９割近くを推移しています。また、メンタルヘルス不調者の多い年齢層は、2006年当時は30代が最も多かったのですが、以降現在まで、他の年齢層へも広がりを見せている状態にあります（図表1-7）。

　このような状況からも、企業における心の健康問題は、未だ改善の糸口はつかめておらず、また問題を抱えている世代も広がりを見せており、複雑化してきていることがおわかりいただけるでしょう。

　しかし、これは筆者の精神科産業医としての感覚ですが、実際には、企業ではもっと深刻な状況が起きているのではないでしょうか。なぜなら、民間企業を対象とした調査では、やはり「私の会社にはメンタルヘルス不調者がたくさんいます」などと胸を張って答える企業はまずないでしょうから、実際にメンタルヘルス不調者がたくさん発生している企業はこのような調査に協力をしない、つまり自分の会社の実態を明かしていない可能性が十分にあります。

　また、民間企業を対象とした調査ではもう１点、注意をしなければならない点があります。それは、「一度心の健康問題を抱えた人は、二度と満足な仕事をすることはできない」というまちがった認識を持ってい

（単位：％）

区　分	事業所計	該当する労働者がいた	該当する労働者の人数				該当する労働者の人数				該当する労働者がいなかった
			1人	2人	3人	4人	5人	6～9人	10～29人	30人以上	
連続1か月以上の休業者 1)	100.0	6.7	4.6	1.0	0.5	0.1	0.1	0.2	0.1	0.0	93.3
（事業所規模）											
1,000人以上	100.0	91.9	1.7	5.2	4.8	4.6	2.7	19.7	42.1	11.2	8.1
500～　999人	100.0	76.8	14.2	13.2	8.5	5.8	8.0	18.7	8.4	—	23.2
300～　499人	100.0	65.6	20.9	14.8	6.2	5.1	6.3	9.5	2.7	—	34.4
100～　299人	100.0	37.4	22.8	5.9	5.0	1.2	0.6	1.5	0.4	—	62.6
50～　99人	100.0	14.6	10.4	3.1	0.9	—	0.1	—	—	—	85.4
30～　49人	100.0	7.1	5.9	0.9	0.2	—	—	—	—	—	92.9
10～　29人	100.0	2.4	2.2	0.2	0.0	—	—	—	—	—	97.6
（再掲）50人以上	100.0	26.4	14.8	4.8	2.7	0.8	—	1.6	0.4	0.1	73.6
退　職　者 1) 2)	100.0	5.8	4.2	1.0	0.3	0.1	0.1	0.1	0.0	0.0	94.2
（事業所規模）											
1,000人以上	100.0	70.3	19.2	12.5	11.4	3.3	5.1	9.9	8.1	0.9	29.7
500～　999人	100.0	39.9	19.1	10.6	4.3	3.5	1.3	0.4	0.7	0.1	60.1
300～　499人	100.0	31.1	17.1	7.1	1.4	2.5	0.9	0.9	0.6	0.5	68.9
100～　299人	100.0	16.0	11.4	1.8	1.7	0.1	0.4	0.2	0.4	—	84.0
50～　99人	100.0	10.6	7.2	1.3	0.9	0.5	0.3	0.4	—	—	89.4
30～　49人	100.0	7.7	5.0	2.0	0.2	0.4	0.0	—	—	—	92.3
10～　29人	100.0	3.6	2.9	0.5	0.1	0.0	—	—	—	—	96.4
（再掲）50人以上	100.0	14.6	9.4	2.1	1.4	0.6	0.5	0.5	0.3	—	85.4

注：1）「連続1か月以上の休業者」及び「退職者」には、受け入れている派遣労働者は含まれない。
　　2）同じ労働者が連続1か月以上休業した後に退職した場合は、退職者のみに計上している。

出典：厚生労働省「平成30年労働安全衛生調査」より作成

■図表1-7　最近3年間の「心の病」の増減傾向と心の病の多い年齢層の推移

		2006年	2010年	2014年	2017年	2019年
心の病の増減傾向	増加傾向	61.5%	44.6%	37.6%	24.4%	32.0%
	横ばい	29.4%	45.5%	51.4%	59.7%	54.7%
	減少傾向	1.8%	6.4%	7.8%	10.4%	10.2%
	わからない	7.3%	2.8%	1.8%	5.4%	3.1%
心の病が最も多い年齢層	10-20代	11.5%	13.9%	18.4%	27.9%	30.6%
	30代	61.0%	58.2%	38.8%	32.6%	33.3%
	40代	19.3%	22.3%	32.4%	35.8%	29.6%
	50代以上	1.8%	1.2%	4.4%	3.7%	6.5%

出典：公益財団法人日本生産性本部メンタル・ヘルス研究所
　　　「第9回『メンタルヘルスの取り組み』に関する企業アンケート調査結果」より作成

る企業においては、心の健康問題を抱えた労働者には会社を辞めてもら
うような対応がとられていることもあるという現実です。このような対
応をとれば、表面上は、メンタルヘルス不調のため1か月以上の欠勤・

休業をしている社員は会社にいないことになってしまいます。

　このような点から、民間企業を対象とした調査結果以上に、心の健康問題は社会では深刻な状況になっているのではないかと推測しているのです。

❸ 公務員の心の健康問題の実態

　そのような筆者の推測を裏付けるデータとして、参考までに、公務員を対象とした調査結果をお示ししておきましょう。みなさんもご存じのように公務員には強い身分保障がありますので、通常、心の健康問題を抱えたからといって、解雇や退職勧告がなされるようなことはありません。また、営利を目的とし、企業イメージを大切にする民間企業と異なり、公務員の場合には職場内の心の健康問題の発生状況を隠す必要はありませんから、より社会の状況を正確に反映したデータを得ることができるのです。

　まず、図表1-8に、少し古いデータですが、東京都知事部局の地方公務員の長期休業者数のデータを示します。これによれば、平成５年に48,972名いた職員数が平成25年には23,502名と半分以下に削減されているにもかかわらず、精神障害を原因として30日以上の休みを取った職員数は148名から357名と約2.4倍に増加しており、割合ではおよそ331人に１人から66人に１人と、約５倍、増加していることがわかります。

　もちろんこれは、東京都に限った話ではなく、全国自治体の公務員でも、国家公務員でも、ほぼ同様の傾向にあります。

　図表1-9は、全国の地方公務員を対象とした、疾患別の長期病休者（30日以上）の割合をグラフにしたものです。新生物（いわゆる悪性腫瘍、がんのこと）や消化器系・循環器系の疾患による病休者の割合はそんなに変化していないのに対し、心の健康問題（精神及び行動の障害）による休業者の割合のみが年々増加しています。

■図表1-8　東京都知事部局職員における30日以上の病休者の推移

	平成5年		平成10年		平成15年		平成20年		平成25年	
職員数	48,972		45,254		30,831		24,889		23,502	
病休者数	1,153		972		878		640		632	
1位	損傷中毒	206	精神	198	精神	238	精神	354	精神	357
2位	新生物	174	新生	164	新生	106	新生	93	新生	62
3位	骨格系等	163	損傷	141	損傷	66	損傷	38	損傷	42
4位	消化器系	152	骨格	119	骨格	53	循環	35	循環	34
5位	精神障害	148	循環	84	循環	41	妊娠等	29	妊娠等	32

出典：東京都総務局調べ

■図表1-9　地方公務員の疾病長期病休者率（職員10万人対）

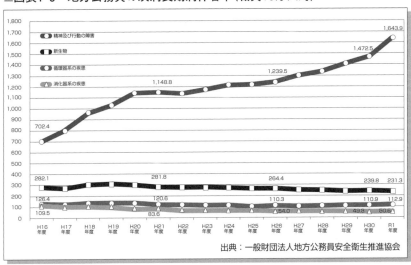

出典：一般財団法人地方公務員安全衛生推進協会

　また、人事院による「精神および行動の障害による長期病休者数調査」でも、一般職の国家公務員のうち、平成30年度において引き続いて１か月以上の期間、心の健康問題により休んだ者は3,818人（全職員の1.39％）おり、高い水準で推移しています。

■図表1-10　精神及び行動の障害による長期病休者数及び全職員に占める
　　　　　　割合の推移

	平成26年度	平成27年度	平成28年度	平成29年度	平成30年度
総　数	3,389人 1.24%	3,295人 1.20%	3,487人 1.27%	3,841人 1.39%	3,818人 1.39%
男　性	2,691人 1.19%	2,586人 1.15%	2,700人 1.20%	2,902人 1.30%	2,898人 1.31%
女　性	698人 1.47%	709人 1.44%	787人 1.56%	939人 1.75%	920人 1.68%

（注）「精神及び行動の障害」には、「神経系の疾患」のうち「自律神経系の障害」に分類された者の数を含めて計上
　　　している。

出典：人事院「令和元年度 年次報告書」

　このような調査結果から、いかに職場で心の健康問題が深刻化してい
るかが、よくおわかりいただけるでしょう。

4 心の健康問題を原因とする労災申請も急増中

　この十数年の間で、いかに心の健康問題が社会的に深刻な状況となってきているかについては、十分にご理解がいただけたことと思います。しかし、この心の健康問題はもう1つ違った側面から、企業に大きな影響を与えています。それは、心の健康問題を原因とする労働災害（以下「労災」といいます）の認定請求が急増しているということです。すなわち、心の健康問題に関して企業側の責任が問われるケースが、爆発的な勢いで増加しているということなのです。

　実は平成3年の時点では、精神障害（＝心の健康問題）を原因とする労災認定請求件数はわずか2件、認定は1件もありませんでした。ところが、「使用者は、業務の遂行に伴う疲労や心理的負荷等が過度に蓄積して労働者の心身の健康を損なうことがないよう注意する義務を負う」とする、過労による自殺に対して安全配慮義務違反が初めて認められた損害賠償請求事件（電通事件（第1審：東京地判平成8年3月28日、控訴審：東京高判平成9年9月26日、上告審：最判平成12年3月24日））をきっかけに、平成11年に「心理的負荷による精神障害等に係る業務上外の判断指針（労災認定判断指針）」が作成されて以降は、申請件数・認定件数ともに右肩上がりに上昇し、令和2年度には608件が労災認定されているのです。

　これは、前述のとおり、職場における心の健康問題が深刻化していることに加え、「心の病気にかかるのは本人が弱いからだ」などと個人に原因があると考えられてきた時代に終止符が打たれたことを意味しています。企業が適切な対策を講じずに、職場におけるストレスが主な原因となり心の健康問題を発症させてしまった以上は、企業側に責任があるとされる時代となったのです。

　労働契約法の5条に、安全配慮義務として、「使用者は、労働契約に伴い、労働者がその生命、身体等の安全を確保しつつ労働することができるよう、必要な配慮をするものとする。」と法文化された（平成20

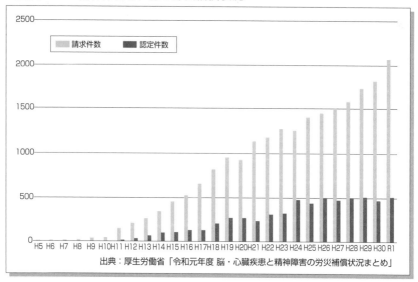

■図表1-11　精神障害等に係る労災補償状況

出典：厚生労働省「令和元年度 脳・心臓疾患と精神障害の労災補償状況まとめ」

年）ことからも、企業が労働者の健康に対して重い責任を負わされていることは明らかです。

　なお、この安全配慮義務については、「どこまでメンタルヘルス対策を行ったら安全配慮義務を履行したことになるのか？」というご質問をたびたび頂戴しますが、筆者はこれに関しては明確な答えを持ち合わせていません。というよりも、明確な答えは存在しない、と言ったほうがよいでしょう。

　なぜならば、さまざまな判例・裁判例を分析すると、安全配慮義務は、事案の性格、脈絡などを踏まえた裁判所の心証、総合判断に委ねられる面が大きく、事案に関するさまざまな事情を斟酌したうえで、企業側に一定の責任を負わせるべきとの心証に至った際には、その理由付けとして法令、行政規則、さまざまな指針や学会の報告書などを根拠に「安全配慮義務違反があった」と認定されるという実務的な傾向が見えてくるからです。もちろん、この逆もあり、企業に責任を負わせることが酷と思われる事例に関しては、「安全配慮義務違反は認められない」と結論づけられます。

つまり、裁判所は、その企業が関連法規や諸規定を遵守しながら適切に労務管理を行っているかどうか、どこまで真摯にメンタルヘルス対策に取り組んでいるかどうか、そして事案発生時にどれだけ誠実に対応しているかどうか等の観点から「企業に責任を負わせるべきかどうか」の結論を導き、その理由付けとして「安全配慮義務」を用いているにすぎないということなのです。

　ですから、企業側としては、何をしたら安全配慮義務を履行したことになるのかというアリバイ作りに腐心するよりも、コンプライアンスを重視した適切な労務管理を行い、本書に示すようなメンタルヘルス対策を会社全体の問題と捉えて適切に実施し、さらには事例発生時には厄介払いをするのではなく、病状の回復と職場復帰に向けた誠実な対応をすることこそが、安全配慮義務を履行したと認定される最善の策だといえるのです。

❺ これからも心の健康問題は増え続けるのか？

　心の健康問題は、まちがいなく増え続けます。

　"Global Burden of Disease（グローバルな疾病負担）"という指標に関する、WHO（世界保健機構）の興味深い報告があります。この指標は、疾病がどれだけ経済に影響しているかという観点で見たもので、病気になってどれだけ損失が出るか、そしてそれを予防すればどれだけ得をするかを表すものです。

　この報告によると、うつ病による社会全体に対する経済的損失は、2000年では４位でしたが、2004年には３位に上昇しました。そして予測では、2030年には１位になるとされており、がんやHIVなどのほかのどんな病気よりもうつ病が社会全体にもたらす損失が大きくなるとされています。

　医療費や労働力などを考えると、うつ病は個人の問題ではなく、社会全体に大きな損失を生じさせる問題だということなのです。このWHO

■図表1-12　各種疾病による経済的損失

2004年推計		
順位	原因	割合(%)
1	下部呼吸器疾患	6.2
2	下痢性疾患	4.8
3	単極性大うつ病	4.3
4	虚血性疾患	4.1
5	HIV／AIDS	3.8
6	脳血管疾患	3.1
7	早産及び低体重児	2.9
8	新生児仮死および分娩時外傷	2.7
9	交通事故	2.7
10	新生児感染症	2.7

2030年予測		
順位	原因	割合(%)
1	単極性大うつ病	6.2
2	虚血性疾患	5.5
3	交通事故	4.9
4	脳血管疾患	4.3
5	COPD※	3.8
6	下部呼吸器疾患	3.2
7	難聴（成人発症）	2.9
8	屈折異常(近視、遠視、乱視)	2.7
9	HIV／AIDS	2.5
10	糖尿病	2.3

※ COPD（Chronic Obstructive Pulmonary Disease：慢性閉塞性肺疾患）

出典：WHO「The global burden of disease：2004 update」pp.51

の予測からして、今後も心の健康問題は増え続けると考えてまちがいな
いでしょう。

6　心の健康問題にともなう経済損失はどれくらい？

　国立社会保障・人口問題研究所は、平成22年9月、自殺やうつ病がな
くなった場合の経済的便益は、平成21年の単年度で以下の項目に影響を
与え約2.7兆円に及ぶと推計し、平成22年でのGDPの引上げ効果は約1.7
兆円にものぼると算出しました。

・自殺死亡がゼロになることによる稼働所得の増加
・うつ病による自殺と休業がなくなることによる労災補償給付の減少
・うつ病による休業がなくなることによる賃金所得の増加
・うつ病がきっかけで失業することがなくなることによる求職者給
　付の減少

　このように、心の健康問題は我が国の経済に大きな影響を与えるばか
りでなく、着実に、多くの企業に大きな経済損失を及ぼします。

みなさんは、自分の働く企業で１人、心の健康問題で長期の療養を余儀なくされた場合にどの程度の損失が発生するか、考えたことがあるでしょうか。

　心の健康問題で１か月以上病欠した労働者の平均休業日数は約５か月といわれています。しかも、心の健康問題は、通常はある日突然に発症するわけではなく、多くの場合、心身の疲労から集中力や判断力が低下し、しだいにパフォーマンスが落ちていき、その結果、療養生活をせざるを得なくなるという特徴があります。

　また、療養生活後に職場復帰をしたとしてもすぐに元のように仕事をすることは困難ですし、そのようなことをすれば再発を招く可能性もあります。そこで、どうしても復帰後３か月程度は、仕事の量・質に十分な配慮が必要となってきます。

　そのように考えると、療養生活の前後３か月ずつは平均して半分程度のパフォーマンスだとするならば、

療養中の休業期間：	５か月
療養開始前の職務能力低下期（３か月）×0.5：	1.5か月
職場復帰後のリハビリ期（３か月）×0.5：	1.5か月
	計８か月分

の労働損失となります。それに加えて、会社が加入している健康保険組合は傷病手当金や医療費の支出を負担することになるわけですし、休業者に対応する人事労務担当者や産業保健スタッフの労力・時間・コストも相当なものになります。さらに、労災申請や安全配慮義務違反による民事訴訟などに発展すれば、企業の損失は測り知れません。

　実際に、平成29年に労災問題研究所が示した最近３年間の過労死・過労自殺事件での判決額・和解金額の動向によれば、判決の平均額は4,269万円、和解の平均額は4,752万円となっています。３億7,000万円を求めて提訴した事案もありました。近年の有名な過労自殺事件における損害賠償額を見ると、その平均は１億円に近い額となっていますが（**図表1 -13**）、このようなことからも、企業に与える影響が大きいことがよくわかるでしょう。

■図表1-13　近年の有名な過労自殺事件における損害賠償額

事件名	判決年月日	損害賠償額
電通事件	最高裁判所第二小法廷 平成12年3月24日	1億6,800万円（和解）
オタフクソース事件	広島地方裁判所 平成12年5月18日	1億1,111万円
ニコン・ネクスター事件	東京高等裁判所 平成21年7月28日	7,058万円
音更町農業協同組合事件	釧路地裁帯広支部 平成21年2月2日	1億900万円
マツダ事件	神戸地裁姫路支部 平成23年2月28日	6,300万円

　また、前述のような直接的な影響だけではなく、間接的な影響として、療養生活をする人が発生した職場では、その人の分の仕事を残された人で何とかやり遂げようと無理をし、結果として連鎖的に同じ職場内で心の健康問題が発生することも少なくないですし、「あの部長の下で仕事をしていたら、私もいつかうつになっちゃうかも……」といった不安感から、職場全体の士気が低下してしまったり、モラールが欠如してしまったりするということも、よくある話です。過労自殺等が発生するという最悪の事態に発展すれば、企業イメージにも大きなダメージを与えることになります。

❼ 顕在化したメンタルヘルス問題の背後にある大きな問題

　よく、「メンタルヘルスにお金をかけるのは無駄」、「健康管理って非生産部門なんですよ。別に企業にお金を落としてくれるわけじゃないですから」とおっしゃる企業の労務関係者の方にお会いします。しかし、これまでのお話で、メンタルヘルス対策を怠ると企業や組織に大きな損失が発生するおそれがあるということがご理解いただけたのではないでしょうか。

　さて、ここまでお話ししてきたのは、顕在化した問題に関する経済的損失や企業の責任についてでした。しかし実は、メンタルヘルス問題は、単に休職者だけの問題ではありません。職場のメンタルヘルスの問

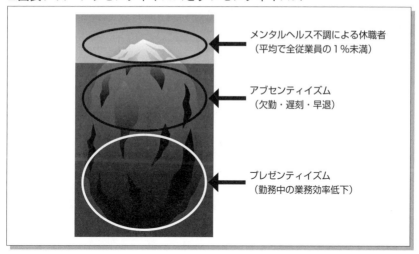

題を氷山にたとえると、水面に出て顕在化しているメンタルヘルス不調による休職者の背後には、水中にある氷の部分、つまり水面下に潜んでいて目に見えない部分に当たる、休職してはいないものの欠勤がちとなっている労働者（アブセンティイズム）や、勤務は続けているもののモチベーションの低下などにより生産性が低下している労働者（プレゼンティイズム）など、本質的に解決していかなければならない、より大きなメンタルヘルス問題が潜んでいるのです（図表1-14)。

8 アブセンティイズムとプレゼンティイズム

　病気や体調不良など何らかの理由で、労働者が遅刻・早退、欠勤を繰り返す状態をアブセンティイズム（Absenteeism）、また、出社はしているものの、何らかの不調のせいで頭や体が思うように働かない、モチベーションが上がらないなど、本来期待されるパフォーマンス（職務遂行能力）が発揮できていない状態をプレゼンティイズム（Presenteeism）と呼びます。

■図表1-15　健康関連コスト

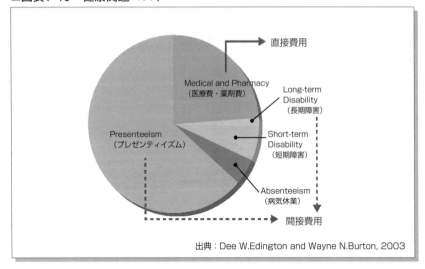

出典：Dee W.Edington and Wayne N.Burton, 2003

　図表1-15に示すのは、アメリカの大手金融サービス会社の従業員16,651名を対象に行われた、健康関連コストに関する調査結果です。

　もちろん日本とアメリカの医療制度は異なりますが、この結果から、従業員の健康に関連した企業の総コストのうち、医療費や薬剤費といった直接費用は全体の4分の1にすぎず、残りのほとんどは、アブセンティイズムやプレゼンティイズムといった労働損失が占めているということがわかりました。

　また、他の調査においても、「最大の損失はプレゼンティイズムである」といった指摘もなされており、メンタルヘルス不調による休職者（氷山の顕在化している部分）の問題以上に、企業経営において看過できない問題となってきています。

⑨　メンタルヘルス問題と企業業績との関係

企業経営においては、「人財」とも呼ばれるくらい「ヒト」は大切な

■図表1-16　優良健康経営企業と一般的な企業の株式価値の推移

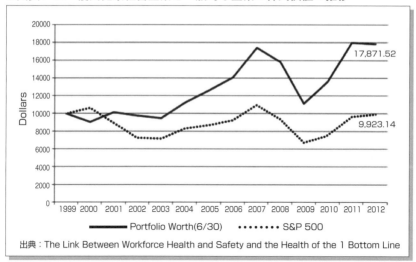

出典：The Link Between Workforce Health and Safety and the Health of the 1 Bottom Line

　経営資源の１つであることは自明ですが、一方で、企業業績が順調でないと積極的に「ヒト」へ投資をし続けることはできないと考える方も多いのではないでしょうか。

　実は、この考え方とは反対の考え方が、近年欧米を中心に浸透し始めてきています。

　図表1-16に示すのは、R. Fabiusらが、Corporate Health Achievement Award（CHAA：優良健康経営賞）を受賞した企業群の株式価値と、一般的な企業群の指標とされるS&P 500の株式価値の推移を比較した結果です。これを見ると、従業員の健康に積極的に投資してきた群（CHAA受賞企業）は、市場平均（S&P 500）と比較して、実に13年で1.8倍もの差が現れていました。

　また、日本においても、図表1-17に示すような調査結果が示されています。これは、独立行政法人経済産業研究所が行った、企業における従業員のメンタルヘルスの状況と企業業績の関係を追った研究結果で、2004年から2007年にかけてメンタルヘルス休職者比率が上昇した企業（メンタルヘルス不調により休職している労働者の割合が増加した企業）とそれ以外の企業に分け、売上高利益率の変化を見たものです。い

■図表1-17　従業員のメンタルヘルスの状況と企業業績の関係

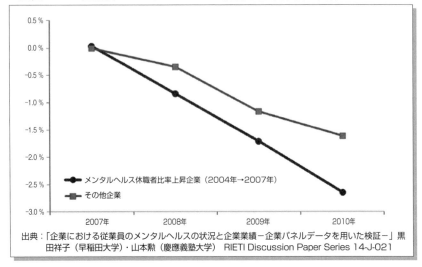

出典：「企業における従業員のメンタルヘルスの状況と企業業績－企業パネルデータを用いた検証－」黒田祥子（早稲田大学）・山本勲（慶應義塾大学）　RIETI Discussion Paper Series 14-J-021

　ずれの企業群も、2008年のリーマンショックによる景気後退の影響を受け売上高利益率は減少していましたが、その減少の度合いは、メンタルヘルス休職者比率が上昇した企業ほど大きかったのです。また、メンタルヘルス休職者比率が上昇した直後の2007年時点では売上高利益率の差は見られませんでしたが、その後、年を追うごとにその差が顕著となっていることがおわかりいただけると思います。このことから、メンタルヘルス不調の影響はすぐに生じるわけではありませんが、数年かけて企業の利益率を押し下げる影響を持っているともいえます。さらに、この調査においては、メンタルヘルス休職者比率の増加は、約2年程度のラグをともなって、売上高利益率を悪化させるといった解析結果も示されています。

　つまり、従業員の健康に対して積極的に投資していくことが、結果として企業業績の向上につながるといった知見が得られてきているのです。

10 「健康経営」という考え方

これまで見てきたように、労働者のメンタルヘルスは、顕在化している休職者の問題だけでなく、その下に潜むアブセンティイズムやプレゼンティイズムといった問題も含め、企業業績に大きな影響を及ぼしています。

企業がメンタルヘルス不調におちいり休職する労働者を減らしていく取組みはもちろん重要ですが、水面上の氷を削る対策だけでは、いずれまた新しい氷が水中から顔を出してくるだけで、本質的な解決にはつながっていきません。

水面に出ている部分だけでなく、水中に潜んでいる部分も含めた氷の塊自体を小さくしていくこと、すなわち、従業員の健康問題のみならず、モチベーションの改善も含めた積極的な対策を講じていくことが、メンタルヘルス対策においても重要であり、これが、ひいては企業業績の向上にもつながっていくのです。

こうした考え方は、日本においても「健康経営」として広まり始めています。「健康経営」とは、「『企業が従業員の健康に配慮することによって、経営面においても大きな成果が期待できる』との基盤に立って、健康管理を経営的視点から考え、戦略的に実践すること」（特定非営利法人健康経営協会）と定義されています（なお、「健康経営」は、特定非営利活動法人健康経営研究会の登録商標です）。

健康経営の発祥国であるアメリカでは、"health and productivity management" として実証研究が進んでいます。一例ではありますが、Johnson & Johnson 社の、グループ250社（全世界）、約11万4,000人に健康教育プログラムを提供したその投資効果の試算によると、健康経営への１ドルの投資額に対して、生産性やモチベーションの向上など３ドルの投資リターンがあったという報告もなされているほどです（図表1-18）。

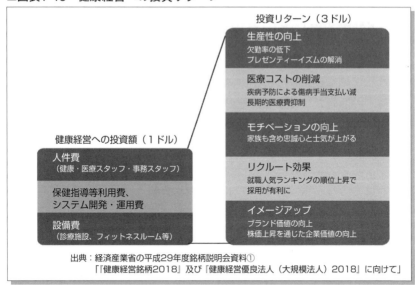

出典：経済産業省の平成29年度銘柄説明会資料①
「『健康経営銘柄2018』及び『健康経営優良法人（大規模法人）2018』に向けて」

⓫日本版健康経営 「健康経営銘柄」「健康経営優良法人」の認定

　平成26年度より、経済産業省と東京証券取引所は共同で、従業員の健康管理を経営的な視点から考え、戦略的に取り組んでいる上場企業を原則１業種から１社、「健康経営銘柄」として選定しています。主な選定基準として、「健康経営度調査（従業員の健康に関する取組みについての調査）」の総合評価の順位が上位20％以内であること（＝他社と比較して健康経営に力を入れている企業）、過去３年間のROE（自己資本利益率）の平均値の高さ（＝企業業績と連動しているかどうか）が求められており、いかに企業業績と労働者の健康管理の両立が果たせているかといったことが重視されています。

　この取組みは、上場会社の中から「健康経営」に優れている企業を選定し、長期的な視点からの企業価値の向上を重視する投資家へ紹介すると同時に、その企業が資本市場で評価されることによって、日本におけ

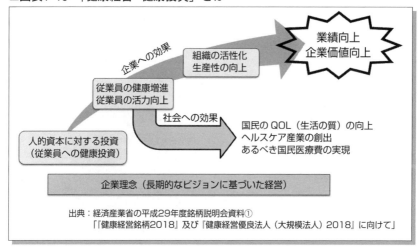

■図表1-19 「健康経営・健康投資」とは

業績向上
企業価値向上

企業への効果

組織の活性化
生産性の向上

従業員の健康増進
従業員の活力向上

社会への効果

国民の QOL（生活の質）の向上
ヘルスケア産業の創出
あるべき国民医療費の実現

人的資本に対する投資
（従業員への健康投資）

企業理念（長期的なビジョンに基づいた経営）

出典：経済産業省の平成29年度銘柄説明会資料①
『健康経営銘柄2018』及び『健康経営優良法人（大規模法人）2018』に向けて」

る「健康経営」の取組みを促進させていこうとするものです（図表
1-19）。

　さらに、平成28年度からは、健康経営のさらなる裾野拡大に向け、日
本健康会議と経済産業省が共同で、上場企業に限らず大規模な企業や医
療法人を対象とした「健康経営優良法人 大規模法人部門」と、中小規
模の企業や医療法人を対象とした「健康経営優良法人 中小規模企業部
門」の認定をスタートさせています（図表1-20）。最近ではこのような
認証取得を目指す会社も増え、現在、大規模法人部門のトップ500を
「ホワイト500」、中小規模企業部門のトップ500を「ブライト500」と称
するようになりました。

　こうした各種認定制度は、単に認定を取得して終わり、というもので
はありません。その過程における積極的な健康経営への取組みが評価さ
れ、たとえば日本政策投資銀行では、融資を求める企業に対して、通常
の企業審査と並行して、健康経営スクリーニング（健康経営格付）を実
施し、その評価に基づいた特別金利の適用を実施しています。また、東
京都内の信用金庫などでは、健康保険組合から「健康優良企業」と認定
された企業の従業員向けに、低利子ローンの提供や教育ローンの金利優
遇なども実施しているなど、ますます健康経営に注目が集まっています。

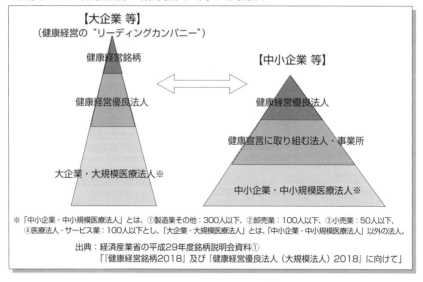

■図表1-20　健康経営の裾野拡大に向けた取組み

【大企業 等】
（健康経営の"リーディングカンパニー"）

健康経営銘柄

健康経営優良法人

大企業・大規模医療法人※

【中小企業 等】

健康経営優良法人

健康宣言に取り組む法人・事業所

中小企業・中小規模医療法人※

※「中小企業・中小規模医療法人」とは、①製造業その他：300人以下、②卸売業：100人以下、③小売業：50人以下、
　④医療法人・サービス業：100人以下とし、「大企業・大規模医療法人」とは、「中小企業・中小規模医療法人」以外の法人。

出典：経済産業省の平成29年度銘柄説明会資料①
　　　「『健康経営銘柄2018』及び『健康経営優良法人（大規模法人）2018』に向けて」

　そのほか、健康経営銘柄をはじめとした認定を受けている企業かどう
かは、就活生がどんな企業に就職したいか／その親が子どもをどんな企
業に就職させたいかの判断材料の１つにもなってきているほどです。

⓬ これからのメンタルヘルス対策

　第１章では、増え続けるメンタルヘルス問題や、メンタルヘルス休職
者にともなう企業の経済的損失、労災認定された際の企業の責任などと
いった組織にとってのマイナス面（リスクマネジメント）から、積極的
に「ヒト」へ投資することによる企業業績の向上や健康経営などといっ
た組織にとってのプラス面について話を進めてきました。

　では、どちらに注力をして、これからのメンタルヘルス対策を行って
いけばよいのでしょうか？

　もちろん、健康経営を推進し、企業業績に直結させていく取組みは、

■図表1-21　メンタルヘルス対策がもたらす企業業績への効果

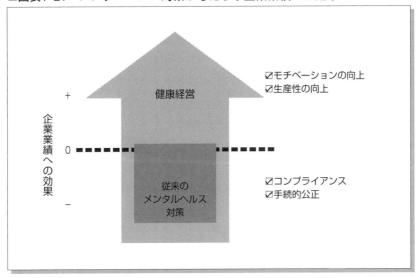

営利企業である以上必要なことですが、一方で車にたとえると、アクセルを踏み込むだけでブレーキ機能が備わっていないと、あらぬ方向（労働基準法や労働安全衛生法などを逸脱した独自の取組みなど）へ暴走してしまう恐れもあります。ただ、その逆もまた然りですが、労災など訴訟リスクを回避することばかりに腐心していては、ブレーキを踏み続けているだけですから、企業の成長は見込めません。大切なことは、労働安全衛生法などの法令遵守により労働者の健康障害を正しく防止する（ブレーキをかける）と同時に、積極的に労働者の健康面に投資していくことで企業業績の向上を目指す（アクセルを踏む）ことです。

　このような取組みには、副次的な効果もあります。法令遵守していくこと（手続的公正を高めること）は、マイナス面の改善だけでなく、職務満足や組織へのコミットメントとも深い関係があり、結果として、組織の生産性や競争力へ強い影響を持つことがわかっています。すなわち、企業の中で、誰に対しても透明で一定のルールに基づいて対応していくことは、そこで働く人々が「公正」に扱われているといった認識を持つことにつながります。その結果、安心して仕事に取り組むことがで

きるようになり、さらには組織の活性化へもつながっていくのです。

　また、2020年以降の新型コロナウイルス感染症の拡大により、テレワークを中心とした働き方の変化によるメンタルヘルスの問題にも注目が集まるようになりました。今後も働き方の多様化はより一層進むものと思われますし、それにともない、メンタルヘルス対策も多様化していくことが求められます。このような状況にあって、企業には、業績の向上のため、どのような働き方が組織を活性化させ、労働者のモチベーションや健康度を高めるのか、またそれにより業務効率や生産性がどう変わるかなどを総合的に考慮して、対策を講じていくことが求められています。本書を参考に、ブレーキとアクセルを上手に踏み分けながら、しっかりと職場のメンタルヘルス対策を進めていっていただきたいと思います。

memo

_____

_____

_____

_____

_____

_____

_____

_____

_____

_____

_____

_____

_____

_____

memo

第2章

心の健康問題を
発生させない
職場づくり

〜「メンタルヘルス指針」とストレスチェック制度〜

I

メンタルヘルス指針と4つのケア

① 企業におけるメンタルヘルス対策の実態

　みなさんの会社では、どのようなメンタルヘルス対策を講じているでしょうか？

　図表2-1に示すのは、少し古いデータですが、財団法人労務行政研究所が平成22年に実施した「企業におけるメンタルヘルスの実態と対策」に関する調査結果です。

　これを見ると、平成18年に厚生労働省から「労働者の心の健康の保持増進のための指針」が出されたこと、また平成20年に安全配慮義務が法文化された（労働契約法5条）こともあってでしょうか、平成20年から22年にかけて、大企業のみならず中小企業でも何らかのメンタルヘルス対策に着手し始め、全体としてメンタルヘルス対策を実施している企業が増えていることがよくわかります。

　また、実際にメンタルヘルス対策として何を実施しているかということについては、電話やEメールによる相談窓口を設けたり、社内報やパンフレットを配布したりという形式的なものから、社員に対するメンタルヘルス教育の充実やストレスチェックの実施、さらにはメンタルヘルスに関する社内の諸制度を整備したりそのスタッフを充実させたりといった、社内に根付く活動を意識した積極的な対策への変化が目立ちます。

　筆者の実感として、この傾向は、現在に至るまで継続しているようです。当初はメンタルヘルス対策といっても何をどのように実施したらよいのかわからず、「厚生労働省から指針が出たので、仕方なくそれに

■図表2-1　企業のメンタルヘルス対策の実施状況

(単位：%)

区　分	全　産　業								製造業		非製造業	
	規模計		1,000人以上		300～999人		300人未満					
	H22調査	前回調査(H20)	H22調査	前回調査(H20)	H22調査	前回調査(H20)	H22調査	前回調査(H20)	H22調査	前回調査(H20)	H22調査	前回調査(H20)
合計	252社(100.0)	250社(100.0)	79社(100.0)	89社(100.0)	86社(100.0)	82社(100.0)	87社(100.0)	79社(100.0)	122社(100.0)	118社(100.0)	130社(100.0)	132社(100.0)
実施している	86.5	79.2	98.7	98.9	89.5	79.3	72.4	57.0	82.8	85.6	90.0	73.5
特に実施していない	13.5	20.8	1.3	1.1	10.5	20.7	27.6	43.0	17.2	14.4	10.0	26.5
実施内容（複数回答、「実施している」＝100.0）①ストレスチェックなど心の健康に関するアンケート	41.3	37.4	55.1	60.2	40.3	16.9	25.4	22.2	50.5	46.5	33.3	27.8
②心の健康対策を目的とするカウンセリング（相談制度）	70.2	66.2	83.3	83.0	70.1	55.4	54.0	48.9	80.2	68.3	61.5	63.9
③電話やEメールによる相談窓口の設置	67.0	70.7	84.6	87.5	64.9	60.0	47.6	53.3	71.3	70.3	63.2	71.1
④管理職に対するメンタルヘルス教育	59.6	55.1	83.3	80.7	49.4	44.6	42.9	20.0	67.3	61.4	53.0	48.5
⑤一般社員に対するメンタルヘルス教育	44.5	29.3	62.8	47.7	37.7	21.5	30.2	4.4	53.5	32.7	36.8	25.8
⑥社内報、パンフレットなどによるPR	41.3	44.4	52.6	61.4	46.8	29.2	20.6	33.3	48.5	46.5	35.0	42.3
⑦メンタルヘルス不調者の勤務や処遇、職場復帰支援に関する内規・マニュアル等の設定	33.9	30.8	53.8	53.4	24.7	16.9	20.6	6.7	44.6	32.7	24.8	28.9
⑧精神科・心療内科を専門とする産業医の配備	36.2	32.3	52.6	53.4	24.7	18.5	30.2	11.1	39.6	32.7	33.3	32.0
⑨家族向けの啓発を実施	5.5	7.1	9.0	12.5	6.5	4.6			9.9	7.9	1.7	6.2
⑩その他	4.1	7.6	7.7	8.0		6.2	4.8	8.9	7.9	9.9	0.9	5.2

[注] 「実施している」には、健康保険組合が実施しているもの、外部の専門機関を利用して実施しているものも含んでいる。

従ってやっている」といった義務感でメンタルヘルス対策を実施している企業や、「何かあったときに、『うちの会社もきちんとメンタルヘルス対策に取り組んでいました』と言えないとまずいから」といった、いわばアリバイづくりとして実施している企業が目立ちましたが、最近では企業内においても効果的なメンタルヘルス対策が選別されつつあると考えられ、非常に好ましい状況であるといえます。

　メンタルヘルス対策は、真に企業が従業員の心の健康の大切さに目を向け、企業の風土として心の健康をケアする重要性を根付かせることが重要です。ですから、「とりあえず何かしなければいけないから……」と言って、すべてを外部のEAP（Employee Assistance Program：従業員援助プログラム）機関に丸投げしてしまったり、「当社ではこのようなことが問題になっているので、そこを解決できるような研修を実施したい」などという強い思いのないまま、とりあえずメンタルヘルスの分野で有名な先生を招いて「メンタルヘルスに関する研修をお願いしま

す」とだけ依頼し、内容はすべて講師任せの研修を行ったりしても、それはメンタルヘルス対策を行っているつもりになっているだけで、本当のメンタルヘルス対策を行っているとはいえないのです。

❷ 厚生労働省の「メンタルヘルス指針」

　しかし、実際に企業において、どのようなメンタルヘルス対策をどのように行えばよいのか悩んでいる人事労務担当者は、まだまだ少なくないようです。それも無理はありません。というのも、厚生労働省が作成した「労働者の心の健康の保持増進のための指針」（平成27年改正。以下「メンタルヘルス指針」といいます）には、企業が行うべきメンタルヘルス対策についての考え方や抽象的な実施方法については非常に細かく記載されているものの、いったい企業はどんなことをすればよいのかという具体的な手法についてはほとんど記載されていないのです。もちろん、厚生労働省の意図としては、この指針を基礎として、それぞれの企業の考え方や企業風土に合ったメンタルヘルス対策を講じてほしいということなのだと思います。しかし、この指針を見ても、企業の担当者はどんなことをしたらよいのかまったくわかりません。それでも会社の上層部からは「早くメンタル対策に取り組むように」とせかされるので、結果的に前記のような表面的な対応をせざるを得なくなってしまうのが、多くの企業における現実なのです。

　しかし、第1章でもお話ししたとおり、適切なメンタルヘルス対策を行うことによって、従業員は安心して仕事に邁進することが可能になりますし、またパフォーマンスの低下による労働損失を最小限に食い止め、企業の活性化につなげることができます。そこで、この第2章では、筆者が数多くの企業で精神科産業医としてメンタルヘルス対策に携わってきた経験から、このメンタルヘルス指針で柱となっている4つのケアについて具体的にどのようなメンタルヘルス対策を行うべきなのか、お話ししていきたいと思います。

③ メンタルヘルス指針が掲げる「4つのケア」

　メンタルヘルス指針では、4つのメンタルヘルスケアを継続的かつ計画的に行うことが重要であるとしています。そもそも、4つのケアとは何のことなのでしょうか。

　4つのケアとは、「セルフケア」、「ラインケア」、「事業場内産業保健スタッフ等によるケア」、「事業場外資源によるケア」を指します。それぞれ、どのようなメンタルヘルスケアのことをいっているのか、ざっと理解しておきましょう。

（1）セルフケア

　「セルフケア」とは、労働者自身がストレスや心の健康について理解し、自らのストレスを予防・軽減する、あるいはこれに対処できるようにすることをいいます。

　わかりやすく換言すると、労働者自身が、ストレスとはどんなもので、ストレスを避けるためにはどうしたらよいか、そしてストレスがたまってしまったサインにはどのようなものがあるか、サインが表れたらどうしたらよいのかなど、心の健康を維持増進するための知識を習得し、それを実行するためのケアを指します。

（2）ラインケア

　「ライン」とは、業務上の指揮命令系統のことを指します。労働者と日常的に接する管理監督者は、職場における具体的なストレス要因を把握し、その改善を図ることができる立場にあります。この管理監督者が心の健康に関して職場環境等の改善や労働者に対する相談対応を行うことを「ラインケア」といいます。

　わかりやすくいうと、残業が多い労働者に「心の健康のために、残業

を減らして早く帰りなさい」と言っても、根本的な仕事量が減ったり、仕事のやり方が変わったりしなければ、早く帰ることはできません。そこで、実際にその労働者の過重労働を改善する立場にある管理監督者がそのための具体的な方策（たとえば仕事量の軽減や期限の変更など）を講じたり、何か健康に不安がある場合には実際に相談に乗ったりすることがラインケアです。

（3）事業場内産業保健スタッフ等によるケア

「事業場内産業保健スタッフ等によるケア」とは、事業場内の産業医等事業場内産業保健スタッフ等が、事業場の心の健康づくり対策の提言を行うとともに、その推進を担い、また、労働者および管理監督者を支援することをいいます。

つまり、産業医や保健師、カウンセラー、衛生管理者などの、「産業保健スタッフ」と呼ばれる職場の健康を守る専門職が、労働者の健康や安全のために会社がすべきことについて企画立案をし、会社に提言をしたりします。また、セルフケア、ラインケアを効果的に実施するために、心の健康づくりに関する専門的な知識を提供したり、実際に相談に乗ったりします。

（4）事業場外資源によるケア

「事業場外資源によるケア」とは、事業場外の機関および専門家を活用し、その支援を受けることをいいます。事業場外の機関とは、たとえば外部の精神科病院やクリニック、カウンセリングルーム、さらには公的機関である精神保健福祉センターや保健所など、専門的な知識を有する機関を指します。事業場にはかならずしも心の健康づくりに関する専門家がいるわけではなく、そのような場合には、この事業場外資源からの支援が重要になります。また、労働者が相談内容等を事業場に知られることを望まないような場合にも、事業場外資源を活用することが効果的であると考えられます。

4 4つのケアを進める上で一番重要なこと

　この４つのケアを推進し、メンタルヘルスに理解のある職場づくりを進めていく上で、もっとも重要なことは何でしょう。優秀な産業医を雇うことでしょうか？　それとも、お金をかけて外部の EAP プログラムを導入し、相談体制を整備することでしょうか？

　筆者は、４つのケアを推進するためにもっとも重要なことは、事業者、つまり社長が、メンタルヘルスケアを積極的に推進する旨の表明を行うことだと思います。つまり、メンタルヘルスケアを推進していくためには、トップダウンで行う必要があるということです。「従業員は働いて、働いて、働きまくれ。その結果もし倒れても、他の人を補充するから別にかまわない」という会社であれば、メンタルヘルスケアは決して効果的に機能しません。表面的にメンタルヘルスケアを行ったとしても、「心の病気にはなるなよ。だけど倒れるまで仕事して初めて一人前だぞ」、「早く帰れよ。だけど仕事の量もやり方も変えないぞ」といった矛盾した指揮命令となり、かえって従業員が混乱するだけだからです。

　次に掲げるのは、筆者が精神科産業医を務める、とある東証一部上場企業のイントラで紹介された、代表取締役社長の一言です。

　「……一生懸命に仕事をすれば、やりがいは高まりますが、一方でいろいろなストレスも増大します。新しいものにチャレンジすれば、うまくいかずに壁にぶつかることもあります。素晴らしい仕事をすれば、周囲から信頼を勝ち得て、ますます忙しくなることがあります。ですから、当社はメンタルヘルス対策に全力で取り組んでいきます。当社は社員を大切にする会社です。みなさんを心の病気にさせない、万が一、病気になってしまったとしても、全力で会社がサポートする、そんな体制作りを進めていきます。みなさんもメンタルヘルスに対して理解を深めるようお願いします。……」

このようなメッセージを発することによって、社員のやる気は鼓舞されるでしょうし、安心して仕事に取り組むことができるようになります。また、愛社精神もよりいっそう強くなり、企業の生産性の向上にもつながるでしょう。

　何よりも大事なことは、トップダウンでメンタルヘルスケアに力を注ぐこと、そして、社長がメンタルヘルスケアを積極的に推進する旨を表明することなのです。

⑤ アウトカムフレームで考える

　しかし、残念ながら、多くの会社では、社長が自ら声を大にしてメンタルヘルスケアを推進する旨を表明したりはしません。なぜなのでしょうか？　それは、おそらく、メンタルヘルスケアを推進すると企業の生産性を落としてしまうと考えているからでしょう。つまり、

メンタルヘルスケアを推進する
　→時間外労働を削減したり、有給休暇の取得を促進することになる
　　→うちの会社はただでさえ人手不足で困っているのに、そんなことされたらたまらない！

……というように思考回路が働いているからなのです。メンタルヘルスケアは企業にとって不採算部門で、それを推進すると、従業員は喜ぶかもしれないけど会社は困るんだ、といった考えが根底にあることが窺えます。

　筆者は、メンタルヘルスケアについては、このような「プロブレムフレーム（原因思考）」ではなく、「アウトカムフレーム（成果思考）」で考えるべきだと思います。プロブレムフレームとは、何か問題が起きたときにその問題を生じさせる原因を探求し、その原因を取り除くことによって、問題を解決しようとする考え方です。それに対してアウトカム

フレームとは、何か問題が生じたときに、ただ単にその原因を探求するのではなく、将来的にどんな成果を得たいのかという目標を持ち、その目標を達成するためには、どのようなことを考え、どのように行動していくことがベストなのかということを探求する考え方です。

この2つの考え方の違いについて、メンタルヘルスケアに対する社長と総務部長のやりとりを例にとって見てみましょう。

プロブレムフレームでメンタルヘルスケアを考える例

総務部長：うちの会社では最近、うつ病で会社を休む社員が増加しています。

社　　長：原因は？

総務部長：最近の人員整理で、1人ひとりの負荷が増大し、過重労働傾向にあります。さらに、そのせいかみんなイライラしているようで、人間関係がうまくいっていない部署も多いようです。

社　　長：対策は？

総務部長：過重労働傾向を改善するために、時間外労働の抑制と有給休暇の取得を推進しましょう。それと、人間関係がうまくいくように、派遣社員としてカウンセラーを雇用しましょう。

社　　長：うーん、ダメだ、ダメだ。ただでさえ人員不足なのに、時間外労働を抑制して、有給休暇の取得を促進すれば、生産が追いつかなくなる。それに、カウンセラーを雇う余裕など我が社にはない！

アウトカムフレームでメンタルヘルスケアを考える例

総務部長：うちの会社では最近、うつ病で会社を休む社員が増加しています。

社　　長：君はこの問題について将来的にどうなったらいいと思う？

総務部長：そうですね。うつ病になる社員が出ずに、社員全員が健康で
　　　　　生き生きと自分の力を発揮して働けるような会社になればい
　　　　　いと思います。
社　　長：そのためにはどうしたらいいと思う？
総務部長：まずは全員の意識改革ですね。仕事はだらだら長くやればよ
　　　　　いわけではありません。メリハリをつけて、時には家族との
　　　　　時間もとれるように早く帰れる日を作ることも有効だと思い
　　　　　ます。それに、一生懸命働く人ほどストレスがたまりやすい
　　　　　のは当然ですから、そのような人をケアできるような体制の
　　　　　整備が必要なのではないでしょうか？
社　　長：そうだな。うちの社員が安心して一生懸命仕事に取り組める
　　　　　職場環境づくりをしよう。そのためには、メンタルヘルスケ
　　　　　アにくわしい専門家にお願いする必要があるかもしれない
　　　　　な。でも、それ以上に大事なことは、社員全員がメンタルヘ
　　　　　ルスに興味を持つことだな。

　このように、プロブレムフレームで考えると「効率を低下させる」と
思われがちなメンタルヘルスケアも、アウトカムフレームで考えていけ
ば、効率を向上させ、会社を活性化する一手段となります。

6　どのケアがもっとも重要なのか？

　ここまでのお話で、筆者が精神科産業医として、4つのケアのうち、
どのケアにもっとも重点を置いているのかご理解いただけたのではない
でしょうか？　そうです、筆者がもっとも重要だと考えているのはライ
ンケアです。トップがメンタルヘルスケアを推進する旨を明らかにし、
それに基づいて職場の管理監督者がメンタルヘルスケアを行う。そし
て、それは決して病気になった人の面倒をみるという狭い意識の話では
なく、病気にならないような生き生きとした職場づくりをしていこうと

いう視点の話であるのだということを会社全体に意識づけ、会社の内部からメンタルヘルスの重要性を理解してもらうことこそ重要なのです。

　もちろん、ほかのケアがどうでもいいというわけではありません。そんなにすぐに会社の意識が変わるわけではないですし、ストレスは職場以外にも多く存在していますので、セルフケアも重要です。また、事業場内産業保健スタッフや事業場外資源も、職場のメンタルヘルスケアを進めていく上では、専門的見地から必要な知識と技術を得るという意味で不可欠な存在です。

　しかし本書は、心の健康問題の専門家向けに執筆したものではなく、職場で心の健康問題を発生させないために、適切なメンタルヘルスケアを行いたいと考えている方に向けたものですので、セルフケアをどのように推進していくか、そしてラインケアを行うためのポイントは何かという点に焦点を置きたいと思います。事業場内産業保健スタッフによるケアや事業場外産業保健スタッフによるケアについては、その連携や活用方法について簡単に触れるにとどめたいと思います。

II

セルフケア

　セルフケアには、心の健康問題について理解する、心の不調のサインを早く見つけ対処する、日頃からストレスをためないように心がける、などさまざまな方法があります。なかには「ストレスをためないように運動しましょう」、「ストレスがたまった時にお酒だけに頼ることはよくありません」、「日頃から趣味や生きがいを見つけてストレスとうまく付き合っていきましょう」などと、ごくありふれたことを労働者に周知して、「これでうちもセルフケアを行った」と考えている企業も少なくないようですが、それでは本当の意味でのセルフケアとはいえません。

　ここでは、筆者が日々、精神科産業医としてセルフケア研修等で多くの労働者の方にお話しさせていただいている内容の一部をご紹介しましょう。みなさんの会社におけるセルフケアの参考にしていただければと思います。

❶ ストレスとは何か

　みなさんが何気なく普段から使っている「ストレス」という言葉、これは一体どういう意味なのでしょうか。実は「ストレス」という言葉の語源は、物理学の「物体に圧力を加えることで生じる歪み」という意味の言葉なのです。図表2-2に示すように、みなさんの健康な心を空気がパンパンに入ったゴムまりのようなものにたとえると、外力（これがストレスの原因＝「ストレッサー」です）が働いた時に、ゴムまりの形が変形し、歪みが形成されます。この歪みによって生じる心身の反応を、私たちは「ストレス反応」と呼んでいるのです。

　「ストレス」という言葉を耳にすると、嫌なことや、つらいことを思い浮かべる方が多いと思いますが、実は「ストレス」の本当の意味は、自分にとって好ましいことであれ、望まざることであれ、自分の周囲の状況が変化すること自体です。「ストレスがない」ということは「変化がない」ということですから、「ストレスのない職場」は存在しません。したがって、社会で働く以上は不可避なストレスというものと、どのようにして上手に付き合っていくかを知るということが重要です。

■図表2-2　ストレス反応

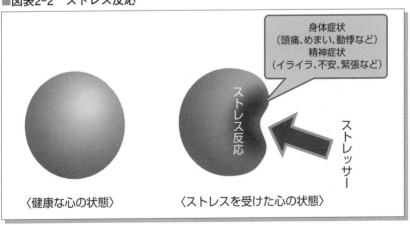

身体症状
（頭痛、めまい、動悸など）
精神症状
（イライラ、不安、緊張など）

ストレス反応

ストレッサー

〈健康な心の状態〉　　　〈ストレスを受けた心の状態〉

❷ ストレス対処のメカニズムを知る

　前述のとおり、身の回りに起こるすべての変化が人にとってはストレスなわけですから、ストレスを受けない生活はあり得ません。そこで重要になってくるのが、いかにストレスと上手に付き合っていくかを知るということです。これにはまず、みなさんが日頃から無意識に使っているストレスに対処する３つのメカニズムをよく理解する必要があります。

　先ほどお示ししたゴムまりのモデルを思い出してください。外から力が加わり、形が歪んだ状態が、まさにストレスを受けた心の状態です。人の心は、ずっとそのような歪んだ状態を続けてゴムまりが破裂してしまうのを待つのではなく、人に無意識に備わっているストレス対処のメカニズム（「跳ね返す（欲求不満耐性）」、「逃がす（自我防衛機制）」、「抜く（カタルシス）」）を利用して上手に対処をして、ゴムまりが破裂しないようにしているのです。

■図表2-3　ストレス対処のメカニズム

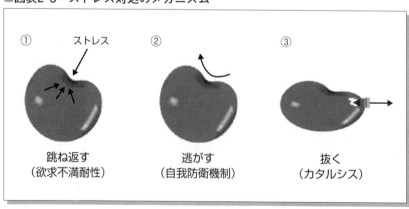

（1）跳ね返す（欲求不満耐性）

　ストレスを「跳ね返す」メカニズムは、我慢をして、なんとかそのストレスの原因を押し返そうとする力のことです。たとえば、無理難題な仕事を押しつけられても、数日間徹夜をしてストレスの原因となっている仕事をなんとかやり遂げるとか、とにかく締切りまで死にものぐるいで働いて締切日に間に合わせることによってストレスから解放されるメカニズムです。つまり、自らの努力・精神力により、そのつらい状況を我慢して、なんとか根本的な問題を解決しようとすることがこれに当たります。

（2）逃がす（自我防衛機制）

　しかし、我慢と自らの努力によってストレスを乗り越えようと思っても、そこには限界があります。いくら自分が努力しても解決できない問題は山ほどあるでしょうし、毎晩徹夜をしても終わらないような膨大な仕事を課されれば、いつしか疲弊し健康を害してしまいます。

　そこで人は、ゴムまりの形を変えてストレスを逃がすという、「自我防衛機制」というメカニズムを用いることになります。わかりやすくいえば、頭をやわらかくして、認知（物の見方）を変えるということです。

　たとえば、明日が上司への提出期限の膨大な仕事があるときに、「本当に明日までにやらなければならない仕事なのか、もう一度よく考える」とか「明日までに80%仕上げておけば上司は満足してくれるのではないだろうかと考える」というように、発想を転換したり、客観的に事態を分析したりして目標を再設定するようなメカニズムのことです。

（3）抜く（カタルシス）

　ストレスを「抜く」とは、いわゆるストレス発散のことです。つまり、ゴムまりに空気針を刺して、少し空気を抜き、ゴムまりが破裂することを防ぐのです。その方法は人により異なると思いますが、男性の場

合には「飲みに行く」「旅行に行く」「スポーツをする」、女性の場合には「友人とおしゃべりをする」「美味しいものを食べに行く」「買い物をする」などが多いようです。

*

　本当に以上３つのメカニズムが人に備わっているのか疑問に思われた方は、20代の頃、大好きだった異性にふられてしまった時のことを思い出してみてください。まずは自分の部屋のベッドで悲しみをこらえ、「自分のどこがいけなかったんだろう」などと自問自答しながらグッとつらさに耐える日々（欲求不満耐性）が数日間続いたでしょう。しかし、そのうち「あんな人とは付き合わなくてよかった」などと認知の転換が起こり（自我防衛機制）、その人の悪口を言いながら友人と杯を交わしたりする（カタルシス）——といった経験をされたことがあるのではないでしょうか。このことからも、人は無意識に、この３つのメカニズムでストレスに対処しているのだということがおわかりいただけるかと思います。

　それでは、この３つのストレス対処のメカニズムのうち、どのメカニズムがもっとも有効なのでしょうか？　根本的に問題が解決すればストレスから解放されるのだから欲求不満耐性が重要だと考える方が多いかと思いますが、人はどんなに我慢しても解決できない問題に直面することもありますし、人が十分な睡眠をとらずに良いパフォーマンスをし続けられる期間には限界があります。

　また、自我防衛規制はたしかに有効な手段ですが、いくら頭を柔らかくして考えてみても解決できない場合もあるかもしれませんし、それに、「物事をもっと柔軟に捉えなさい！」と他人から言われたところで、急にそうはなれないものです。

　カタルシスは、その場は楽になるかもしれませんが、時間やお金もかかるため、その方法ばかりに頼るわけにもいきません。実際、仕事があまりに忙しくなると、カタルシスを行う時間すら取れないという場合が少なくありません。逆に、すごく理不尽な仕事を押しつけられたとき

メカニズム	欲求不満耐性 （跳ね返す・我慢する）	自我防衛機制 （逃がす・認知の変容）	カタルシス （抜く・発散する）
例	我慢してやりきる	違う角度から見てみる （１人で・明日まで）	スポーツ 買い物
利　点	ストレスの原因の 根本的な解決になる	いつでも・どこでも 実行できる	容易に習得できる
欠　点	我慢には限界がある	習得するまでに 時間がかかる	実行するのに お金や時間がかかる

に、「嫌だなー」「なんでこんな仕事をやらなければならないんだ」と不満や怒りの感情を持ちながら仕事をしていても一向に仕事が進まないのに、気分転換をした後であれば、「誰かがやらなければならない仕事なら仕方ないな」などと妙に納得して仕事に向かうことができた経験をお持ちの方も少なくないでしょう。これはまさに、カタルシスにより自分の負の感情を処理したことによって、問題解決に集中するという欲求不満耐性のメカニズムを上手に活かすことができた例といえます。

　つまり、このストレス対処のメカニズムは、どれか１つが使えればよいというものではなく、日頃から、この３つのメカニズムをバランスよく用いることが重要なのです。

❸ BSCPで自分のストレス対処のパターンを理解する

　そこで、日頃から自らのストレス対処のパターンを十分に把握し、それぞれのメカニズムを上手に使えているかを意識しながら、自分のストレス対処能力を向上させておくことが重要です。

　ここでは、自分自身のストレス対処の特徴について把握できる質問紙（BSCP：the Brief Scales for Coping Profile（for Workers））と、その見方をご紹介することにしましょう。

■図表2-5　自身のストレス対処の特徴を把握できる質問紙

BSCP：the Brief Scales for Coping Profile [for Workers] （勤労者のための）コーピング特性簡易尺度

　困ったこと、悩みなどにであったとき、あなたはどうすることが多いですか？　次の例のそれぞれについて、ふだんどのような対応を選ぶことがよくあるかどうか、お答えください。

1　原因を調べ解決しようとする

解決しようとしない	解決しようとする
1 -------- 2 -------- 3 -------- 4 -------- 5 -------- 6	

2　今までの体験を参考に考える

考えない	考える
1 -------- 2 -------- 3 -------- 4 -------- 5 -------- 6	

3　いまできることは何かを冷静に考えてみる

考えない	考えてみる
1 -------- 2 -------- 3 -------- 4 -------- 5 -------- 6	

4　信頼できる人に解決策を相談する

相談しない	相談する
1 -------- 2 -------- 3 -------- 4 -------- 5 -------- 6	

5　関係者と話し合い、問題の解決を図る

解決を図らない	解決を図る
1 -------- 2 -------- 3 -------- 4 -------- 5 -------- 6	

6　その問題に詳しい人に問い合わせる

問い合わせない	問い合わせる
1 -------- 2 -------- 3 -------- 4 -------- 5 -------- 6	

7　趣味や娯楽で気をまぎらわす

気をまぎらわさない	気をまぎらわす
1 -------- 2 -------- 3 -------- 4 -------- 5 -------- 6	

8 何か気持ちが落ち着くことをする

しない					する
1 ------- 2 ------- 3 ------- 4 ------- 5 ------- 6					

9 旅行・外出など活動的なことをして気分転換をする

しない					する
1 ------- 2 ------- 3 ------- 4 ------- 5 ------- 6					

10 解決できないとわかっていても誰かにぐちを聞いてもらう

聞いてもらわない					聞いてもらう
1 ------- 2 ------- 3 ------- 4 ------- 5 ------- 6					

11 自分をそのような状況に追いやった人を責める

責めない					責める
1 ------- 2 ------- 3 ------- 4 ------- 5 ------- 6					

12 関係のない人に当たり散らす

当たり散らさない					当たり散らす
1 ------- 2 ------- 3 ------- 4 ------- 5 ------- 6					

13 問題を放り出したり、先送りしたりする

先送りしない					先送りする
1 ------- 2 ------- 3 ------- 4 ------- 5 ------- 6					

14 いつか事態が変わるだろうと思ってつらいときが過ぎ去るのを待つ

過ぎ去るのを待たない					過ぎ去るのを待つ
1 ------- 2 ------- 3 ------- 4 ------- 5 ------- 6					

15 どうしていいか分からないので何もしないでがまんする

がまんしない					がまんする
1 ------- 2 ------- 3 ------- 4 ------- 5 ------- 6					

16 「何とかなる」と希望をもつ

希望をもたない					希望をもつ
1 ------- 2 ------- 3 ------- 4 ------- 5 ------- 6					

17 その出来事のよい面だけを考える

考えない					考える
1 ------- 2 ------- 3 ------- 4 ------- 5 ------- 6					

18 これも自分にはよい経験だと思うようにする

しない						する
	1 -------- 2 -------- 3 -------- 4 -------- 5 -------- 6					

出典：影山隆之ら「勤労者のためのコーピング特性簡易尺度（BSCP）の開発：信頼性・妥当性についての基礎的検討」（「産業衛生学雑誌」46巻4号掲載）を一部改変

16		+	17		+	18		=	A	
13		+	14		+	15		=	D	
10		+	11		+	12		=	C	
7		+	8		+	9		=	B	
4		+	5		+	6		=	E	
1		+	2		+	3		=	F	

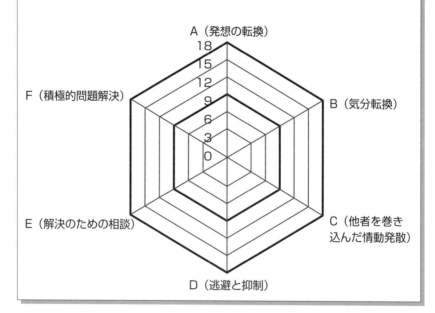

A（発想の転換）
B（気分転換）
C（他者を巻き込んだ情動発散）
D（逃避と抑制）
E（解決のための相談）
F（積極的問題解決）

4 BSCPのレーダーチャートの見方とアドバイス

　まず、描かれたレーダーチャート全体のバランスが重要なポイントです。レーダーチャートの面積が大きく、バランスがとれた形をしている場合、さまざまなストレス対処の方法を多く持ち合わせており、その場に応じた適切なストレス対処ができていることになります。それに対して、偏りが大きく、面積が小さい場合には、ストレス対処の方法が限られていて、さまざまな局面に柔軟に対応することが苦手だということになります。

● 欲求不満耐性優位型

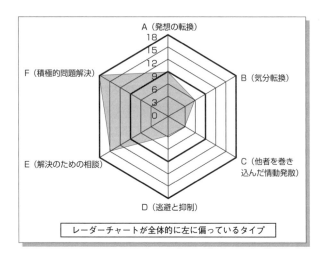

レーダーチャートが全体的に左に偏っているタイプ

特　　徴

　何かストレスの原因となる問題にぶつかった際に、なんとかして問題解決をしようと試みます。職場で大量の仕事を短期間に任せられると数日間徹夜をしたり、先輩やその分野の専門家などに解決方法を相談したりして、なんとかしてその仕事を期限内に仕上げようと努力します。その結果、職場では「いい人」「できる人」という良好な評価を受け、さらに重要な高い要求を突きつけられてしまうことがあります。

　十分なサポートが得られるような環境や、頑張れば解決可能な問題である場合にはあまりストレスを感じることはないのですが、解決できない問題に突き当たったときに強いストレスを感じます。真面目、几帳面という、もっともうつ病を生じやすい性格と親和性のあるタイプです。

アドバイス

　どんな困難な問題でも、とにかくその問題を解決することでストレスから解放されると強く信じているため、解決が不可能な問題にぶつかったときでもがむしゃらに問題を解決しようと努力し、その結果、疲弊してしまいます。自分が努力しても解決できないときには、一度その問題から離れて冷静に、なぜ解決できないのか、そしてその問題は本当に解決しなければならない問題なのか、ほかの人に手伝ってもらうこともできるのではないか、など問題点を再検討することが効果的です。また、時にはスポーツや外食などをしたりして気分転換を図ることも重要です。

● 自我防衛機制優位型

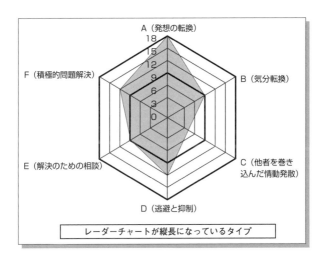

A（発想の転換）
18
15
12
9
6
3
0

B（気分転換）

F（積極的問題解決）

C（他者を巻き込んだ情動発散）

E（解決のための相談）

D（逃避と抑制）

| レーダーチャートが縦長になっているタイプ |

特　　徴

　何か問題が起こった際に、柔軟な認知を働かせて問題をさまざまな方向から眺めてみたり、少し問題から距離をとり客観的に事態を分析したりすることができ、ストレス対処が比較的上手で、自分の情動を適切にコントロールすることができます。

　しかし、その奇抜な発想がコツコツと問題に正面から取り組んでいる職場の仲間から反感を買ったり、お気楽ものと見られ自らがストレスを感じたりすることもあります。

　また、今まで柔軟な考え方で困難な状況を乗り切ってきたため、スポーツや飲食によってストレスを発散させるようなカタルシスはあまり意味がないと考えている可能性があります。

アドバイス

　問題点を自分の都合のいいようにだけ解釈するのではなく、周囲との協調性を高めることも必要です。時にはコツコツと正面から問題に取り組むことで、根本的に問題を解決したり、周囲の人の理解を得たりすることも重要です。また、カタルシスによる情動発散も、自分の気持ちを落ち着け自分の得意な自我防衛機制を働かせるためには必要な行為であることを意識しましょう。

● カタルシス優位型

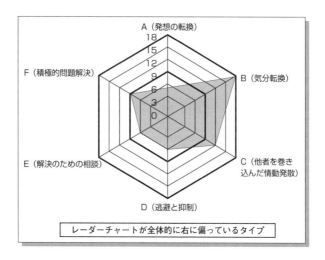

レーダーチャートが全体的に右に偏っているタイプ

特　徴

　何か問題が起こった際に、問題から目をそらし、まずはお酒を飲みに行って愚痴を言ったり、スポーツをして気分転換をしたりします。

　しかし、正面から問題に立ち向かうことを回避してしまう傾向があるため、その場はストレスを回避できたとしても、今度は周囲の人がストレスを感じてしまい、結果的に周囲からプレッシャーをかけられて自分を追い込んでしまうことにもつながりかねません。

　また、発散行為に頼りすぎるため、アルコール依存症や買物依存症などにおちいる危険性があります。

アドバイス

　気分転換はもちろん重要なストレス対処法ですが、問題を先延ばしにしたり、他人に押しつけたりすることでは、ストレスの原因を根本的に解決できず、慢性的にストレスを抱えることにもなりかねません。気分転換をして、ストレスを発散した後は、きちんと問題点の解決に向けた取組みをするように心がけましょう。

● 自己解決優先型

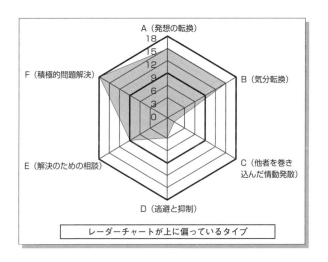

A（発想の転換）
18
15
12
9
6
3
0

F（積極的問題解決）

B（気分転換）

E（解決のための相談）

C（他者を巻き込んだ情動発散）

D（逃避と抑制）

> レーダーチャートが上に偏っているタイプ

特　　徴

　何か問題が起こった際に、とにかく自分の力でなんとかしようとするタイプです。他人の力を借りることを潔しとせず、他人に愚痴を言ったり、他人のせいにしたりすることはありません。職場では「責任感が強い」と評価されますが、自分の能力だけで解決できない問題に直面したときに強いストレスを感じます。

アドバイス

　自分の力だけで問題を解決しようと努力することは重要ですが、職場における問題の解決には、他部署の人の力を借りたり、先輩にアドバイスを受けたりすることも重要です。また、時には他人に愚痴を言ったりすることで、周囲と問題点を共有できたりすることもあります。自らの信念を大事にしながらも、他人の言うことを聞く耳を持つことが重要です。

● 他者資源利用型

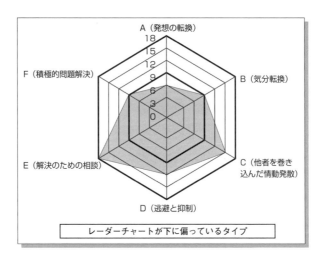

レーダーチャートが下に偏っているタイプ

特　徴

　何か問題が起こった際に、自分に対する自信のなさから、他人に不安を打ち明けたり、他人に頼りっきりになってしまったりと、何かと他人任せになってしまいがちです。主体性を持って問題解決に取り組めないため、無責任と評されてしまうこともあります。その結果、職場の信頼を失ってしまい、職場不適応におちいる可能性もありますので、注意が必要です。

アドバイス

　他人の力を借りることは必要なスキルですが、職場においては、もっと主体的に問題に取り組む姿勢を持つことが重要です。他人に相談する前に、自分１人でどこまで解決できるのか、そして１人では解決が困難な場合に、どこの部分でどのような他人の助けが必要なのかをきっちりと考えることが、周囲の信頼獲得につながります。

⑤ 身の回りに「大きな変化」を重ねない

　先に、自分にとって好ましいことであれ、そうでないことであれ、状況が変化すること自体がまさにストレスなのであるというお話をしました。つまり、良いにしても悪いにしても、変化が大きい生活が続くと、心身に大きな負担となってしまうのです。

　これを非常によく表したものに、アメリカの社会学者 Homes と内科医 Rahe が作成した「社会再適応評価尺度」があります。この尺度は、配偶者の死を100、結婚を50として、ある生活上のストレスイベントが起きてから、もう一度もとの社会適応を取り戻すまでの時間を調査結果より求めたものです。つまり、この得点が高いほど元の生活に戻るまでに時間がかかる、すなわち大きなストレスイベントであるということになります。

■図表2-6　社会再適応評価尺度

ライフイベント	評価点数	ライフイベント	評価点数
配偶者の死	100	子供との別居（子供の結婚、大学への入学）	29
離婚	73	職場での責任の変化（昇進・降格・異動など）	29
配偶者との別居	65	目立った個人的成功	28
親族の死	63	入学・卒業・退学	26
刑務所やその他の施設への拘留	63	配偶者の就職や退職	26
自分の怪我や病気	53	生活状況の変化（家の新築、近隣の状況の悪化など）	25
結婚	50	個人的習慣の変化（服装・態度・交友関係など）	24
配偶者との和解	45	上司とのトラブル	23
退職	45	勤務時間や勤務条件の変化	20
家族の健康上または行動上の変化	44	引越し	20
妊娠	40	転校	20
家族の数の変化（誕生・養子縁組・親との同居など）	39	宗教活動の変化	19
性的な問題	39	気晴らし・休養のとり方や頻度の変化	19
仕事上の再調整（会社の合併・倒産・組織編制など）	39	社会的活動の変化	18
経済状況の変化	38	150〜200万円程度以下の借金	17
親友の死	37	睡眠習慣の変化	16
転職	36	食習慣の変化	15
夫婦喧嘩の変化（頻度の増加）	35	家族が集まることの変化（ともに過ごす家族人数の変化など）	15
150〜200万円程度以上の借金	31	休暇	13
担保や貸付金の損失	30	クリスマス	12
親戚とのトラブル	29	軽い違反行為（交通違反など）	11

出典：The Social Readjustment Rating Scale, Thomas H. HOLMES and Richard H. RAHE, Journal of Psychosomatic, Vol 11, pp.213 - 218, 1967

これを見ると、妊娠や昇進、個人的成功、夫婦の和解など、一般的には喜ばしい出来事でも大きなストレスとなっていることがおわかりいただけるでしょう。

　ちなみに、この評価点数が過去1年間以内に300点を超えると何かしらの病気になるリスクが高いと評価され、150点～299点ではそのリスクは中程度である（300点以上の場合と比較すると、30％程度低減する）と評価されます。

　そこで、変化が大きい状況に置かれている時（＝評価点数が高い時）には、避けることのできる不急な変化をできる限り避けることが望ましいと考えられています。つまり、異動がありそうな年には新たな車のローンを組まないとか、新しい家族が誕生する時には住環境を変えないなどの工夫が重要なのです。

　また、どうしても避けられない変化が重なり心身のバランスを崩してしまいそうな時にも、いつもと違うことをやらないことが重要となります。人はストレスがたまると、「疲れたな」と感じていて心身が休養を欲しているにもかかわらず、「何か気分転換でもしなければ」などと旅行に出かけたり、「体を動かしてリフレッシュしよう」などとジョギングを始めたりと、かえって疲労をため込んでしまうことがよくあります。こうなると、心身のバランスが崩れかけた状態から、本格的な病気へと進行していってしまいます。

　ですから、変化が重なり、心身のバランスを崩しかけている時には、普段しないことを無理にやろうとせず、少し多めに睡眠時間を取るなどして、いつもより休養を多くとることを心がけることが重要なのです。

5月病のメカニズム

　みなさんも「5月病」という言葉を一度は耳にされたことがあると思います。もちろんこれは医学的な病名ではなく、5月頃になるとなんとなく体がだるくなり、ボーッとして、ヤル気が低下してしまう状態を総称した呼び方です。たしかに筆者の精神科医としての経験からいっても、ゴールデンウィーク前後になると、「私、うつ病かも」などと心配して病院に来院される患者さんが増える傾向にあります。

　この5月病には、「大きな変化の積み重ね」が影響しています。

　4月になると多くの会社では人事異動が行われ、その結果、勤務地や仕事の内容が変更になることがよくあります。もちろんその人事異動が降格人事であった場合に強いストレスを感じることはよくわかりますが、逆に昇格などのおめでたい出来事でもストレスを感じます。また、仕事上の役割や責任の変化、さらには人間関係の困難なども大きなストレスとなります。本来であれば、このような時期にさらにストレスを重ねることは避けなければなりません。

　しかし、人間の心理は不思議なもので、変化の大きい時期を1つの転機と捉え、新しい物事をこの時期に始めようとするのです。典型的な例としては、係長に昇進したことを契機に30年ローンで郊外にマイホームを建てようとする場合などです。この場合、部下を持つ係長に昇進し、ただでさえ仕事上で大きなストレスを感じることになるのに、転居にともなう通勤時間の増加や新たな近所付き合いの発生、それにより生じる配偶者や子供の不満、多額の借金を背負うプレッシャーなど、次々と身の回りに大きな変化が生じることになります。そのような変化の多い時期の疲労がドッと生じてしまうのが、まさに5月病なのです。

6 心の健康問題の初期兆候を理解する

（1）身体面のサイン・自律神経失調症

　本人が一番自覚しやすい初期症状は身体面のサインです。もっとも典型的な身体面のサインが、「なんだか最近ちょっと体の調子が悪いな」という漠然とした感覚で、いわゆる「不定愁訴」といわれるものです。頭痛、腹痛（胃痛）、生理痛などの各種の痛みや、めまい、耳鳴り、動悸、微熱などの身体の不調があり、病院で種々の検査を受けてもとくに異常がないために、ちょっと疲れがたまっているだけとか、ストレスがたまっているせいだと言われたりして、「自律神経失調症」という診断を下されることがよくあります。不思議なことに、多くの患者さんは「自律神経失調症」と診断されると「なんだ、軽い病気で良かった」とホッとしてしまい、とくにその後、くわしい診察を受けたり、自分の生活を振り返ってみたりすることをしないまま、症状を放置してしまう傾向にあります。

　しかし、自律神経は我々の体のリズムや機能を司っている非常に重要な神経であることを忘れてはいけません。この神経のバランスが崩れてくると睡眠や覚醒のリズムが不規則になったり、イライラ感や緊張感が強くなり情緒不安定になったり、血圧や血糖のコントロールがうまくできなくなったりと、さまざまな心身の不調につながってしまうのです。この重要な神経が失調する（神経のバランスが崩れる）のは、更年期障害などのホルモンバランスの変化によることもありますが、本書で取り上げている心の健康問題の初期症状であることも少なくありません。

　つまり、「あー、重大な病気でなくて良かった」と安心するのではなく、ひょっとしたら心の健康問題の最初のサインなのかもしれないということを念頭に置き、自分の仕事や生活を振り返って無理が生じていないかを再チェックする重要なきっかけとする必要があるのです。

（2）身体面のサイン・心身症

　また、単なる不定愁訴だけではなく、実際の身体の病気が心の健康問題の初期兆候であることもよくあります。みなさんも、胃潰瘍という病名を耳にすれば、「原因はストレス？」と連想するのではないでしょうか。胃潰瘍というのは胃の内視鏡検査などで発見される立派な身体疾患で、その治療も内科医によって行われます。しかし、ストレスが発症の原因となっているのであれば、いくら胃酸を抑える薬や、胃の粘膜を保護する薬を使っても、なかなか根本的な治療にはなりません。

　このように、身体の病気であるが、その発症にストレスが大きな要因を占めている病気を「心身症」と呼びます。この心身症を患ったときにも、もう一度自分の生活を見直してみることが重要です。

　心身症の代表的な疾患には、次のようなものがあります。

消化器系	：胃潰瘍、十二指腸潰瘍など
循環器系	：高血圧、不整脈など
呼吸器系	：喘息、気管支炎など
皮膚科系	：蕁麻疹、円形脱毛症など
産婦人科系	：月経困難症など

（3）認知面のサイン・「私ってアルツハイマー？」

　職場のメンタルヘルス相談を受けていると、意外に多いのが、「私、最近物忘れが激しいのですが、アルツハイマー病などの病気になってしまったのではないでしょうか？」とか「最近、職場でミスが多くて……どうも仕事に集中できていない気がするんですけど、何か脳に病気でもあるんですかね？」という相談です。もちろんアルツハイマー病などを原因とする認知症では物忘れの症状が出現しますが、多くの場合、物忘れは心の健康問題の初期兆候であることが多く、そのまま放っておくとうつ病などのより深刻な問題に発展してしまうことが少なくありません。

■図表2-7　認知症とうつ病の物忘れの違い

	認　知　症	う　つ　病
うつ症状	ないか、あってもまず痴呆症状が目立つ	常にある。元気なし。痴呆症状より先に出る
始　まり	いつのまにか始まる	わりと急激に始まる
つらさの表現	つらいと自覚していないように見える	ひどくつらがる
物忘れの程度	強い	軽い。日常生活にはおおむね支障がない
物忘れ自覚	ない。忘れたことを隠そうとする。とぼけた感じ	過剰に自覚。むしろ忘れたことを強調する傾向
ちょっと難しい問題への答え方	ただちにピンぼけの回答をする	すぐに「わからない」と答える
自分を責める傾向	あまりない。自分の悲劇性や、大変さを強調する	強い。「申し訳ない」と言う

　図表2-7に、認知症とうつ病の物忘れの違いを示しています。うつ病のもっとも大きな特徴は、必要以上に物忘れにこだわるという点です。つまり、認知症の場合には物忘れをしたことも忘れてしまっていることが少なくありませんが、うつ病の場合にはいつまでも自分が物忘れをしてしまったことにこだわり続け、自分が重大な病気になってしまったのではないかという強い不安に襲われます。

心の健康問題の初期兆候を感じたときにはまず休養

　心の健康問題の初期兆候を感じたときにまずやらなければならないことは、十分な休養をとることです。決して、気分転換にどこかに出かけたり、ストレス発散のためにお酒を飲むことではありませんので、十分に注意してください。

　初期の段階であれば、完全にストレスから解放された状況で３日程度休養をとることで大幅に症状の改善を図ることができます。つまり、土

日に１～２日有給休暇をつなげて休むだけでも大きな効果を得ることができるということです。みなさんも、３連休というとどこか心がウキウキすると思います。これは、通常の週末であれば、土曜日は疲れ果てて昼過ぎ頃まで寝てしまい、日曜日は夕方くらいになるとだんだん月曜日からの仕事のことを考え始めて憂鬱な気分がしてくるものですが、３連休ならば、完全に仕事から離れた休養をとることが可能だからでしょう。ですから、心の健康問題の初期兆候が表れた段階では、このような対応が望まれるのです。

8 良質な睡眠でストレスを解消する

（１）現代では５人に１人が不眠症

　ストレスと上手に付き合っていくためには休養が重要であることを述べてきましたが、休養の中でもっとも大事な要素が「睡眠」です。

　現代の日本社会では、およそ５人に１人が「不眠症」で悩んでいるといわれています。もちろん不眠はそれ自体も大きなストレスですが、眠いまま出勤して、結果として仕事で自分の力を発揮できないという別のストレスを生み出してしまうのです。多くの方は、眠れないから仕事が進まずにストレスを感じ、そのストレスのせいでますます眠れない——という、"不眠の悪循環"にはまってしまうのです。

　現代人の不眠原因の多くは、不眠力（寝ない力）の活性化に原因があるといわれています。たとえば次の日に重要な会議を控えていて眠れないのは、戦場に出て行く兵士が眠れないのと同様に、戦闘にともなう人間の防衛本能（＝不眠力）が活性化してしまっているためです。携帯電話やインターネットなどの情報通信機器が発達した現代社会は、どこにいても仕事を想起することができるストレス社会であり、そのストレス社会は快適な睡眠環境を人類から奪ってしまったといえるのです。

（2）快適な睡眠を確保する５つの方法

　この不眠にいかに対応していくかが重要になります。そこで、労働者のみなさんに「快適睡眠を確保する５つの方法」を理解してもらいましょう。睡眠に工夫を加えることにより、良質な睡眠を確保し、それにより冴えた頭で気分よく職務を遂行し、爽快な気分で床に入り、さらに良質の睡眠がとれる——という"良眠の好循環"を作り出すことが、現代社会でストレスと上手に付き合うポイントなのです。

快適睡眠を確保する５つの方法

■ **その１：快適寝室をつくろう**
　快適睡眠は快適寝室から。事情が許す限り、睡眠専用の寝室を確保し、遮光や遮音などの環境整備を心がけましょう。

■ **その２：入眠前のリラクゼーションに気を配ろう**
　ぬるめの入浴で心身をリラックスさせましょう。江戸っ子の好きな熱いお湯（42℃以上）は、体温だけでなく、脳温も上げて脳を覚醒させてしまうのでかえって逆効果です。
　そのほかに、読書や音楽、ストレッチなど、自分に合ったリラックス法を確立しましょう。

■ **その３：お酒が好きなら寝酒よりも晩酌で**
　睡眠薬代わりの寝酒は厳禁です。お酒に寝付きを良くする効果があることはたしかですが、その後の睡眠の質を低下させ、睡眠を浅くしてしまう弊害があります。眠りの質を維持するために、就寝前の飲酒は控えましょう。また、喫煙も控えましょう。

■ **その４：自然に眠くなってから寝室に向かおう**
　普段の就寝時刻の２〜４時間前はもっとも寝付きの悪い時間です。今日は早く寝ようと意気込んで早くに床に入るのは、かえって逆効果です。リラックスを心がけ、自然な眠気がきてから床に入るようにしましょう。

■ **その５：睡眠薬も活用しよう**
　よく睡眠薬は依存性が高く危険な薬だと勘違いしている方がいますが、睡眠薬の依存性はアルコールの依存性に比べればはるかに低いものです。とくに現在使用されている睡眠薬は、医師の指導のもとで使用すれば安全性が高く、快適な睡眠が確保できます。どうしても自然の眠りがうまくとれない場合には、医師に相談するようにしましょう。

定期的に心の健康診断を

　筆者が労働者のみなさんにすすめているのは、年に一度のストレスチェックの受検だけでなく、業務内容が変わった時など折にふれて「心の健康診断」を受けることです。といっても、わざわざ精神科医のところに行ったり、人間ドックのように長時間の検査を受けたりする必要はありません。数か月に一度、セルフチェックを実施するだけです。

　図表2-8に示すのは、厚生労働省が作成した「労働者の疲労蓄積度自己診断チェックリスト」です。

■図表2-8　労働者の疲労蓄積度自己診断チェックリスト

1. 最近1か月間の自覚症状について、各質問に対し最も当てはまる項目の□に✓を付けてください。			
1. イライラする	□ ほとんどない（0）	□ 時々ある（1）	□ よくある（3）
2. 不安だ	□ ほとんどない（0）	□ 時々ある（1）	□ よくある（3）
3. 落ち着かない	□ ほとんどない（0）	□ 時々ある（1）	□ よくある（3）
4. ゆううつだ	□ ほとんどない（0）	□ 時々ある（1）	□ よくある（3）
5. よく眠れない	□ ほとんどない（0）	□ 時々ある（1）	□ よくある（3）
6. 体の調子が悪い	□ ほとんどない（0）	□ 時々ある（1）	□ よくある（3）
7. 物事に集中できない	□ ほとんどない（0）	□ 時々ある（1）	□ よくある（3）
8. することに間違いが多い	□ ほとんどない（0）	□ 時々ある（1）	□ よくある（3）
9. 仕事中、強い眠気に襲われる	□ ほとんどない（0）	□ 時々ある（1）	□ よくある（3）
10. やる気が出ない	□ ほとんどない（0）	□ 時々ある（1）	□ よくある（3）
11. へとへとだ（運動後を除く）	□ ほとんどない（0）	□ 時々ある（1）	□ よくある（3）
12. 朝、起きた時、ぐったりした疲れを感じる	□ ほとんどない（0）	□ 時々ある（1）	□ よくある（3）
13. 以前とくらべて、疲れやすい	□ ほとんどない（0）	□ 時々ある（1）	□ よくある（3）

＜自覚症状の評価＞　各々の答えの（　）内の数字を全て加算してください。　　　　合計□点

I	0〜4点	II	5〜10点	III	11〜20点	IV	21点以上

2. 最近1か月間の勤務の状況について、各質問に対し最も当てはまる項目の□に✓を付けてください。			
1. 1か月の時間外労働	□ ない又は適当（0）	□ 多い（1）	□ 非常に多い（3）
2. 不規則な勤務（予定の変更、突然の仕事）	□ 少ない（0）	□ 多い（1）	－
3. 出張に伴う負担（頻度・拘束時間・時差など）	□ ない又は小さい（0）	□ 大きい（1）	－
4. 深夜勤務に伴う負担（★1）	□ ない又は小さい（0）	□ 大きい（1）	□ 非常に大きい（3）
5. 休憩・仮眠の時間数及び施設	□ 適切である（0）	□ 不適切である（1）	－
6. 仕事についての精神的負担	□ 小さい（0）	□ 大きい（1）	□ 非常に大きい（3）
7. 仕事についての身体的負担（★2）	□ 小さい（0）	□ 大きい（1）	□ 非常に大きい（3）

★1：深夜勤務の頻度や時間数などから総合的に判断して下さい。深夜勤務は、深夜時間帯（午後10時〜午前5時）の一部または全部を含む勤務を言います。

★2：肉体的作業や寒冷・暑熱作業などの身体的な面での負担

＜勤務の状況の評価＞　各々の答えの（　）内の数字を全て加算してください。　　　　合計□点

A	0点	B	1〜2点	C	3〜5点	D	6点以上

チェックの結果を次の表に当てはめてみましょう。

【仕事による負担度点数表】

		勤務の状況			
		A	B	C	D
自覚症状	Ⅰ	0	0	2	4
	Ⅱ	0	1	3	5
	Ⅲ	0	2	4	6
	Ⅳ	1	3	5	7

※糖尿病や高血圧症等の疾病がある方の場合は判定が正しく行われない可能性があります。

➡ あなたの仕事による負担度の点数は：[　　]点（0～7）

	点数	仕事による負担度
判定	0～1	低いと考えられる
	2～3	やや高いと考えられる
	4～5	高いと考えられる
	6～7	非常に高いと考えられる

　ここで重要なのは、総合判定としての負担度の点数もそうですが、自分の中での点数の変化に着目することです。つまり、前回は2点だったのに今回は5点だったという場合には、疲労の蓄積度合が悪化しているわけですから「注意が必要だ」ということになります。このような場合には、前回のチェックリストと比較して、どの項目で点数が高くなっているのかを把握し、必要に応じて専門家にも相談をしてもらうようにしましょう。

⑩ 自ら理解し対処するのがセルフケア

　ここまでお話ししてきたセルフケアのポイントは、あくまで筆者が多くの労働者にセルフケア教育を行ってきた経験から、有用と考える内容をご紹介したものです。もちろん、ほかにもさまざまな内容が考えられますが、いずれにせよ、労働者自身がストレスや心の健康について理解し、自らのストレスを予防・軽減する、あるいはこれに対処できるようにすることがセルフケアのポイントです。労働者の特性を十分に把握しながら、効果的なセルフケアプログラムが組まれることが望まれます。

ラインケア

　ラインケアは、実際に労働者の労働環境や職務上のストレスを改善する立場にある管理監督者が、その改善を図ったり、何か健康に不安がある場合には実際に相談に乗ったりすることです。これにも画一的な方法があるわけではありませんが、重要なことは、心の健康問題を発生させないような職場環境をつくることと、労働者のストレス状況の把握方法、ストレス状況を見つけた場合の対処方法を身につけておくことです。

❶ 心の健康問題を予防する労務管理とは？

　心の健康問題を予防するために、管理監督者は日頃からどんなことに注意を払うべきなのでしょうか？　職場でセクハラやパワハラがあれば、それが大きなストレス要因となり心の健康問題につながってしまう可能性がありますから、ハラスメント対策などをきちんと行うことはもちろん重要です。

　しかし、ここで筆者が述べたいのは、そのような特殊なストレスの話ではなく、「通常の職務」というストレスに対して管理監督者がどのような点に気をつけて労務管理を行っていくかという点です。

　管理監督者の労務管理というと、過重労働対策として残業時間の削減や有給休暇の取得促進に取り組むべきだ、という話になりがちです。もちろん、1日2〜3時間しか睡眠時間が取れないような限界的な長時間労働はもってのほかですが、はたして残業時間を減らし、有給休暇の取得を推進したら、心の健康問題は職場から激減するのでしょうか？

2 心の健康問題の原因は残業時間だけではない

事例A

　Aさんは、電気機器メーカーに勤める会社員です。会社の方針により、残業は基本的に許可されておらず、土日出勤もほとんどありません。そのかわりに、仕事がきちっと終わるように毎日上司から1日のスケジュールがきっちりと書かれたタイムテーブルを渡され、そこに書かれている指示どおり計画的に仕事をこなすことを要求されています。

　これでは自分は単なる会社の歯車ではないかと思ったAさんは、思い切って、上司に「私はもっとやりがいのある仕事をしたいと思っているんです。自分の考えるやり方で仕事を進めてみてもよいでしょうか？」と尋ねてみました。すると、上司からは「君はまだまだ若いんだから、俺の言ったとおりにやればいいんだよ。ちゃんと俺の計画に従って仕事すれば、残業なんてせずに定時で帰れるんだから、そのほうがいいだろ。うちの職場は残業がなくてストレスが少ないだろ」と言われてしまいました。

事例B

　Bさんは、食品メーカーに勤める会社員です。Bさんの会社は、基本的に四半期の大目標を定め、それに向けて毎月の目標を、そしてそれを達成するために日々の小さな目標を定めており、目標管理に重点を置いています。ですから労働者は、仕事の進捗については週に1回程度管理職と面談をするのみで、基本的には自分の設定した目標を、自分のペースで遂行していくことが求められています。

　ある時、Bさんが上司に対して「このままでは四半期の目標が達成できそうにありません。ただ、この目標は自分が会社に入ってから絶対に成し遂げたいと思っていたことなんです。だから今月は少し多めに残業をさせてほしいのですが」と申し出たところ、上司に「そんなにやりたい仕事なんだったら、今月は思う存分集中してその仕事をやってみるといいよ。ただ、無理は禁物だから、来月になったら残業は控えないとだめだぞ」と言われました。

この「残業がないAさん」と「残業があるBさん」、みなさんは、どちらがストレスを感じると思うでしょうか？ もちろん、その残業の程度にもよりますが、おそらく、Aさんのほうがより強いストレスを感じてしまうと思うのではないでしょうか？

これらの事例からも、単に残業時間だけが心の健康問題を引き起こしているのではないということ、つまり残業時間というのはストレスを増強する1つの要因にすぎず、ほかにもさまざまな要素が密接に関連して心の健康問題を引き起こしているということがおわかりいただけるでしょう。

③ 心の健康問題を発生させる職場とは？

それでは、心の健康問題を発生させてしまう職場とは、どのような職場なのでしょうか？ ここで、職業性ストレス研究の第一人者である心理学者Karasek（スウェーデン）が提唱した「裁量権−仕事量モデル」についてご説明します。Karasekは、上層部から命じられる仕事量と社員に与えられた裁量権の程度とによって、職場の状況を次ページの図表2-9のように4つに分けています。

Ⅰ群（アクティブ群）
 …業務負担量は多いが十分に裁量権も与えられている職場。将来を見据え、大きな権限と責任を委譲され、自らの仕事にやりがいとプライドを持って働くことができる。職務満足度の高い群といえる。
Ⅱ群（高ストレイン群）
 …自分が望む仕事というよりも、与えられた業務や、意にそぐわない業務が大半を占める職場。しかも十分な裁量権や判断権を持たされていないので、やらされ感が募る。憂うつ感がもっとも出やすい群といえる。

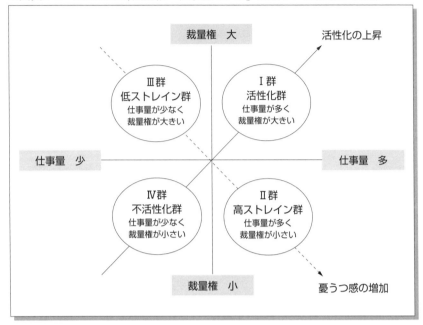

■図表2-9　Karasekの「裁量権－仕事量モデル」に基づいた職場の４分類

Ⅲ群（低ストレイン群）

　…大きな権力を持っているが、他人から要求される仕事が少ない職場。ストレスを感じにくく、気持ち的なゆとりを持つことができるが、どこか物足りなさを抱え、それをストレスと感じる群といえる。

Ⅳ群（不活性化群）

　…仕事量も少なく、裁量権も小さい仕事。やりがいは感じにくいが、仕事量も少ないため、ストレスというよりは虚無感を覚え、どうせやっても役に立たないだろうといった意識が強くなる。職務満足度のもっとも低い群といえる。

　この４群の中ではⅠ群の職場はストレスを感じにくく、逆にⅡ群の職場ではストレスを強く感じることがわかるでしょう。

　このKarasekのモデルからも、心の健康問題は、決して仕事量だけ

でその発生頻度が決まるわけではないということがおわかりいただける
でしょう。

4 年齢によるストレス要因の違い

　同じ職場でも、年齢によりそのストレスとなっている要因に大きな違
いがある点にも注意を払わなければなりません。昔は管理職となると、
職場でお茶を飲みながら新聞を読むといったゆとりある人がそれなりに
多かったのかもしれませんが、現代社会においては、管理監督的な立場
に立つとプレイングマネージャーとして、それまでよりも多くの業務を
こなすことが求められるのがほとんどです。

　そのような状況下で管理監督者がついつい口走ってしまう言葉が、
「何でそんな簡単なことに多くの時間がかかるの？」とか「私のほうが
忙しいのに！」といった、部下に対する不満を表す言葉です。それはご
く自然なことです。なぜなら、おそらく現実に管理監督者のほうが忙し
く、困難な仕事をこなしていることが推測されるからです。

　しかし、ここで管理監督者が注意をしなければならないのが、年齢に
よるストレス構造の違いです。松崎らの研究（※）によると、20代の労
働者は40代の労働者に比べ、量的な負担感は弱いものの、質的な負担感
は強いと感じているのです（図表2-10）。つまり、若手の社員にとって
は、仕事量が多いことがストレスの原因になっているのではなく、仕事
のやり方がわからなかったり、仕事における自分の役割分担が不明確
だったりすること（これを「質的な負担感」といいます）がストレスの
原因になっているのです。にもかかわらず、管理監督者が「私のほうが
忙しいのに！」と自分のほうが仕事量が多いことに不満をぶちまけるこ
とは、視点がずれてしまっていることなのです。

　このことからも、若手社員のストレスを軽減するためには、残業時間

※　松崎一葉、笹原信一「大学・研究所のメンタルヘルス」（「臨床精神医学」2004年33巻7号に掲載）

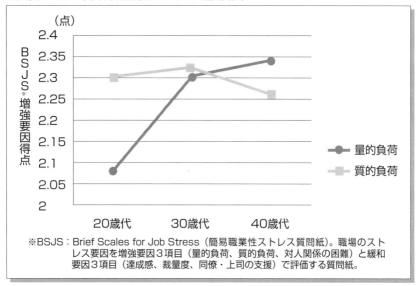

■図表2-10　年代別職業性ストレス増強要因

（点）

BSJS※増強要因得点

量的負荷
質的負荷

20歳代　　　30歳代　　　40歳代

※BSJS：Brief Scales for Job Stress（簡易職業性ストレス質問紙）。職場のスト
　　レス要因を増強要因3項目（量的負荷、質的負荷、対人関係の困難）と緩和
　　要因3項目（達成感、裁量度、同僚・上司の支援）で評価する質問紙。

を減らしてあげることではなく、仕事のやり方を教えたり、仕事におけ
る役割を明確にしてあげること（質的な負担感を減らすこと）が有効だ
ということがおわかりいただけるでしょう。つまり、有効なメンタルヘ
ルス対策はすべての社員に対して画一的なものではなく、経験年数や職
位などにより違うものなのです。

⑤　仕事量を減らさず人を増やさず、心の健康問題を減らす

（1）心の健康問題は管理監督者の理解しだいで減らせる

　さて、「残業時間を減らせばストレスが減るわけではない」というこ
とについて説明をしてきましたが、実際に仕事量を減らさずに、人を増
やさずに、心の健康問題を減らすことはできるのでしょうか？

　これは、現在、多くの企業が抱える大きな悩みです。つまり、この先

行きが見えないご時世、どの企業でも、簡単に残業時間を削減したり、人を増やしたりすることはできません。「それでも心の健康問題は減らしたい」という一見理不尽にも思われるようなこの命題が、現代のストレス社会におけるメンタルヘルス対策の究極のテーマなのです。

　筆者は、ずばり、減らすことが可能だと考えています。そしてそれは、管理監督者の労務管理に対する理解と、人材マネジメントの重要性の認識にかかっていると考えています。

（2）ストレスを強める要因、弱める要因の力関係

　ここで、みなさんに興味深い研究をご紹介します。前出の松崎らの研究は、筑波研究学園都市職員を対象とした調査で、世の中にないようなものを創造するために日夜研究開発に励んでいる研究系の職員と、その研究所において給与計算や備品管理をはじめとする事務系の職員とでは、ストレス構造に大きな違いがあることを指摘しています。研究系の職員のほうが仕事に対する量的負荷（仕事が多すぎてこなしきれないという感覚）や質的負荷（仕事が難しすぎて自分では成し遂げられないという感覚）を強く感じているものの、事務系の職員よりもストレス反応が低く、心身の健康が良好に保たれているという結果が出たのです。その原因として、研究系の職員は裁量権（自分のペースで仕事ができる感覚）や達成感（仕事をやり遂げた時に満足感を得られる感覚）などのストレスを緩和する要因が大きく、勤務時間や仕事の困難感などのストレスを増強する要因を打ち消して、健康状態が保たれていたことが指摘されています（図表2-11）。

　また、その研究のまとめとして、次ページの図表2-12のような職業性ストレス反応の因果モデルが構築されています。やや複雑な図ですが、職業性ストレス増強要因がストレス反応に与える影響を0.23とすると、職業性ストレス緩和要因がストレス反応に及ぼす影響は−0.66となっており、職業性ストレス緩和要因のほうが増強要因に比べ3倍、ストレス反応に影響を及ぼすということがわかります（簡略化すると、105ページの図表2-13のようになります）。

■図表2-11　職種別職業性ストレス

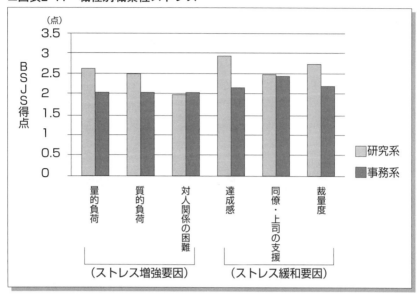

■図表2-12　職業性ストレスとストレス反応の因果モデル

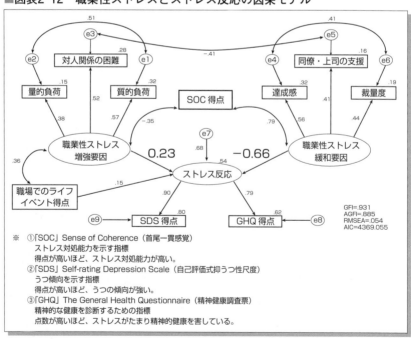

※　①「SOC」Sense of Coherence（首尾一貫感覚）
　　　　ストレス対処能力を示す指標
　　　　得点が高いほど、ストレス対処能力が高い。
　　②「SDS」Self-rating Depression Scale（自己評価式抑うつ性尺度）
　　　　うつ傾向を示す指標
　　　　得点が高いほど、うつの傾向が強い。
　　③「GHQ」The General Health Questionnaire（精神健康調査票）
　　　　精神的な健康を診断するための指標
　　　　点数が高いほど、ストレスがたまり精神的健康を害している。

■図表2-13　増強要因と緩和要因の比較

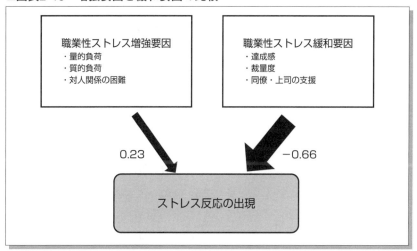

（3）達成感と裁量権がカギ

　筆者は、ここに「仕事量を減らさず人を増やさず、心の健康問題を減らす」ためのヒントが隠されていると考えています。

　これは私たちも日頃から経験していることですが、自分のやりたい仕事であれば多少忙しくてもあまり負担に感じないですし、自分のペースで進めている仕事であればさほどストレスも感じません。逆に、やりがいを感じないような仕事や上司にスケジュールを完全に管理されてしまっている仕事などは、些細な仕事でも大きなストレスを感じるものです。言い換えれば、我々は単に仕事が多いとか仕事が難しいということのみにストレスを感じるわけではなく、むしろ達成感や裁量権がない仕事に対して強いストレスを感じるのです。

　つまりこの結果からいえることは、単に少し仕事量を減らしたり、仕事をやさしくしたりすることよりも、仕事に対する達成感や裁量度を上げてあげることのほうがよっぽど（前記データでは約３倍も）メンタルヘルスに良い影響を与えるということなのです。達成感や裁量権こそが、職場のメンタルヘルスを改善させる大きなポイントであるということをよく覚えておいてください。

❻ 心の健康問題を発生させる管理監督者とは

　「仕事量を減らさず人を増やさず、心の健康問題を減らす」ためには達成感と裁量権がポイントだというお話をしましたが、裏を返せば、達成感や裁量権を奪ってしまう管理監督者は、職場の大きなストレス源となり、職場に心の健康問題を蔓延させてしまうことになります。

　具体的には、部下に現在取り組んでいる仕事の意味を尋ねられた際に「そんなものは仕事をやっているうちにわかってくるものだ」などと言い達成感を感じさせることのできない管理監督者や、仕事の進め方や効率化などについて提案されても「俺の言ったとおりにやればいいんだ」などと部下の裁量権を完全に奪ってしまう管理監督者などがこれに当たります。

　つまり、「仕事量を減らさず人を増やさず、心の健康問題を減らす」ためには何か特別なことをしなければならないわけではなく、自分の部下がやりがいを持ちながら、力を思う存分発揮することのできる職場環境づくりをすればよい、ということなのです。

　管理監督者としての能力が低く、自分自身が先を見通すことができない管理監督者は、部下に急な仕事を依頼して部下の裁量権を奪ってしまいますし、自分自身が仕事の意味をみいだすことのできない管理監督者は、部下から仕事の意義を尋ねられてもその答えを持ち合わせておらず、結局、達成感を与えることができません。

　このように見ていただくと、メンタルヘルス対策において、いかに管理監督者の果たす役割が大きいか、よくおわかりいただけるでしょう。

❼ 限界的長時間労働には要注意

　前述のとおり、たしかに仕事に対する達成感や裁量権は心の健康問題

を予防する重要な鍵です。しかしながら、逆に達成感や裁量権が大きければいくらでも働いてよいのかと問われれば、やはりそれはまちがいであると言わざるを得ません。以前より、生理的に必要な最低限度の睡眠時間を確保できないような長時間労働は心身の健康を害することが指摘されてきましたが、平成23年12月26日に示された「心理的負荷による精神障害の労災認定基準」（厚生労働省労働基準局長通達）では、その具体的な時間を示しながら労災認定の基準を定めていますので、この数値は企業が遵守すべき最低限の基準といえるでしょう。

　この基準では、心身の極度の疲弊・消耗を来し、うつ病等の原因となる「極度の長時間労働」を、発病日から起算した1か月間におおむね160時間を超える時間外労働を行った場合等（つまり、これと同等の、3週間でおおむね120時間を超える時間外労働等も含みます）とし、このような極度な長時間労働に従事したことのみで心理的負荷の総合評価を「強」とすると定められています。心理的負荷の総合評価が「強」になるということは、労災認定の実務上では、業務以外の心理的負荷（たとえば離婚や死別などの業務外のストレス）および個体側要因（就業前からの精神障害の既往やアルコール依存などの特別の事情）がなければ、ほぼまちがいなく労災認定がなされるという意味を持ちますので、非常に重い評価となります。

　また、同基準の中では、長時間労働以外に特段の出来事が存在しない場合には、発病日から起算した直前の2か月間に、1月当たりおおむね120時間以上の時間外労働を行い、その業務内容が通常その程度の労働時間を要するものであった場合等には、心理的負荷の総合評価を「強」とするとも示されています。

　さらに、恒常的長時間労働は、心身の疲労を増加させ、ストレス対処能力を低下させる要因となることや、長時間労働が続く中で発生した出来事の心理的負荷はより強くなることから、長時間労働が続く中で発生した出来事自体の心理的負荷と恒常的な長時間労働（月100時間程度となる時間外労働）を関連させて総合評価を行い、「中」程度と判断される出来事の後に恒常的な長時間労働が認められる場合等には、心理的負荷の総合評価を「強」とすることも定められているのです。

つまり、この基準をもとに検討すると、以下のような長時間労働の実態があり、その労働者がうつ病等の心の健康問題を発症してしまった場合には、労災認定される確率が極めて高いと考える必要があるでしょう。

・1か月間に160時間以上の時間外労働
・連続した2か月間に120時間／月以上の時間外労働
・連続した3か月間以上に100時間／月以上の時間外労働

　そこで、職場における労務管理の基本としては、もちろん36協定の遵守など当然の部分に加え、上述の時間をきちんと意識しながら、長時間労働を避ける対策を講じることは必須といえます。

　このようなことをお話しすると、「俺が若い頃はもっと長い時間残業していた」、「最近の若い社員は月100時間の残業くらいで音を上げて」などとおっしゃる管理監督者の方も少なくないと思います。たしかに高度経済成長を支えてこられた団塊の世代の方々は、実際に月100時間以上の残業をされた経験があるのでしょうし、そのような修羅場をくぐり抜けられて今の地位にいらっしゃるのでしょうから、そう思えて当然なのかもしれません。

　しかし、ここで注意をしなければならないことは、現代社会は、高度経済成長の時代とは時間・距離の感覚が大きく異なっているということです。高度経済成長期には福岡や札幌へ日帰りで出張に行くということはあり得なかったでしょうし、出張先でも携帯電話へ仕事の指示が飛んでくるようなこともなかったでしょう。また、外出先でEメールで書類をやりとりしたり、時差のある海外とテレビ会議をしたりすることもあり得なかったでしょう。しかし、現代社会ではそれがあたりまえなのです。高度経済成長期であれば、書類をやりとりするのも郵便で行われていたでしょうから、相手方から書類が届くまでに2〜3日心の準備をする時間が持てたものが、現代社会ではEメールを使えば、心の準備をする時間どころか、ほんの数秒で書類が手元に届きます。つまり、交通機関や通信手段の発達が、働く環境をより密度の濃い、そしてゆとりのない環境に押しやってしまったことはたしかなことなのです。

ですから、現代における労務管理は、一昔前の労務管理と異なり、メンタルヘルス対策の一環として限界的長時間労働が発生しないように注意を払うことが重要なのです。

　もちろん、月の時間外労働が100時間を超えるような長時間労働は心身にさまざまな影響を及ぼすため、極力避けるべきであるといえます。しかし、企業においては、プロジェクトが佳境に入ったり、決算期を迎えたりして、業務が集中し、どうしても月の時間外労働が100時間を超えてしまう事態が発生してしまうというのもまた現実です。

　もし、月の時間外労働が100時間を超えるような長時間労働が生じてしまった場合には、できる限りすみやかに医師による面接を受けていただき、健康面のチェックをしてもらうようにしましょう。

　労働安全衛生法では、「1週当たり40時間を超えて行う労働が1か月当たりで100時間を超え、疲労の蓄積が認められる者であって、面接指導に係る申出を行った者に対しては、医師による面接指導を行わなければならない」として、過重労働者に対する医師の面接指導を義務づけています（66条の8）。もちろん、法文のとおり「申出」を労働者が行わなければ面接指導を実施する必要はないわけですから、会社が強制的に面接指導を受けさせることは就業規則などに規定がない限り難しいですが、労働者の健康面への配慮と、企業の社会的責任を果たす立場から、できる限り医師の面接指導を受けるよう勧奨することが望まれます。

　また、なかには労働者が「医師の面接指導を受けたからといって仕事量が減るわけでもないし、そんな時間があったらその分、早く帰りたい」などと言って、医師の面接指導を受けたがらないケースもあります。こうした労働者の意見はもっともかもしれませんが、面接指導には、「何か体調の不調が起きたらこの先生に相談すればいいんだ」といった医師と労働者の顔つなぎ的な役割もありますし、管理監督者が部

下の健康状態を気にかけていることを示す効果も持ちます。「君はうちの部署の貴重な戦力なのだから、万一のことがあったら大変だし、早めに健康状態に問題のないことだけはチェックしてもらったほうがいいよ」などと声をかけ、面接指導を受けるように働きかけましょう。

ちなみに、管理監督者が命じた月100時間以上の時間外労働による健康障害が発生した場合、医師による面接指導を受けさせたからといって管理監督者が免責されるわけではありません。面接指導を受けさせるとともに、次の月にも過重労働が繰り返されるなどということがないよう、対策を立てる必要があるのは当然のことです。

⑨ ハラスメント対策は万全に

長時間労働対策とあわせて企業の管理監督者が気をつけなければならないのが、職場におけるハラスメント対策です。ハラスメントとしてとくに企業が注意を払わなければならないのは、セクシャルハラスメント（以下「セクハラ」といいます）、マタニティハラスメント（以下「マタハラ」といいます）と、パワーハラスメント（以下「パワハラ」といいます）です。最近ではモラルハラスメント（モラハラ）やアカデミックハラスメント（アカハラ）等が話題になることもありますが、これらの概念についてはまだ社会的なコンセンサスがとれておらず、国の指針も明確ではないため、本書ではセクハラ、マタハラとパワハラに焦点を絞ってお話をします。

（1）セクハラ

職場でのセクハラは、労働者の個人としての尊厳を不当に傷つける社会的に許されない行為であるとともに、労働者の能力を十分に発揮することの妨げにもなり、職場のメンタルヘルスにも大きな影響を及ぼす重大な問題といえます。男女雇用機会均等法では、第11条において、職場

におけるセクハラ対策について雇用管理上必要な対策をとることを事業主に義務づけるなど、我が国においても近年企業の誠実で的確な対応が求められます（雇用管理上講ずべき措置については、厚生労働省のパンフレットや専門書を参照してください）。

セクハラには以下の2種類があります。

◆対価型セクハラ
　…労働者の意に反する性的な言動に対する労働者の対応（拒否や抵抗）により、その労働者が解雇、降格、減給などの不利益を受けること
◆環境型セクハラ
　…労働者の意に反する性的な言動により労働者の就業環境が不快なものとなったため、能力の発揮に重大な悪影響が生じるなどその労働者が就業する上で看過できない程度の支障が生じること

セクハラの状況は多様であり、判断にあたり個別の状況を斟酌する必要がありますが、一般的には、意に反する身体的接触によって強い精神的苦痛を被る場合には1回でも職場環境を害し、心の健康問題の原因となり得ると考えられます。また、「明確に抗議しているにもかかわらず放置された状態」等も強い精神的苦痛の原因となりますので、注意が必要です。セクハラは男女の認識の違いにより生じている側面が大きいので、自分の価値観を基準にするのではなく、たとえば被害を受けた労働者が女性である場合には「平均的な女性労働者の感じ方」を基準にセクハラか否かを判断する、といったことが適当でしょう。

また、平成19年4月に男女雇用機会均等法が改正され、女性差別禁止から男女両方を対象とした性差別の禁止へ、法律が改められた点も注意が必要です。つまり、かつては男性から女性に対する差別が禁止されていたところ、現在では男女双方に対する差別が禁止されています。職場の忘年会で男性であることを理由に裸踊りを強要するといったことも立派なセクハラですので、セクハラに対する正しい知識を持つようにしてください。

（2）マタハラ

　「マタハラ」とは、働く女性が、妊娠・出産、育児休業の取得等を理由として、職場で不利益取扱いを受けることを指します。令和3年3月に公表された「職場のハラスメントに関する実態調査」（厚生労働省委託事業、東京海上日動リスクコンサルティング株式会社）によれば、過去5年間に就業中に妊娠／出産した女性労働者の26.3%が、ハラスメントを受けていました。また、妊娠に至る前に、勤務先で妊娠・出産等に関する否定的な言動（いわゆる「プレマタハラ」）を経験したという人も17.1%いました。

　職場のマタハラには、次の2つのタイプがあります。

---

①制度等（※）の利用への嫌がらせ型

・制度等の利用を理由に解雇や不利益な取扱いを示唆する言動

・制度等の利用を阻害する言動

・制度等の利用を理由に嫌がらせ等をする言動

例）上司に妊娠を報告したら「他の人を雇うので早めに辞めてもらうしかない」と言われた。

例）妊婦健診のために休暇を申請したら「病院は休みの日に行くものだ」と相手にしてもらえなかった。

　※制度等とは、労働基準法、男女雇用機会均等法、育児・介護休業法等に基づく、産前休業、妊娠中および出産後の健康管理に関する措置、育児休業などを指します。

②状態への嫌がらせ型

・妊娠・出産等を理由に解雇その他不利益な取扱いを示唆する言動

・妊娠・出産等を理由に嫌がらせ等をする言動

例）先輩に「就職したばかりのくせに妊娠して、産休・育休を取ろうなんて図々しい」と何度も言われ、就業意欲が低下した。

　平成29年1月より、男女雇用機会均等法および育児・介護休業法の改正により、相談窓口（担当者）を社内に設けること、ハラスメントの相談があった際には迅速な事実確認・被害者への配慮・行為者への処分等の措置および再発防止のための措置を行うことなどが、業種・規模にか

かわらず、すべての事業主に義務づけられました。

また、妊娠、出産、育児休業・介護休業等に関するハラスメントは、マタハラだけではありません。たとえば男性労働者の育休申請に対し、上司が「男のくせに育休を取るなんてあり得ない」などと言って休業を断念させることもハラスメント（いわゆる「パタハラ」）に当たるので、配慮が必要となります（前述の実態調査では、過去5年間に勤務先で育児に関わる制度を利用した男性労働者の26.2%が、育児休業等ハラスメントを受けたと回答しています）。

（3）パワハラ

実は、近年、パワハラに該当すると考えられる、いじめや嫌がらせの問題が職場で深刻化しています（図表2-14）。

さらに、精神障害の労災認定においても、令和元年度に労災と認定された509件のうち、79件（15.5%）が「（ひどい）嫌がらせ、いじめ、または暴行を受けた」ことがその認定原因となっており、職場におけるパワハラの問題は、今後のメンタルヘルス対策の中で重要なウェイトを占

■図表2-14　相談件数の推移

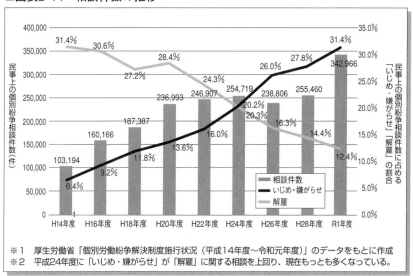

※1　厚生労働省「個別労働紛争解決制度施行状況（平成14年度〜令和元年度）」のデータをもとに作成
※2　平成24年度に「いじめ・嫌がらせ」が「解雇」に関する相談を上回り、現在もっとも多くなっている。

めるようになると考えられます。

　職場におけるパワハラとは、「職場において行われる優越的な関係を背景とした言動であって、業務上必要かつ相当な範囲を超えたものにより、その雇用する労働者の就業環境が害されること」と定義されています（パワハラ防止法30条の2第1項）。「業務上必要かつ相当な範囲」とはどこまでを指すのかをめぐってはさまざまな議論がありますが、熱心に指導しているつもりが、一般的に見ると業務上必要かつ相当な範囲を超えてしまっており、相手を精神的に追い込んでしまっていることも少なくありません。ですから、心の健康問題を発生させない職場づくりをしていく上では、自分のしている行為がパワハラに該当しないか、また、職場全体でパワハラに当たる行為が行われていないか、常に注意していくことが必要なのです。

　なお、パワハラ防止法は、性的少数者（LGBT）に対して侮辱的な言動を行うことや、本人が同意しない性的指向・性自認の暴露を行うこと（アウティング）についても、パワハラに含まれるとしていますので、不用意な言動をとることのないよう注意してください。

❿ 上司が気をつけるべき心の健康問題のサイン

　達成感や裁量権を与え、過重労働やハラスメントを防ぐような労務管理を行うことで、多くの心の健康問題を予防することが可能です。しかし、突発的に大きなアクシデントが発生したときや、一生懸命やったにもかかわらずプロジェクトが失敗に終わったときなど、一過性の大きなストレスによっても心の健康問題が生じることはあります。また、その人自身の病気に対する親和性（専門的には「素因」といいます）や、プライベートにおけるストレスに仕事のストレスが加わり、複合的な要因により心の健康問題が生じることも少なくありません。

　そこで、管理監督者としては、部下が発する心の健康問題のサインを十分に理解しておくことが必要です。

職場で発生する心の健康問題の代表格であるうつ病の症状が「気分の落ち込み」や「意欲の減退」であることは非常に有名ですが、このような症状が表れた時点で立派なうつ病ですから、そのような深刻なサインが表れる前に管理監督者が部下の変化に気づくことができるかが重要です。先ほどセルフケアの項で、自律神経失調症や心身症は心の健康問題の初期兆候であることをお話ししました。もし、部下が医者に行ってこのような診断を受けたと打ち明けてくれたならば、それは注意すべきサインであると認識するべきです。

⑪ もっとも気づきやすいサインは行動面のサイン

　多くの方が「うつは心の病気だから精神面にそのサインが表れる」と思っていますが、これは大きな勘違いです。実は、うつは心の病気にもかかわらず、先に身体面や行動面にサインが表れることのほうが多いのです。ただし、身体面のサインは、本人が打ち明けてくれなければなかなかわかりづらいものです。その点、行動面のサインは、日頃から部下のことを十分に観察している管理監督者であれば、多くの場合、気づくことができるはずです。

　行動面のサインでもっともわかりやすいのが、出勤の状況の乱れです。普段だったら遅刻をしない人が遅刻を繰り返すようになったとか、有給休暇を計画的に取得していた人が、当日の朝になって急に休暇を取りたいと電話をしてくるようになった場合は要注意です。なぜなら、うつ病は「日内変動」といって朝方にとくに調子が悪い傾向があるため、このような傾向が表れ始めたときにはうつ病の初期症状を疑う必要があるからなのです。この出勤状況が乱れ始める典型的なパターンは、朝に「今日は具合が悪くて仕事に行けません」と連絡をするものの、休んでしまった罪悪感と責任感から調子が良くなる夕方には「おかげさまでだいぶ調子が良くなりました。明日は必ず仕事に行きますから」などと職場に連絡をするのですが、結果的に次の日の朝になると具合が悪くて職

場に行けないという事態を繰り返す——というものです。

　また、職場における集中力の低下、ミスの増加などのパフォーマンスの低下にも注意が必要です。みなさんにも、寝不足の日の朝などに通勤電車の中で新聞を読んでいて、字面は追っているものの内容が頭に入らず、ふとした瞬間に「あれ、今、どこまで読んだっけ??」などと思った経験があるのではないでしょうか。うつ病の初期症状として、このような状態が職場で表れることがあります。そして、いつもであれば1時間もあれば仕上がるはずの書類が半日たっても仕上がらなかったり、いつもはほとんど誤字脱字などのミスをすることがないのに、書類にそのようなミスが目立つようになったりするのです。すると仕事をこなすのにいつもより多くの時間がかかるため、結果として残業時間が増え、ますます家で休養する時間がなくなり、うつ病が重症化していくという悪循環におちいってしまいます。

　ほかにも、イライラして周囲の人とのもめごとが増えたり、時には酒臭いまま出社してくるなど、以前はこんなではなかったのに……と周囲が感じるような行動面の変化が表れることがあるのです。

　つまり、心の健康問題の早期発見のためには、「普段はこういう人ではないのに、最近なんだか様子が違うな」という周囲の人の感覚が重要だといえます。裏を返せば、このような行動面のサインは、日頃から周囲の人の出勤状況やパフォーマンス、人間関係などをよく知らなければ、決して気づくことができません。ですから、管理監督者は、日頃から部下と積極的にコミュニケーションをとることを心がける必要があります。部下の些細な変化に気づいてあげられるかどうかが、心の健康問題を早期に発見できるかどうかの分岐点となるのです。

　行動面のサインには、次のようなものがあります。

> 出勤状況：遅刻・早退・欠勤の増加
> 業務内容：集中力の低下、能率の低下、ミスの増加
> 対人関係：協調性の低下、もめごとの増加、孤立
> 日常生活：生活時間の不規則化、睡眠時間の乱れ、生活態度の乱れ
> 逸脱行動：アルコール依存、異性トラブル、ギャンブル、暴力

なかなか難しいサイン発見時の対応

　それでは、部下の心の健康問題のサインに気づいたらどうすればよい
でしょうか。頭では、早めに病院を受診してもらったほうがよいとか、
休養してもらったほうがよいなどと思いつくでしょう。しかし、「あな
たはうつかもしれないから、精神科を受診したほうがいいよ」とはなか
なか言えないものです。また、そのようなことを言われた労働者が「た
しかに最近あまり調子が良くないことは事実だけど、いきなり精神科に
行けなんて、ひどいことを言う人だ」などと思い、心配してかけたはず
の言葉がかえって信頼関係を損ねてしまうことすらあります。

　実際に筆者のところには、よく「うつのサインが見られたから精神科
を受診するようにすすめたが、部下が私の言うことを聞いてくれない」
と嘆いて来室される管理監督者がいらっしゃいます。

　それではいったい、どのように産業医の面談や専門の医療機関への受
診をすすめればよいのでしょうか？

最初にすべきは相談を受けるための環境づくり

　心の健康問題のサインに気づいた場合に最初にすべきことは、「休養
をとるように指導する」、「受診をすすめる」など積極的に本人に働きか
けることではなく、まず、相談しやすい環境をつくってあげることで
す。人はなかなか、自分の心の問題を人に気軽に話せるものではありま
せん。ですから、まずは信頼関係を醸成し、「この人にだったら自分の
抱えている悩みを話してもかまわない」と思ってもらうことが必要なの
です。

　具体的には、2人っきりの場面で、「最近休みがちだけど、どこか身
体の調子でも悪いのか？」とか「最近、君らしくないミスが目立つよう

だけど、何か心配事でもあるのか？」といった具合に声をかけることが第一歩になります。

　ここでのポイントは、話を聞く管理監督者のゆとりです。人の悩みは、5分や10分で話せるような問題でないことがほとんどです。ですから、聞く側にとって時間的にも精神的にもゆとりがない場合（たとえば大切な会議や商談が控えている日など）には、後日、あらためてゆとりをもって話を聞くことのできる時間を設定することが望まれます。たとえば、「最近疲れているようだけど大丈夫？　明後日の午後ならゆっくり時間が取れそうだから、少し話をしようよ」などと声をかけておくことで、相手の気持ちをホッとさせることができます。このように、きちんと話を聞かせてほしいという態度をきっちりと表明することで、相手も「この上司は仕事に対してはきびしいけれど、きちんと私のことを考えて、心配してくれているんだな」というように感じ、その後の管理監督者の助言を素直に聞き入れることができるようになるのです。

　もちろん、話を聞く際には安心して話せるような個室を準備したり、携帯電話を切って相手の話に集中したりするなどの基本的な気配りも忘れないようにしましょう。

⑭ 信頼関係を構築したらストレスの原因に迫ろう

　信頼関係の構築が進んだら、ストレスの原因や気にかかることがあるのかどうかを聞きましょう。もちろんストレスの原因は、仕事以外の家庭やプライベートな金銭問題であったり、家庭でも仕事でも問題を抱えて行き場がなくなってしまっていることであったりもしますので、幅広い視点でストレスの原因を考えていくことが重要です。

　また、仕事が大きなストレスの原因となっている場合にも、仕事の量が多くてこなしきれないのか、仕事が難しくて自分の力だけでは進めることができないのか、職場の人間関係が悪くて仕事上の連携がとれていないのかなど、「仕事のどのようなこと」がストレスの原因となってい

るのかを見極めることが重要です。時に「仕事がストレスなら少し分担を減らせばいい」などと安直に考えてしまう方を見かけることがありますが、たとえば職場の人間関係が問題となっている場合に仕事の分担を少し減らしたところで効果的な対策とならないのは当然のことです。

　また、メンタルヘルス不全の兆候がある部下に、「職務分担を調整し、効率的に仕事をして、早く帰るようにしましょう」などとアドバイスをしている上司を目にすることがありますが、このような抽象的な対応では意味がありません。筆者の経験では、上司自身がどうしたらよいかわからないときに、「調整して」「効率的に」などという抽象的なアドバイスになってしまうように感じます。しかし、実際に体調不良を抱えながらなんとか仕事をしている部下にとっては、具体的にどのように職務を調整し、どのように効率化をするのかを明示してくれないのであれば、何もしてくれないのと同じです。このような、具体的なアドバイスにより職場として取り除いてあげることのできるストレスがある場合には、極力、取り除いてあげるようにしましょう。

⑮ 身体面・行動面の症状に焦点をあて受診をすすめる

　信頼関係の構築を行い、ストレスの原因が判明し、職場のストレス要因を軽減したとしても、本人の心身状態が回復しない場合が多々あります。たとえば、すでに睡眠障害が表れてしまっているような場合で、「眠れない → 仕事に集中できない → 軽減された仕事すらこなせない → さらに悩む → ますます眠れない」といった悪循環におちいってしまっている場合もあります。このような場合には、この悪循環を断ち切るために、医療機関で睡眠薬の処方を受けるなど、医療の力を借りることが必要になってきます。

　医療機関の受診をすすめる際には、身体面・行動面の症状を理由に受診をすすめるほうが効果的です。人は、「あなたはうつだから精神科に行ったほうがよい」などと突然心の問題を指摘されると、強い抵抗を感

じます。また、うつ病の患者さんの多くは、初期の段階では「私はうつ病にかかるほど弱い人間ではない」とか「ちょっと疲れがたまっているだけだから大丈夫」などと、自らがうつ病であることを否定しますので、あまり強引な受診の助言は、せっかく築きあげた信頼関係にひびを入れてしまうことになります。

それに対して、一般的に、体の不調については素直に周囲の助言を受け入れることができます。ですから、あまり精神面に焦点をあてずに、「眠れない」、「食欲がない」、「頭が働かず、仕事が思うようにできない」、「職場に来ると頭痛がする」などの具体的な身体面や行動面の症状に焦点をあてて、「眠れないのはつらいよね」とか「あまりご飯が食べられないようなら、病院で点滴を打ってもらうといいかもね」などと一般的な健康問題に対するように受診をすすめると、比較的抵抗感を感じさせずに受診につなげることができます。最初はかかりつけの内科医の受診でもかまいませんので、とにかくきちんと医療機関につなげることが重要です。

一度医療機関につながれば、そこの医師から必要に応じて精神科医療機関を紹介され、適切な医療に結びつくことがほとんどです。

また、いきなり病院に行くことに抵抗がありそうな場合には、医療機関よりもハードルの低い職場の産業医や健康相談等を利用するようにすすめることも有効です。

⑯ 精神科治療へのアプローチ

それでは、かかりつけ医を受診してもらったところ、「精神科を受診するように言われました」と報告があった場合、管理監督者はどのように対応すればよいのでしょう？　このような場合はまず、精神科を受診しやすい雰囲気を整えてあげることが重要です。精神科医療に対する偏見や、本人を元気づける気持ちから、「精神科に行くほどひどくないのでは」などと発言してしまう場合が多く見受けられますが、それでは

せっかくの受診の機会を逃してしまうことになります。このような状況では、「心の風邪をこじらせないようにしないとね」、「仕事のことは気にしないで、早めに受診しておいで」、「たくさん話を聞いてもらえるといいね」などといった言葉をかけ、スムーズに精神科受診ができるように配慮しましょう。

⑰ 専門医から休養をすすめられたら……

　精神科を受診してもらったところ、「主治医から一定期間の自宅療養をすすめられた」という報告があった場合には、管理監督者としてはどのように対応すべきでしょうか？　本人も仕事から離れて休みたいと考えているのであれば、もちろん、休んでいただくことになりますが、「いま私が抜けると、みんなに迷惑がかかるから休めません」などと職場のことを気にかけ、休みを取ることを躊躇している場合が問題になります。

　このようなケースでは、「本人が働きたいと言っているのに休んだほうがよいとすすめてしまうと、かえって本人の自尊心を傷つけてしまうのではないか」といった心配から、「本人が働きたいと言っているのであれば、本人の意思を尊重しよう」などといった対応をしてしまいがちですが、このような対応は適切ではありません。なぜなら、このような「働きたい」という発言は、意欲ではなく「働かなければ」という焦りからのものであり、焦りはうつ病の典型的な症状の1つだからです。このような場合には、安心して仕事を休める環境をつくってあげることが重要です。「仕事のことは私たちに任せて、ゆっくり休んでください」、「きちんと休んで、また元気な顔を見せてね」といった声をかけることで、安心して休みを取ることができるようになります。

心療内科、神経内科、神経科、精神科って何が違うの？

　ところで、心の健康問題の治療に関してはさまざまな診療科があります。どこが違うのか、そしてどの診療科を受診すべきなのかがわかりにくいというご質問をよく受けますので、それにお答えします。

　まず、一応の定義として、精神科はうつ病や統合失調症などの精神障害を対象とし、神経科は一般にはノイローゼと呼ばれるような不安神経症や強迫神経症などの精神障害を対象とするとされています。しかし、両者はほとんど区別されることはありません。一般的に「精神神経科」などとひと括りにしているところが多く見られます。つまり、「精神科」「精神科・神経科」「精神神経科」と標榜してある医療機関は、ほぼ同じ精神障害を対象としていると考えてよいでしょう。

　それに対して心療内科は、本来、「心身症」と呼ばれる身体疾患を治療の対象としています。心身症とは、前述のとおり（91ページ）、胃潰瘍、高血圧、喘息など、身体疾患の中で、その発症や経過に心理的社会的因子が密接に関与している身体疾患のことを指します。つまり、心療内科はあくまで内科ですから、単にうつ病というよりは、ストレスなどが原因で発症した身体疾患を治療の対象としているのです。精神科や神経科との違いをわかりやすく説明すると、ストレスや心理的問題により不安や緊張、落ち込みなどの形で心に強く症状が表れれば精神科や神経科の対象となりますが、動悸や下痢、さらには高血圧や喘息など身体に強く症状が表れれば心療内科の対象となります。

　しかし、これはあくまで原則的な説明です。一般の人々の精神科や神経科に対する誤解と偏見が強く、「心療内科だったら通院してもいいけど、精神科には行きたくない」という患者さんもたくさんいるため、「心療内科・精神科」と標榜して開業する精神科医が増えていることも事実ですので、これらの診療科について厳密な違いを問う意味はあまりないでしょう。

　ただし、神経内科だけは別です。精神科・神経科・心療内科と名前が似ているのでよくまちがえてしまう方がいるのですが、神経内科はこれらの科とは異なります。精神的な問題からではなく、脳や脊髄、神経、筋肉に病気があり、それにより体が不自由になる病気（たとえばパーキンソン病や脳卒中後遺症など）を扱う診療科ですので、注意してください。

⑱ サインを見つけたときの大原則

　心の健康問題のサインを見つけたらどのように受診につなげていけば
よいのかについて、くわしく説明をしてきましたが、何より重要なこと
は、周囲の人があまり焦りすぎないこと、慌てすぎないこと、先走りす
ぎないことです。もちろん、自殺念慮が表れているなど重症化している
場合は別ですが、初期の段階であれば、1日、2日の違いはそれほど大
きな意味を持ちません。周囲の人が焦りから無理やり受診をすすめたり
すると、その時は医療機関につなげることができてホッとするかもしれ
ませんが、そこで信頼関係が崩壊してしまい、その後の治療経過などが
聞けなくなってしまって、職場にとってはかえってマイナスに作用して
しまいます。メンタルヘルスの問題への対応は、「焦らず、慌てず、先
走らず」が鉄則です。

⑲ ストレス社会を生き抜く強さを SOC から学ぶ

　さて、ここまでメンタルヘルス対策のラインケアについてお話しして
きましたが、その締めくくりとして、このストレス社会を生き抜く強い
人材をつくるために管理監督者ができることについて触れておくことに
しましょう。このことは、純粋なラインケアの視点からは少々外れるか
もしれませんが、強い人材をつくることができれば、結果的に心の健康
問題が減るはずですから、このような視点を持つことも重要であるとい
えます。
　ここでは、最近、精神・心理の領域で広く脚光を浴びている「SOC」
という概念をご紹介します。SOC とは Sense of Coherence の略称で、
日本語では "首尾一貫感覚" と訳されます。この SOC は、イスラエル
の心理学者 A. Antonovsky 博士により提唱された概念で、ユダヤ人の

強制収容所から生還した人々を研究対象として確立されてきました。医学の分野では多くの場合、病気になる人にはどのような特性があるのかに注目しますが、Antonovsky博士が注目したのは、強制収容所のような精神的にも身体的にも大きな苦痛を強いられる劣悪な環境下にもかかわらず、精神的な健康を保つことのできた人々でした。このように、どのような人が健康を保てるのかという考えを「健康生成説」と呼び、その中核概念がSOCと呼ばれる感覚なのです。つまり、ここでは、明日ガス室に送られるかもしれないという過酷で究極なストレス環境でも自分の心の健康を維持することができた人々の特徴から、ストレス社会と呼ばれる現代社会を生き抜くための術を学ぼうと思います。

　このSOCは、主に3つの要素から構成されるとされています。

・有意味感　：どんなつらいことに対しても意味をみいだせる感覚
　　　　　　　（意味をみいだす力）
・把握可能感：直面した困難な状況を秩序立った明確な情報として
　　　　　　　受け止められる感覚（先を見通す力）
・処理可能感：自分が良かれと思う行動を最後まで成し遂げられる
　　　　　　　という感覚（なんとかなると考える力）

　究極のストレス状況を乗り越えるためには、この3つの感覚を養うことが重要であるといえます。

（1）有意味感

　「有意味感」とは、あまり興味のないプロジェクトや面白味の感じられない仕事に対しても、「まあそのうち、何かの役に立つかもしれない」「やっているうちに面白味がわかってくるかもしれない」と、どんな物事に対しても意味をみいだせる感覚です。

　そして、今までさまざまな経験をしてきた管理監督者だからこそ、部

下に対してその仕事の持つ意味や、必要性を説明してあげることができるのです。一見、重要そうでない仕事でも、管理監督者から「最初はなかなかこの仕事の重要性が理解できないかもしれないが、君の担当する仕事はプロジェクトの第2ステージで非常に重要な役割を果たすものなのだ」などと言葉をかけることで、意味をみいだす手助けをしてあげることが重要になります。

（2）把握可能感

「把握可能感」とは、大きな困難にぶつかったときでも、混乱せずに先を見通せる感覚、すなわち、困難な状況でも次にやるべきことを時系列的に把握し、段取ることができる感覚です。「今週のプレゼンを終えれば、来週以降はちょっと余裕ができるから有休が取れそうだ」、「来月は販促キャンペーンを行うから、早めにアルバイトを手配して人員を確保しておこう」などと、先を見通すことのできる感覚です。

いつまででこのしんどい状況が続くのかわからないという中では、人は次第に疲弊し、気力が萎えてしまうものです。そのような中でも、プロジェクトのゴールを見据え、はっきりとその道筋を示してあげる労務管理が効果的なのです。

（3）処理可能感

「処理可能感」とは、自分が良かれと思う行動を最後まで成し遂げれば最後はなんとかなるだろうという、楽観的な未来を見据えることができる感覚です。「今までもつらいプロジェクトはたくさんあったけど、なんだかんだでうまくいった。このつらさも、いつか終わりがくるものだからな」と明るい未来を描ける力です。

管理監督者が「このプロジェクトに本当に終わりはくるんだろうか」と思ってしまえば、その下で働く部下はますます不安になり、ストレスを感じてしまいます。ですから、管理監督者が楽観性を持ち、「きっとうまくいくに違いない」と感じることが重要となります。

⑳ 上司の SOC は部下の SOC に影響を及ぼす

　ここでまた、興味深い研究を1つご紹介しておきましょう。立川らによる工場労働者を対象とした研究（※）で、SOC の高い上司の下で働く部下の SOC は高くなるという報告がありました。つまり、どんなことにでも意味をみいだし、先の見通しをしっかり立て、なんとかなるという楽観的な考え方を持つ管理監督者の下で働く部下も、そのような感覚を身につけることができ、ストレスに強い人材に育つということなのです。

　たしかに、管理監督者が意味をみいだせていない仕事に部下が意味をみいだすことは容易ではないでしょうし、管理監督者が先を見通せていない仕事に対し、部下が先を見通せるわけはありません。当然といえば当然のことです。職場のメンタルヘルス対策を行う上で、いかに管理監督者の果たす役割が大きいか、ご理解いただけると思います。

※　H. Tatsukawa, S. Sasahara, S. Yoshino, Y. Tomotsune, K. Taniguchi, H. Nakamura, I. Matsuzaki「Influence of the stress coping ability of supervisors on the stress situation of their subordinates.」（「Journal of Physical Fitness, Nutrition and Immunology」2005年 Vol.15 No. 2に掲載）

IV 事業場内産業保健スタッフによるケア

1 事業場内産業保健スタッフの種類と役割

　事業場内産業保健スタッフには、企業の規模や考え方で、どのような職種のスタッフを何名程度配置するかなどが大きく異なります。心の健康問題に関することは心理の専門家である臨床心理士や産業カウンセラーに任せようとする企業もあれば、心身両面からのケアを期待して保健師が心の健康問題に対応する企業もあります。また、産業保健スタッフの中心を担う産業医も、内科の産業医で心の健康問題にはまったく関与しないという企業もあれば、精神科を専門とする産業医を雇用して、心の健康問題に積極的に取り組もうとする企業もあります。

　心の健康づくりにかかわる職種としては以下のようなものがあり、それぞれ、重要な役割を果たしています。

・産業医
・衛生管理者等
・保健師、看護師
・心理士・カウンセラー、公認心理師

（1）産業医

　産業医は、専門的な立場から、セルフケアおよびラインによるケアを支援し、教育研修の企画および実施、情報の収集および提供、助言および指導等を行うとされています。また、長時間労働者に対する面接指導の実施等で、労働者の健康を守るための措置を講じます。

　産業医は事業主に対して勧告権を有するため、就業上必要な配慮などについて積極的に意見を述べることが求められていますが、実際には精神科を専門としない医師であることが多く、あまりメンタルヘルス対策に積極的でない場合も少なくありません。

（2）衛生管理者等

　衛生管理者等は、産業医等の助言・指導等を踏まえて、具体的な教育研修の企画および実施、職場環境等の評価と改善、心の健康に関する相談ができる雰囲気や体制づくりを行うことが求められています。また、セルフケアおよびラインによるケアを支援し、その実施状況を把握するとともに、産業医等と連携しながら事業場外資源との連絡調整に当たることが効果的とされています。

（3）保健師、看護師

　保健師・看護師は、産業医等および衛生管理者等と協力しながら、セルフケアおよびラインによるケアを支援し、教育研修の企画・実施、職場環境等の評価と改善、労働者および管理監督者からの相談対応、保健指導、健康指導等に当たることが望まれます。

（4）心理士・カウンセラー、公認心理師

　日本には長らく心理関係の国家資格がなかっため、民間の認定機関が認定した専門職が心の健康づくりに携わってきました。有名なものとし

ては、公益財団法人日本臨床心理士資格認定協会が認定する臨床心理士や、一般社団法人日本産業カウンセラー協会が認定する産業カウンセラー等があります。心理士やカウンセラーは「心の健康づくり専門スタッフ」と呼ばれ、他の事業場内産業保健スタッフと協力しながら、教育研修の企画・実施、職場環境等の評価と改善、労働者および管理監督者からの専門的な相談対応等に当たるとともに、事業者への専門的立場からの助言等を行っています。

平成29年には、日本で初めて心理関係の国家資格として位置づけられた「公認心理師」の制度も始まりました。令和2年3月時点で約3万5,000人の登録者がおり、今後、心理関係の専門職者としてこれまで以上に専門性を発揮して、保険医療・福祉・教育その他の分野で活躍することが期待されています。

❷ 人事労務管理スタッフの果たす役割

人事労務管理スタッフを事業場内産業保健スタッフと考えるべきかどうかは議論の余地のあるところです。というのも、人事労務管理スタッフは医療職ではないことから、守秘義務の問題でどこまで他の産業保健スタッフと情報を共有してもよいのかといった、線引きが難しいためです。メンタルヘルス指針の中では、人事労務管理スタッフは事業場内産業保健スタッフの一員として位置づけられていますが、筆者は、人事労務管理スタッフと産業医等がすべて情報を共有することになると、労働者が安心して産業医に相談できなくなってしまう危険性があるため、事業場内産業保健スタッフとは別個に扱うべきだと考えています。

しかし、いずれにせよ、人事労務管理スタッフは、管理監督者だけでは解決できない職場配置、人事異動、職場の組織等の人事労務管理が心の健康に及ぼしている具体的な影響を把握し、労働時間等の労働条件の改善および適正配置に配慮するためには欠かすことのできない存在です。人事労務管理スタッフの協力なくしては職場のメンタルヘルス対策

は機能しませんので、非常に重要な役割を果たすことには変わりありません。

③ ポイントは関係者間の連携

　事業場内産業保健スタッフがうまく機能するためのポイントは、事業場内産業保健スタッフだけで孤立することなく、他の関係者間で密に連携をとることです。というのも、職場における心の健康問題は、どこか

■図表2-15　関係者間の連携が重要

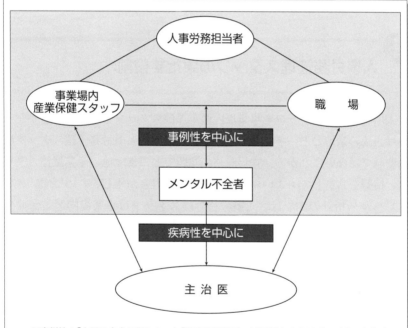

※事例性：「上司の命令に従わない」「勤務状況が悪い」「周囲とのトラブルが多い」など、
　　　　　実際に呈示される客観的事実。業務上、何が問題になって困っているかで、職
　　　　　場関係者がその変化に気がつくことができる。

※疾病性：「幻聴がある」「被害妄想がある」など、症状や病名に関することで、専門家が
　　　　　判断する分野。

1つの部署で解決することはほとんどないからです。

　たとえば過重労働が原因で心の健康問題を発症してしまった労働者がいた場合、産業医や保健師などの医療関係者は、その労働者を適切な医療機関につなげ、早期の回復を目指すための段取りをする必要がありますし、職場はなぜそのような過重労働環境になってしまったのか、さらにはほかの労働者の健康状態に問題はないかを早急に検証する必要があります。さらに、人事労務担当者は会社の労務管理体制を見直さなければなりませんし、その労働者が職場復帰する際の環境についても異動を含めて考慮する必要があります。

　このように、メンタルヘルス対策にかかわる各部署が連携して、1つの事例を解決していく協力体制が重要なのです。

V

事業場外資源によるケア

　メンタルヘルスケアを行う上では、事業場が抱える問題や求めるサービスに応じて、メンタルヘルスケアに関し専門的な知識を有する各種の事業場外資源の支援を活用することが有効とされています。具体的に事業場外資源とは、外部の病院やクリニックなどの専門的な医療機関や、EAP（Employee Assistance Program：従業員援助プログラム）実施機関、さらには地域の保健所や産業保健推進センター、地域産業保健センターなどの公的機関のことを指します。

❶ 事業場外資源によるケアの必要性

　本書では終始、メンタルヘルス対策は、他人任せにするのではなく、それぞれの企業の実情に合わせ、企業内の人材によって実効的に講じられることが重要だとお話ししてきました。それでは、事業場外資源にはどんな役割があるのでしょうか？

　事業場外資源は、労働者が相談内容等を事業場に知られることを望まないような場合に効果を発揮します。実際、産業医にも守秘義務がありますので、労働者から得られた情報をむやみやたらに企業に伝えることはありませんが、やはり労働者の立場からすれば、ひょっとしたら企業の人事労務管理スタッフに伝わってしまうかもしれないという危機感から、正直に自分の悩みや現在の病状を伝えることをためらってしまいます。このような場合には、外部の医療機関やEAP実施機関がそこを補う働きをすることになります。

ただし、事業場外資源の活用にあたっては、これに依存することにより事業者がメンタルヘルスケアの推進について主体性を失ってしまうことのないように注意が必要です。つまり、相談や対応を事業場外資源に丸投げしてしまうのではなく、窓口は事業場内産業保健スタッフが務め、事業場外資源にはメンタルヘルスケアに関する専門的な知識や必要な情報等を提供してもらうなど、円滑な連携を図ることが求められているのです。医療機関やEAP実施機関にメンタルヘルス対策のすべてを依頼しようとしても限界があるため、メンタルヘルス対策はあくまで自分の企業の問題なのだという認識を持ち続けることが重要です。

② 日頃からの医療機関との連携が重要

　近年、大都市近辺を中心に、精神科の医療機関が大変混雑しており、労働者が心の健康問題を抱えて受診しようと思っても、1か月、2か月先まで予約がとれないということも少なくありません。また、心の健康問題が発生したときに、どこの医療機関がよいのかわからず、対応に困る場合もあります。

　ですから、必要に応じて労働者をすみやかに事業場外の医療機関および地域保健機関に紹介できるよう、ネットワークを日頃から形成しておくことも重要です。具体的には、会社近くの信頼できる精神科の医療機関を事前にリサーチし、可能であれば日頃からその医療機関とは綿密な連携をとっておくとよいでしょう。

VI ストレスチェック制度

1 ストレスチェック制度の目的

　平成27年12月より、労働者数50名以上の事業場においては、1年以内ごとに1回、「心理的な負担の程度を把握するための検査（ストレスチェック）」を実施することが義務づけられています（50人未満の事業場では令和3年4月現在、努力義務）。

　ストレスチェック制度の基本的な考え方として、国は、次の4項目を挙げています（「心理的な負担の程度を把握するための検査及び面接指導の実施並びに面接指導結果に基づき事業者が講ずべき措置に関する指針」）。

①労働者自身のストレスへの気付きを促し、個人のメンタルヘルス不調のリスクを低減させること
②検査結果を集団ごとに集計・分析し、職場におけるストレス要因を評価し、職場環境改善につなげることで、ストレスの要因そのものを低減させること
③ストレスの高い者を早期に発見し、医師による面接指導につなげることで、労働者のメンタルヘルス不調を未然に防止すること
④労働者のストレス状況の改善及び働きやすい職場の実現を通じて、生産性向上につながるものであることに留意し、事業経営の一環として、積極的にストレスチェック制度の活用を進めていくこと

■図表2-16　一次予防として期待されるストレスチェック制度

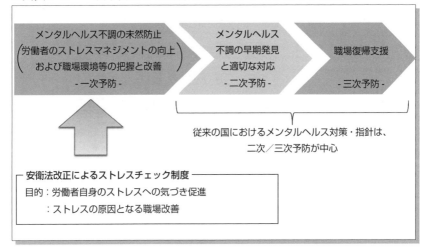

すなわち、ストレスチェック制度の目的は、主にメンタルヘルス不調の一次予防（本人のストレスへの気づきと対処の支援および職場環境等の改善）に置かれており、二次予防（メンタルヘルス不調への気づきと対応）は副次的なものとされています。また、単にメンタルヘルス不調のリスク低減にとどまらず、生産性向上までをも視野に入れた取組みが求められているのです。

❷ ストレスチェック制度の流れ

ストレスチェック制度は、大きく分けて、「ストレスチェック実施前の準備フェーズ」、「ストレスチェックの実施フェーズ」、「面接指導の対象者への面接指導のフェーズ」と、現時点では努力義務となっている「集団分析フェーズ」の4つに分けられます（図表2-17）。

■図表2-17　ストレスチェックの流れ

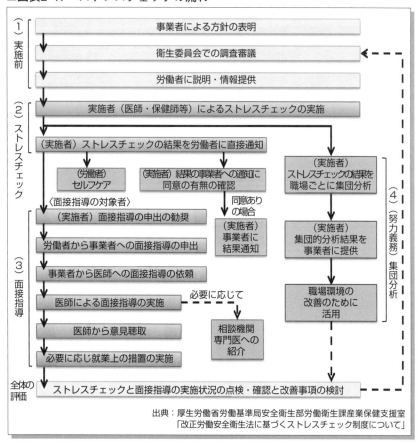

出典：厚生労働省労働基準局安全衛生部労働衛生課産業保健支援室
「改正労働安全衛生法に基づくストレスチェック制度について」

❸ 実施前の衛生委員会での審議と必要に応じた委託業者の選定

　ストレスチェックの実施にあたっては、「心理的な負担の程度を把握するための検査及び面接指導の実施並びに面接指導結果に基づき事業者が講ずべき措置に関する指針（通称：ストレスチェック指針）」や「労働安全衛生法に基づくストレスチェック制度実施マニュアル」（いずれ

も厚生労働省発行）をもとに、次に示す項目について、衛生委員会の場で審議する必要があります。

①ストレスチェック制度の目的にかかる周知方法
②ストレスチェック制度の実施体制（実施者、共同実施者・実施代表者、その他の実施事務従事者の選任、明示等）
③ストレスチェック制度の実施方法（使用する調査票、高ストレス者の選定基準、ストレスチェックの実施頻度・時期、面接指導申出方法等）
④ストレスチェック結果に基づく集団ごとの集計・分析の方法
⑤ストレスチェックの受検の有無の情報の取扱い
⑥ストレスチェック結果の記録の保存方法
⑦ストレスチェック、面接指導および集団ごとの集計・分析の結果の利用目的および利用方法
⑧ストレスチェック、面接指導および集団ごとの集計・分析に関する情報の開示、訂正、追加および削除の方法
⑨ストレスチェック、面接指導および集団ごとの集計・分析に関する情報の取扱いに関する苦情の処理方法
⑩労働者がストレスチェックを受けないことを選択できること
⑪労働者に対する不利益な取扱いの防止

　ストレスチェックについては、厚生労働省が無償でシステムを配布しており、そのシステムをダウンロードして実施することも可能です。ただ、個人情報を取り扱うことになるため、指針等でもさまざまな配慮が求められており、その煩雑さや社内の人員を割いてストレスチェックにかかわらせることでの内部コスト、さらには社員が安心して受検できる環境をつくるというニーズ（社員がデータの処理等に当たることで結果を知られてしまうのではないかという不安は当然のことです）を勘案して、多くの会社では、健診機関やEAPなどの委託先実施業者を活用してストレスチェックを実施しています。これには、実施規程の策定や実施方法のサポートをしてくれる業者もあるなど、法令に沿った運用ができるというメリットもあります。

一方、大切なことは、ただ毎年のストレスチェックをとどこおりなく終えることではなく、その結果を、ストレスチェック制度の本来の目的である「メンタルヘルス不調の一次予防」に活用していくことです。委託先実施業者はそれぞれ、強みを持つ分野が異なるので、たとえばストレスチェックの結果を活用して個人のストレス耐性の強化など人材育成につなげたいのか、あるいは集団分析結果をもとにした職場環境改善に軸足を置きたいのかなど、目的を定めて業者を選定するとよいでしょう。

4 ストレスチェックの調査票

ストレスチェックは、次の３つの領域に関する項目のチェックができる調査票（質問紙）を利用して行うことが義務づけられています。

> ①職場における当該労働者の心理的な負担の原因に関する項目（仕事のストレス要因）
> ②心理的な負担による心身の自覚症状に関する項目（心身のストレス反応）
> ③職場における他の労働者による当該労働者への支援に関する項目（周囲のサポート）

これらの得点により、「高ストレス」であるかどうかが判定されることになります。

国は、旧労働省の委託研究により作成され、研究の蓄積および使用実績も豊富にある「職業性ストレス簡易調査票」（図表2-18）の活用を推奨していますが、先に述べた３領域を満たす一定の科学的根拠を有する調査票で、かつ「性格検査」「希死念慮」「うつ病検査」等を含まない調査票であれば、衛生委員会で審議のうえ、事業者ごとに使用する調査票を決定することも可能となっています。

■図表2-18 「職業性ストレス簡易調査票」の項目（57項目）

A あなたの仕事についてうかがいます。最もあてはまるものに○を付けてください。

1. 非常にたくさんの仕事をしなければならない
2. 時間内に仕事が処理しきれない
3. 一生懸命かなければならない
4. かなり注意を集中する必要がある
5. 高度の知識や技術が必要なむずかしい仕事だ
6. 勤務時間内はいつも仕事のことを考えていなければならない
7. からだを大変よく使う仕事だ
8. 自分のペースで仕事ができる
9. 自分で仕事の順番・やり方を決めることができる
10. 職場の仕事の方針に自分の意見を反映できる
11. 自分の技能や知識を仕事に使うことが少ない
12. 私の部署内で意見のくい違いがある
13. 私の部署と他の部署とはうまが合わない
14. 私の職場の雰囲気は友好的である
15. 私の職場の作業環境（騒音、照明、温度、換気など）はよくない
16. 仕事の内容は自分にあっている
17. 働きがいのある仕事だ

B 最近1か月間のあなたの状態についてうかがいます。最もあてはまるものに○を付けてください。

1. 活気がわいてくる
2. 元気がいっぱいだ
3. 生き生きする
4. 怒りを感じる
5. 内心腹立たしい
6. イライラしている
7. ひどく疲れた
8. へとへとだ
9. だるい
10. 気がはりつめている
11. 不安だ
12. 落着かない
13. ゆううつだ
14. 何をするのも面倒だ
15. 物事に集中できない
16. 気分が晴れない
17. 仕事が手につかない
18. 悲しいと感じる
19. めまいがする
20. 体のふしぶしが痛む
21. 頭が重かったり頭痛がする
22. 首筋や肩がこる
23. 腰が痛い
24. 目が疲れる
25. 動悸や息切れがする
26. 胃腸の具合が悪い
27. 食欲がない
28. 便秘や下痢をする
29. よく眠れない

C あなたの周りの方々についてうかがいます。最もあてはまるものに○を付けてください。

次の人たちはどのくらい気軽に話ができますか？

1. 上司
2. 職場の同僚
3. 配偶者、家族、友人等

あなたが困った時、次の人たちはどのくらい頼りになりますか？

4. 上司
5. 職場の同僚
6. 配偶者、家族、友人等

あなたの個人的な問題を相談したら、次の人たちはどのくらいきいてくれますか？

7. 上司
8. 職場の同僚
9. 配偶者、家族、友人等

D 満足度について

1. 仕事に満足だ
2. 家庭生活に満足だ

【回答肢（4段階）】
A そうだ／まあそうだ／ややちがう／ちがう
B ほとんどなかった／ときどきあった／しばしばあった／ほとんどいつもあった
C 非常に／かなり／多少／全くない
D 満足／まあ満足／やや不満足／不満足

※労働省委託研究「労働の場におけるストレス及びその健康影響に関する研究」（平成7年度〜11年度）（班長　加藤正明）

出典：厚生労働省「平成28年度 脳・心臓疾患と精神障害の労災補償状況まとめ」

5 高ストレス者の選定方法と面接指導

　高ストレス状態が続くと、メンタルヘルス不調に進展してしまうことも容易に想定されます。ストレスチェックは病気のスクリーニング検査ではありませんが、一定の基準を設けて「高ストレス者」を選定することで、医師の面接指導を行い、メンタルヘルス不調のリスクをより詳細に評価することが求められています。医師の面接指導の目的は、メンタルヘルス不調のリスクを評価し、本人にストレスコーピングなどの指導を行うとともに、必要に応じて、事業者による適切な措置を講じること

で不調を未然に防止することにあります。

　高ストレス者を選定するしくみや、職業性ストレス簡易調査票を利用する際の評価基準例は、すべて国のマニュアルの中で示されています。まず、自覚症状があり対応の必要な労働者が含まれている可能性の高い、「心身のストレス反応」の評価点数が高い労働者（図表2-19 ①）を選びます。一方、これだけでは、自覚症状はまだそれほどではないものの、業務量が非常に多く、また周囲のサポートが少ないなどといった不調の予備軍を見逃してしまう可能性があるため、「心身のストレス反応」の評価点数が一定以上で、かつ、「仕事のストレス要因」および「周囲のサポート」の評価点数の合計が著しく高い労働者（図表2-19 ②）についても、高ストレス者として選定することも求められています。

　さらにこのうち、実施者（医師・保健師等）が必要と判断した者が、医師の面接指導の対象者となります。実務上は、直近で産業保健スタッフが面談をしていたなど、高ストレス者の状況が把握できている場合は対象から除外することもありますが、「何らリスクはない」と言い切ることは難しいため、「高ストレス者＝面接指導対象者」として選定していることがほとんどです。

■図表2-19　「高ストレス者」の選定方法

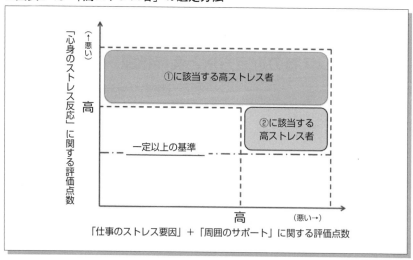

6 ストレスチェックを活用する視点

　ストレスチェックは、その結果をいかに本来の目的に見合った「メンタルヘルス不調の一次予防」に活用していくか、そしてどのように生産性向上に結びつけていくかという視点に立って実施していくことが何よりも重要です。労働者にストレスチェックの受検は義務づけられていないため、「来年もまた受検してもらえるだろうか」といった不安の声も企業の担当者からよく聞かれますが、毎年、適切に結果を活用していくことによって、労働者の関心も高まり、高い受検率の維持にもつながっていくと考えられます。

　ストレスチェックを有効活用するために、まず「ストレス」について、いま一度考えてみたいと思います。「ストレス」と聞くと、強いマイナスイメージを持ち、可能な限り避けたいと思う方が多いのではないでしょうか。しかし、実はストレスには、良いものと悪いものが存在しています。良いストレスとは、自分を奮い立たせてくれたり、爽快感をもたらしてくれたりする刺激と、その状態のことを指します。悪いストレスとは、自分の身体や心を苦しくする刺激と、その状態のことを指します。過去の研究からも、適度なストレスを感じていることが私たちの行動を活性化し、パフォーマンスを高めてくれることがわかっています（ヤーキーズ・ドットソンの法則）。このことからも、ストレスは単に軽減すればよいのではなく、その人が有する最良のパフォーマンスが発揮できるレベルへ、コントロールしていくことが望ましいといえます。

7 ヤーキーズ・ドットソンの法則

　図表2-20に「ヤーキーズ・ドットソンの法則」のモデルを示します。

■図表2-20　ヤーキーズ・ドットソンの法則

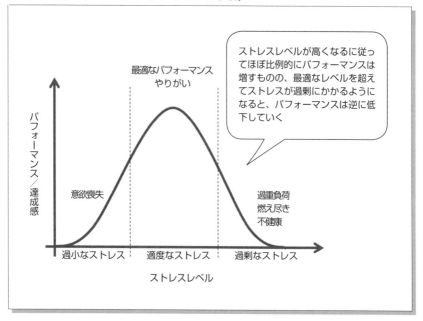

　私たちは、まったくストレスを受けない生活からは、緊張感や張り合いを得ることはできません。また、頭や身体を働かせることなく、ただ漫然と毎日を過ごしているだけでは、心身は鈍り、退化しかねません。趣味もなく仕事一筋で生活をしてきた人が、定年退職を境に一気に老け込んでしまったというのは、よく聞く話です。もちろんストレスが過剰な状態は避ける必要がありますが、一方で、張り合いを持った生活を送りパフォーマンスを高めていくためには、適度なストレスと付き合いながら仕事をしていくことが重要なのです。

　実はこのモデルは、このあとお話しする、「個人」や「組織」にストレスチェックや集団分析の結果を活用していく上でも重要な示唆を与えてくれています。

VII

ストレスチェックの結果の
活用の仕方

　個人のストレスチェックと集団分析の結果をうまく活用するために
は、大きく分けて2つの共通するステップがあります。

　まず、過剰な職場のストレス要因などが原因となり、何らかのストレ
ス反応が出ていないか、そしてそのストレス反応が遷延化しメンタルヘ
ルス不全に至っていないか（組織に置き換えると、過大な業務量やプ
レッシャーにより、組織全体が疲弊し、生産性が低下していないかどう
か）、短期的なリスク管理の観点から適切に評価すること。次に、こう
したリスクが否定されるのであれば、中長期的な視点から、個人と組織
のストレス対処力（組織力）を高めていくことで、メンタルヘルス不調
の発生そのものを抑制し、さらには個人であれば人材育成、組織であれ
ば組織開発へとつなげていくことです。先ほどのヤーキーズ・ドットソ

■図表2-21　結果の「個人」と「組織」への活用

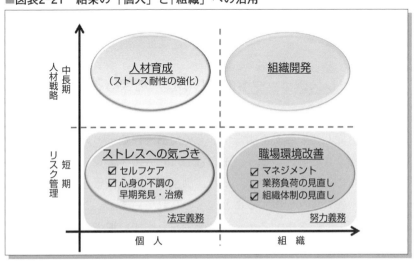

ンの法則に置き換えると、「過剰なストレス」におちいっていないかを評価し、「適度なストレス」レベルで最適なパフォーマンスができるよう持っていくということです。

① ストレスへの気づき

個人に対しての短期的なリスク管理は、ストレスチェックの結果を活用してストレスへの気づきを促し、またストレスの高い者を早期に発見して医師の面接指導につなげることで、労働者のメンタルヘルス不調を未然に防止していくことにあります。これはまさに、制度に基づいた法定義務事項を着実にこなしていくことともいえます。ここを着実に進め、図表2-21にお示しした残りの3つの領域（人材育成、職場環境改善、組織開発）での活用へつなげるためにも、いかに多くの労働者に受検してもらえるかがカギとなります。

受検者を増やすポイントは、次の3つです。

①ストレスチェックへの正しい理解を深める
②全労働者へセルフケアを浸透させる
③高ストレス者への医師の面接指導を機能させる

（1）ストレスチェックへの正しい理解を深める

ストレスチェックは、あくまでも回答した時点でどの程度ストレスを主観的に自覚しているかを測定するものであり、病気のスクリーニング検査ではありません。つまり、主な目的は個人のストレスへの気づきの機会とすることにあるのです。また、制度上、個人情報を保護し、不利益取扱いのないよう配慮することも求められています。こうした正しい理解に基づいて、ストレスチェックを受検しやすい環境を日頃からつくることが重要です。

時に、「うちの会社（職場）では誰が高ストレスだったか教えてほしい」などといった、制度趣旨に対する理解が不足しているのではないかと思われる要望を経営層や管理監督者の方からいただくことがありますが、結果的にこうした環境では、労働者が安心してストレスチェックに回答することができなくなってしまうのです。

（2）全労働者へセルフケアを浸透させる

ストレスの状況に気づいたら、適切に対処することが重要です。これをリスク管理の側面から考えると、メンタルヘルス不全の初期兆候（不調のサイン）を、労働者にしっかりと周知していく必要があります（心身の不調のサインについては、90ページも参照してください）。

すでに、セルフケア研修やラインケア研修において適切な情報提供がなされている会社もあるかと思います。そうした会社も含め、ストレスチェック実施後に、結果の見方や不調のサインについての案内を再度配布したり、セルフケア研修会を開催したりするのも、時機を得た効果的な策といえます。また、高ストレス者への医師の面接指導だけでなく、産業医や保健師等との通常の産業保健活動の相談を全労働者を対象に促してもよいでしょう。

（3）高ストレス者への医師の面接指導を機能させる

高ストレス者への医師の面接指導については、対象者が面接指導を申し出てくれるのか、また、面接指導を行った医師から就業上の措置への適切な意見が得られるかといった問題があります。

労働者には、医師の面接指導を申し出ることで今後のキャリアに影響が及ぶのではないか、医師の面接指導を受けることで病気と診断されてしまうのではないかなどといった不安があります。こうした不安を解消するためには、医師の面接指導の本来の目的を正しく浸透させることが何よりも重要です。

医師の面接指導の第一義的な目的は、顕在化しているストレス反応に

対しての対処行動（ストレスコーピング）の手助けをし、ストレスによる健康影響を少なくする（あるいは、未然に防止する）こととされています。この原則を伝えることで、医師の面接指導の活用を促すことが必要となるでしょう。また、日頃から、気軽に社内外の相談資源を活用することがあたりまえの文化を醸成しておくことも重要だと思います。

　もっとも、自らが高ストレス者であることを事業者に申し出ることに、多くの労働者が抵抗感を抱くのは仕方のないことです。実際、ストレスチェック制度においては、受検した労働者のうち面接指導を申し出た労働者の割合は1％未満であり、非常に低い水準にとどまっています。これはストレスチェックの制度の制約上致し方ない部分もありますので、躍起になって面接指導を多くの労働者に受けさせようとするよりも、気軽に相談できる体制の整備やセルフケア教育の充実に尽力するほうが賢明かもしれません。

　また、高ストレス者に対して面接指導を実施した場合、担当した医師は、事業者へ「面接指導結果の報告と就業上の措置」について、意見を申し述べることとなっています。ここで、その医師がどれだけ職場の事情に通じているかということが問題となります。産業医が嘱託契約の場合はあまり会社の事情に詳しくないことも少なくありませんし、「自分は精神科医ではないから」と高ストレス者への面接指導を断られて、外部の医師に依頼せざるを得ないケースもあります。こうした場合、事前に必要な情報提供がなされなければ、本来期待される職場内のストレス要因への現実的な対処法や、各事業場の状況を勘案した就業上の措置への意見を得ることはできません。労働者自身に関する情報（年齢、役職、単身赴任の有無などの家庭環境、勤続年数、現在の所属部署への在籍年数など）、所属する部署に関する情報（業務内容と特性、平均的な時間外労働、繁忙期、出張や交替勤務の有無など）、ストレスチェックを実施する直前1か月ないし3か月間の労働状況（労働時間、休日・有給休暇の取得状況、携わっていた業務の責任の重さなど）、その他面接指導する医師に事業者としてあらかじめ伝えておきたいことなど、適切な情報提供をすることが必要となります。

❷ 人材育成

　ストレスチェックの結果を手にすると、どうしても心身のストレス反応に目が行きがちですが、実はストレスチェックでは、受検した時点で与えられていた仕事をどのように解釈していたのか、またそのことでどんなストレス反応が表れていたのかを可視化することができ、自らのストレス要因の捉え方を振り返る機会とすることもできます。ストレスの要因となっていた仕事を前向きに振り返ることでストレス対処力を高め、自らの成長につなげていく取組みであり、この「振返り」を効果的に行うことは、人材育成にもつながっていきます。

　近年、経営学において人材育成の見直しが積極的に進められており、メンタルヘルス不調者の発生予防の観点からも、労働者を強くすることの重要性が指摘されるようになってきました。職場における人の成長の70％以上は挑戦的な課題に対する実際の経験からもたらされる（※）ことがわかっており、その経験を「内省（振返り）」することによって能力の伸張が起こりやすくなることも指摘されています。仕事のストレス要因が高い状態とは、目の前に挑戦的な課題があるという状態であり、言い換えると、それを乗り越えることで能力の伸張が望めるチャンスでもあるのです。

　具体的には、特に上司との振返りの時間を持つことが有効です。ストレスチェック受検時期に従事していた仕事について、「上司はどのようにその仕事を捉えていたのか」「違ったアプローチの仕方はなかったのか」「自分が任された仕事は、プロジェクト全体の中でどのような位置づけだったのか」「もっと活用できる資源（人や知識など）はなかったのか」などを上司と話し合うことで、仕事を俯瞰し客観視することができるようになります。そして、この作業により、ストレス要因に対する捉え方（物の見方／感じ方）が変化し、ストレス対処力も向上していく

※　Lombardo, M. M. and R. W. Eichinger（2002）The Leadership Machine, Lominger Limited.

のです。

　上司による内省支援のポイントは、次のとおりです。

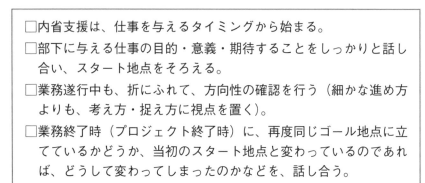

　こうした内省の時間を持つことの効用は、なにもストレスチェック後に限定されるものではありません。現在、上司と部下が1対1で定期的にミーティングを行うこと（「1on1ミーティング」）が、人材育成の新たな手法として注目を集めています。会議や人事考課といったあらたまった場ではなく、互いにリラックスした状態で本音で話すことで、コミュニケーションが活性化することも期待されます。本音で話すことができ弱みを見せ合えるような信頼性の高い組織では病欠は少なく、勤務中の意欲も高いというデータ（※）もありますので、参考にしたいところです。

3 集団分析結果をどう読み解くか

　個人のストレスチェックの結果は、高ストレス者に対する面接指導を希望する労働者が少ないなど、あまり積極的に活用されていない状況が続いています。また、労働者本人の同意がない限り事業者は結果を見る

※　Paul J. Zak（クレアモント大学院大学教授）「高信頼性組織の神経科学　The Neuroscience of Trust」HBR, January-February, 2017.

ことができないため、「高ストレス者へ適切な対応をしたいが、個人が特定できないのであれば手も足も出せない」といった嘆きも聞こえてくるなど、対応に苦慮している事業者が多いのが実態です。

　実は、事業者が積極的に対策を打てるかどうかは、「集団分析結果」をうまく活用できるかどうかにかかっています。集団分析は、原則10人以上（個人が特定されないよう工夫される場合には10人未満でも可）の部署やプロジェクトチームごと、役職別、男女別などの任意のグループに分け、ストレスチェックの結果を集計・分析したものです。その集団に属する個々人の同意がなくても、事業者はその結果を知ることができます。

　筆者は、ストレスチェックが制度化される前から同じような集団分析に数多く携わってきましたが、集団分析結果は、各集団の特徴をよく表しています。ここでは、どのように集団分析結果を読み解き、組織のリスク管理や組織開発に活用していけばよいのかを、「仕事のストレス判定図（職業性ストレス簡易調査票を用いた集団分析）」の見方の説明を通してお話ししていきます（集団分析結果は、使用する調査票や集計の仕方などにより見せ方が異なります）。

❹ 仕事のストレス判定図

　仕事のストレス判定図は、「仕事の量的負担」「仕事のコントロール（裁量度）」「上司の支援」「同僚の支援」の４つの仕事上のストレス要因に注目して、ストレスの大きさとその健康への影響を判定したもので、健康問題の起きやすさ（健康リスク）を知ることができます。仕事のストレスの特徴から予想される心理的ストレス反応や検査の異常値、病気の発生などの健康問題の危険度（健康リスク）について、標準集団の平均を100として表したもので、たとえば、図表2-22の各得点が交差する点が120のライン上にある場合は標準集団と比較して健康問題が20％多く、80のライン上にある場合には20％少なく発生すると推定されます。

「仕事の量的負担」―「仕事のコントロール」

　「仕事の量的負担」の点数が高いほど、また「仕事のコントロール」の点数が低いほど、仕事上のストレスが生じやすい環境にあると考えられます。限られた人員である程度の業務量をこなさなければならないのが実情ですが、忙しくても、自分で判断したり工夫したりする裁量権が与えられているとストレスが少なく、生産性も増加すると考えられています。

■図表2-22　仕事のストレス判定図（簡易版ストレス調査票用）

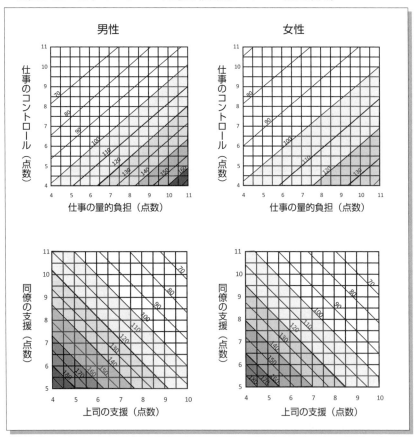

> 「上司の支援」―「同僚の支援」

　上司の支援あるいは同僚の支援が得られない職場は、仕事上のストレスが生じやすいといえます。当然ですが、どちらの支援も得られている職場では、ストレスは少ないと判断できます。

> 総合健康リスク

　2つの判定図による健康リスクから、「総合健康リスク」を算出することが可能です（＝「量－コントロール」健康リスク×「上司の支援－同僚の支援」健康リスク÷100）。たとえば、「量－コントロール」の健康リスクが112、「上司の支援－同僚の支援」の健康リスクが120の場合、総合健康リスクは【134】（＝112×120÷100）となります。

　総合健康リスクの基準値は100です。これがいくつになれば対策が必要だという明確な基準はありませんが、おおむね、「120を超えたら要注意」と考えられています。また、健康リスクが150を超えている職場では健康問題が顕在化している例が多く、早急な改善が必要となります。

❺ 職場環境改善

　一方で、リスク度が異なる部署に対して一様な対応をしていては、本質的な解決が得られないのは言うまでもありません。そこで、職場のストレス要因（総合健康リスク）と個人のストレス反応（高ストレス者の割合）から職場（集団分析をした単位ごと）をさらに分類し、対策を推し進めるのも1つの方法です。

　職業性ストレス簡易調査票は、国のマニュアルで示される評価基準例を用いると約10%の人が高ストレス者になるよう設計されています。また、総合健康リスクは、「100」が基準となっています。これらをもと

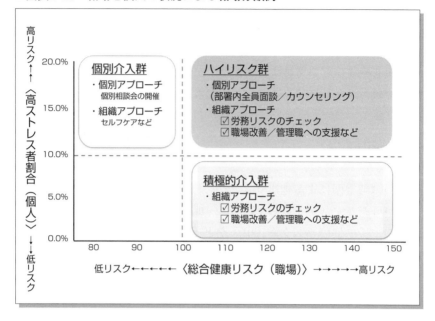

■図表2-23　職場と個人の状況による職場分類例

に、職場を「ハイリスク群」、「積極的介入群」、「個別介入群」の３つに分けることができます。

（１）「ハイリスク群」への対応

　総合健康リスクが標準（100）より高く、かつ高ストレス者の割合が国の基準（10％）以上の職場は、実際に業務負荷が高く、またそこで働く労働者が疲弊している可能性がある職場です。こうした「ハイリスク群」に属する職場に対しては、組織的なアプローチとして、過重労働やハラスメントの有無のチェックなど、労災のリスク診断を行うことが必要です。加えて、管理職が疲弊している可能性もありますので、彼らへの支援を検討することも必要となります。

　また、個別アプローチとしても、高ストレス者と判定された人のほとんどが医師の面接指導を申し出ていない状況を勘案した対応が必要です。そこで、集団分析結果をもとに、高ストレス者の有無にかかわら

ず、ハイリスク職場として部署内の全員を対象に産業保健スタッフや外部カウンセラーを活用し、職場の実態把握や受診勧奨の必要性の有無の判断を行うのも1つの方法です。

（2）「積極的介入群」への対応

　総合健康リスクが標準（100）より高いものの、高ストレス者の割合は基準（10%）以下であった職場が「積極的介入群」に属する職場です。業務負荷は高いものの、現時点で労働者が疲弊している可能性は少ないといえます。ただし、そのリスクはありますから、積極的な介入が奏功する可能性があります。こうした職場に対しては、ハイリスク群同様、組織的なアプローチを行うとよいでしょう。

（3）「個別介入群」への対応

　総合健康リスクは標準（100）以下である反面、高ストレス者の割合が基準（10%）以上であった職場が「個別介入群」です。業務負荷はそれほど高くないことから、私生活上のストレスなど、業務外の要因で高ストレスとなっている労働者が多い可能性があります。

　しかし、私生活上のストレスはもちろん個別の問題ではありますが、ストレス反応が遷延化すると、結果的に仕事の生産性にも直結します。組織的アプローチとしてセルフケア研修会を開催して自律訓練法などストレスマネジメントを学んでもらう、個別アプローチとして健康相談会を開催するなどといった機会を創出するとよいでしょう。

6 職場環境改善の進め方

　職場環境改善の進め方には、大きく、「主として事業者や（安全）衛生委員会が行うもの」、「主として管理監督者が行うもの」、「従業員参加

型で行うもの」の３つがあります。

（1）事業者・（安全）衛生委員会が行うもの

　事業者が自ら、あるいは（安全）衛生委員会において、ストレスチェックの集団分析の結果をもとに、労働者のメンタルヘルスに影響を与える職場環境等を評価し、対策を立案し実施していく方法です。

　この方法の利点として、事業者の経営方針に沿った職場環境改善に向けた計画・対策の立案が進めやすいという点が挙げられます。反面、現場の労働者が肌で感じている職場環境の実態を、事業者や委員会のメンバーがどの程度把握できるかが問題となります。

（2）管理監督者が行うもの

　各職場（部・課や、10名以上であればグループなど）の管理監督者に対して、担当部署のストレスチェックの集団分析の結果を開示し、それぞれの職場での職場環境等を評価してもらったうえで、主として管理監督者が自主的に対策を立案し実施していってもらう方法です。進捗管理や効果の評価は（安全）衛生委員会等が行う場合もありますが、実施主体は、あくまでも管理監督者です。

　この方法の利点として、事業者の経営方針を踏まえつつ、職場の実態に即した対応が図りやすくなるという点が挙げられます。反面、管理監督者が複数の部署・チームのマネジメントを行っている場合には現場の実態がきちんと把握できていないこともありますし、管理監督者自身がハラスメントを行っているような場合やマネジメント手法に問題があるような場合には、職場環境改善につながらない可能性もあります。

（3）従業員参加型で行うもの

　ストレスチェックの集団分析結果を職場内の管理監督者・従業員で共有し、ディスカッションしながら職場環境等の評価と改善のための計画

を検討する方法です。職場環境の改善にあたり、もっとも効果がある方法ともされています。

　利点として、従業員が参加することで現場の状況に即した改善策を打つことができるほか、自身の意見が反映されることによりモチベーションにも良好な効果をもたらすことが予想されます。

　一方で、職場ごとの「部分最適」を図っていくと、各職場単位では業務が効率化されますが、そのひずみが他の職場へ悪影響を及ぼす可能性も否定できません。事業経営としての観点から組織の方向性が拡散しないよう、「全体最適」という視点も持っておく必要があります。「全体最適」と「部分最適」のバランスをうまく図ることができると、自分たちが会社の成長の一翼を担っているのだという意識づけができると同時に、労働者の内発的なモチベーションにも良好な影響を及ぼしていきます。

（4）職場環境等の改善のための５つのステップ

　また、国は、職場環境改善の推進の一例として、次の５つのステップを挙げています。

【ステップ１】
職場環境等の改善のための体制づくり
　　－事業者の職場環境改善に対する方針の表明
　　－作業部会や委員会の設置　等

【ステップ２】
職場環境等の評価
　　－集団分析の結果のほか、職場環境等におけるストレス要因の実態把握

【ステップ３】
職場環境等の改善計画の立案
　　－事業場内外の良好事例を収集し、計画立案に活用
　　－改善策の検討や実施に労働者の参画を促す工夫

【ステップ４】
対策の実施
　　－計画の実施と進捗確認

---

① 【ステップ1】職場環境等の改善のための体制づくり

　職場環境改善の前提として、事業者が方針を表明し、（安全）衛生委員会等で審議して、職場環境等の改善の目的・方針・体制・進め方を定めておく必要があります。目的・方針については、問題指摘型ではなく、問題解決型の取組みであることを明確にすることが重要です。ともすれば、問題点に目が行きがちとなり、犯人捜しや責任追及に終始してしまうこともあります。大切なことは、問題点をピックアップし、その局面をどのように乗り越えていくのかについて、現実的な解決策を導いていくことです。体制・進め方については、事業者、産業保健スタッフ等、管理監督者および労働者代表が参加する委員会または作業部会を設置し、これを中心に事業場の職場環境等の評価と改善の立案をしていく方法が推奨されています。

　部署ごとの職場環境等の改善には、管理監督者が中心となって行う方法と、従業員参加型で行う方法とがあります。いずれも、管理監督者の主体的な関与が必要です。加えて、人事部門の担当者や産業保健スタッフなど、ファシリテーターとして関与できる立場の人がいると、より議論を促進させることが可能となります。

② 【ステップ2】職場環境等の評価

　大切なことは、ストレスチェックの集団分析の結果を参考にしながら、実際の職場の状況について、日常的な職場運営や職場巡視から得られた情報、管理監督者や労働者から聴き取った話などを総合して、職場環境等におけるストレス要因の把握を行っていくことです。さらに月の時間外労働の平均時間を算出したり、その職場の業績との関係性を見たりすることで、より事業経営に即した評価を行っていくこともできるでしょう。

③ 【ステップ3】職場環境等の改善計画の立案

　計画の立案にあたっては、事前に事業場内外の良好事例を収集し計画を立てる際の参考にすること、改善策の検討や実施に労働者が参加できるように工夫すること、心身の負担に関連する職場環境や労働条件に幅広く目配りして改善策を検討することが大切です。日頃感じていることを自由に話してもらえる環境づくりからでもよいですが、それだけでは不安な場合には、『職場環境改善のためのヒント集』（平成16年度厚生労働科学研究費補助金労働安全衛生総合研究事業「職場環境等の改善等によるメンタルヘルス対策に関する研究」において作成）を活用してもよいでしょう。このヒント集には国内で行われたストレス対策や働きやすい職場づくりに役立った改善事例が200以上収録されており、これらを参考にしながら議論を進めていくことで、より各職場の実態に即した改善計画の立案を行いやすくなります。

④ 【ステップ4】対策の実施

　継続的に改善が行われていくよう、（安全）衛生委員会や職場の定期的な会合などを活用し、計画が予定どおりに実行されているか、実施上の問題は起きていないかなどの進捗状況を、定期的に確認します。また、各部署から中間報告をしてもらったり、期間を決めて実施状況や効果の報告をしてもらったりすることも効果的です。

⑤ 【ステップ5】効果評価と計画の見直し

　効果の評価方法には、「プロセスの評価」（あるいは「パフォーマンスの評価」）と「アウトカムの評価」の2種類があります。

　プロセスの評価では、計画が決めたとおりに実施されたかどうかを、活動記録や関係者からの聴取りなどによって評価することとなります。アウトカムの評価では、目的とする結果の指標が改善したかどうかを評価の対象とします。その指標としては、対策の前後でストレスチェックの集団分析にどのような変化が起こっているのかを比較したりして判断するほか、健康診断や休業などの統計情報との比較、労働者からの感想の収集と分析などといった方法が挙げられます。

計画どおりに実施できていない場合や、目的とした効果を達成できなかった場合には、よりよい対策としていけるよう、再度計画の見直しを行うことが重要です。うまくいった対策については、好事例として事業場内に周知して活用していくことで、自社内の好事例を横展開させていくこともできるでしょう。このように職場環境改善を一度の取組みで終わらせるのではなく、PDCAサイクルを回しながら、年々よりよい方向へと職場環境を整備していくことが重要です。

❼ 組織開発

　仕事をする上では、人とのコミュニケーションは避けては通れません。そのため、年に一度の集団分析結果を受けた話し合いの場でだけではなく、日々、本音を気軽に話すことのできる職場風土に変えていくことこそが、中長期的に見てメンタルヘルス不調のリスクが発生しにくい職場づくりへとつながっていきます。

　組織開発には、組織構造や制度・戦略などの「組織の構造的側面」と、人の意識やモチベーション、人間関係など組織で働く労働者に焦点を当てた「人間的側面」の2つがあります。どちらか一方ではなく、両面から組織の発達・成長を促していくことが、「組織開発」においては重要です。

　たとえば、神輿を協力してかつぐ場面を思い浮かべてみてください。自分のタイミングで何かを抱えるのであれば、持ち上げられる重さの限界はありますが、最大限の力を発揮して抱え上げることができます。しかし、複数人で同時に神輿をかつぐ場合には、持ち上げるタイミングがかならずしも一様ではなく、また個々に持ち上げられる重さの限界や慎重さもあって、バランスが崩れたり、誰かに負担がかたよることもあります。

　これを組織開発に置き換えると、神輿を担ぐ人数と体格などを考慮して、どこに誰を配置することが適切なのかを考えることが「組織の構造

的側面」に当たります。また、神輿を効率よく担ぐために、どのように声を掛け合うのか、動くタイミングをどうするのかなど、協働作業の効率性を高めていくことが「人間的な側面」に当たります。どちらか一方だけやっていれば問題なく神輿を担げるというわけではありません。総力を結集して効果を高めるためには、両方を工夫していく必要があるのです。

さらに、「人間的な側面」に踏み込んでもう少し考えてみたいと思います。組織開発の重要な概念に、社会心理学者の K.Z.Lewin が提唱した、「コンテント」と「プロセス」という考え方があります。「コンテント」とは、協働作業をするその場で起きているメンバー間の発言や仕事の内容など、皆の目に見え、意識しやすいもののことを指します。氷山にたとえると、水面に現れている部分ともいえます。一方で、「プロセス」とは、水面下にある隠れた部分で、どのような気持ちで協働作業を行っているのか、根底にある組織風土はどのようなものなのか、またこれらが意識したことだけでなく、無意識にどのように行動に影響を及ぼ

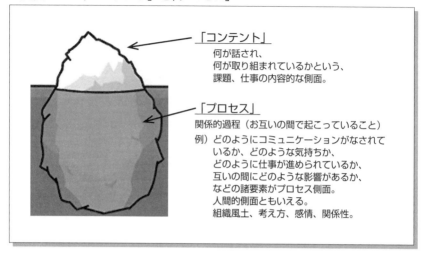

■図表2-24 「コンテント」と「プロセス」

「コンテント」
何が話され、
何が取り組まれているかという、
課題、仕事の内容的な側面。

「プロセス」
関係的過程（お互いの間で起こっていること）
例）どのようにコミュニケーションがなされて
いるか、どのような気持ちか、
どのように仕事が進められているか、
互いの間にどのような影響があるか、
などの諸要素がプロセス側面。
人間的側面ともいえる。
組織風土、考え方、感情、関係性。

しているのかなど、組織を構成するメンバー間の「関係的過程」とも呼ばれる部分のことを指します。実は、組織として成果を挙げていく過程においては、表面的な「コンテント」だけでなく、それを支える「プロセス」が結果を左右する大きな要素であるといわれています。

　これをいま一度、神輿を担ぐ例をもとに考えると、目に見えた合図・声かけ（コンテント）だけでは、必ずしも神輿を担ぐメンバー1人ひとりの最大限のパワーが出せるわけではなく、どうしてもそのパワーの集合にはロスが生じてしまいます（プロセス・ロス）。このプロセス・ロスを減らしていくには、「あうんの呼吸」とも呼ぶべき、日頃からのコミュニケーション（言語だけではなく非言語的なものも含めて）、また仲間同士の関係性など、良好なプロセスを形成しておく必要があり、集団分析結果を活用して従業員参加型の改善活動を行っていくことは、結果として、こうした組織開発を促していく力も持っているのです。また、積極的な対話の促進や職場風土の改善により、プロセス・ロスの減少のみならず、メンバー個々の力だけではなし得なかった新たなアイデアが創発されることもあります（プロセス・ゲイン）。

VIII

テレワークにおける
メンタルヘルス面での留意点

　2019年に発生した新型コロナウイルス（SARS-CoV-2）の世界的大流行により、日本人労働者の働き方にも大きな変化がありました。その代表例が、出社をせずに、自宅から仕事をすることが可能になる、テレワーク制度の導入です（テレワークに関しては、リモートワーク、在宅勤務などさまざまな名称が付されていますが、本書では「テレワーク」という用語で統一します）。

　テレワークについては、通勤時間がなくなった分、疲労が軽減され、ワークライフバランスが保ちやすくなった、また、職場のわずらわしい人間関係から解放されたなどという好意的な意見があります。その一方で、「仕事がやりにくく、はかどらない」、「自分の仕事はなじまない」といった不満も聞かれます。

　日本におけるテレワークの導入は、計画的に行われたものではなく、感染症の流行という非常事態において緊急避難的に急激に促進された側面が強いため、その急速な変化に対するストレスも大きいと思いますが、やはりテレワークという仕事の形態そのものが、通常の、「職場に通勤して業務を行う」というやり方とは異なるストレスを生み出すというのもまた、たしかなことです。そこでここでは、テレワーク時に発生しやすいストレスについてご説明するとともに、そのストレスに対する労働者自身のセルフケア、管理監督者としてのラインケアについて、お話ししていきたいと思います。

❶ テレワーク特有のストレス

　まず、「テレワーク」という新しい働き方に内在するストレス要因について考えてみましょう。

（1）生活の枠組みが崩れてしまう

　職場に通勤することがあたりまえであったときには、みなさん、起床時間や朝食の時間、家を出る時間など、会社の就業時間に合わせて毎日の日課がほぼ固定されていたのではないでしょうか。

　テレワークになると、そのような制約はなくなります。すると個人の自由度・裁量度は高まりますが、その一方で、自分自身でしっかりと時間的な枠組みを作らなければならなくなります。そんなのはさほど難しいことではないと思う方もいらっしゃるかもしれませんが、誰にも指示されない環境下で規則正しい生活を送ることは、実は非常に難しいことです。実際、夏休みや年末年始など、「休みだからといって、自堕落な生活なんかはしないぞ。規則正しい、健康的な生活をするぞ」と心に誓っていても、たかだか1週間程度の休暇中に"遅寝遅起き"の夜型生活になってしまったという経験をお持ちの方は、決して少なくないはずです。

　また、テレワークをしていると、しっかり休憩することができないという人もいます。職場にいれば、お昼休みの時間には、同僚とランチに出かけたり、仲間と一緒に休憩室でお弁当を食べたり……周囲の誘いや目がありますので、仕事から離れてしっかり休憩し、リフレッシュすることもできますが、テレワークになると、ついつい、お昼休みの時間になっても昼食片手に仕事を続けてしまったり、昼食をとることを忘れて仕事に集中しすぎてしまったりといった状況も散見されます。

　このように、テレワークの環境下では、自分自身でかなり強く意識をしないと生活の枠組みが崩れ、これが生活リズムの乱れや労働時間の増

加などにつながって、メンタルヘルス不調を引き起こす可能性が高まるのです。

（2）仕事とプライベートが分けられない

テレワークでは、仕事をする場所とプライベートの時間を過ごす場所が同じになります。職場に出勤して業務を行っていたときには、職場では仕事に集中し、家ではリラックスして過ごすというように、場所の変化で気持ちの切替えがしやすかったですし、通勤時間に読書をしたり音楽を聴いたり、またスマホでニュースをチェックしたりゲームをしたりと、ON-OFF モードの切替えを行うための時間も自然に確保することができました。テレワークにより、このような仕事とプライベートの切分けが時間的・空間的に難しくなることによって、本来であればゆっくりと寛いでよい時間なのに仕事に追われている感覚におちいったり、逆に、仕事に集中しなければならない時間なのにさまざまなことに気が散って、集中して働くことが難しかったりという現象が引き起こされています。

家だと勉強する気が起きないという学生が、図書館や予備校の自習室などでは集中して勉強に取り組めるように、面倒だと思っていた人も多かったであろうオフィスへの通勤も、「ON-OFF を切り替えるスイッチ」として重要な機能を持っていたのです。

（3）通勤時間が減ってもその分、労働時間が増える

通勤時間がなくなった分、プライベートな時間が増えたかというと、残念ながらそうでもない労働者もたくさんいます。自宅では仕事に集中しにくく、結果として時間当たりの労働生産性が落ちて、労働時間が増えてしまったという労働者もいれば、これとは逆に、電話がかかってきたり人に話しかけられたりといったことがない分、仕事にのめり込みすぎてしまって労働時間が長くなったという労働者もいます。また、オフィスでは上司の目もあるから22時までには帰るようにしようとか、終

電の時間があるから23時以降は残れない、などと考えて仕事をしていた労働者が、そのような制約がなくなったことで夜遅くまで仕事をしてしまうということもあります。

このようなさまざまな要因により、テレワークで通勤時間が減ってもその分、労働時間が増えてしまうといった現象が生じており、これもテレワークにともなうストレスとなります。加えて、長時間労働で疲労が蓄積するのは当然のことです。

（4）コミュニケーションが不足する

職場にいれば、ちょっとわからないことがあっても、周囲の同僚に気軽に聞くことができます。しかし、テレワークでは、「こんなことをわざわざ電話して聞くのも……」、「今、時間があるかわからないし……」と、ためらってしまうことも多いでしょう。また、ちょっとしたやりとりをする際も、それをメールで行うとなると、文面をつくるのに多くの時間を費やすことになってしまいがちです。このようなコミュニケーションの煩雑さは、テレワークにおける大きなストレス要因となり得ます。

もっと深刻な問題として、煩雑だからと、コミュニケーションをとることが億劫になることも考えられます。コミュニケーションが不足すれば、しだいに組織としての一体感が失われていってしまいますから、この点にも注意を払わなければなりません。

（5）勘違いや思い込みによる不安が解消されない

テレワークでは、周りの労働者の様子を直接確認することができません。そのような状況下では、現実を客観的に捉えることができず、自分の勘違いや思い込みから不安感が高まり、被害妄想的にネガティブに捉えてしまう傾向があります。たとえば、同僚が夜中に上司に送付したメールを見て、「あの人はこんなに夜遅くまで仕事をしているのに、私ったら……」と焦りを感じたり、オンライン研修を受講したけれども

内容があまりよく理解できなかったときに「理解できていないのは私だけなんじゃないか、どうしよう」と不安になったりしてしまうのです。顔を合わせて仕事をしていて、お互いの様子がわかっていれば、このような場合も、「今日○○さんは午前中に休みを取っていたから、メールを送るのも遅くなったんだ」と納得できますし、研修終了後に仲間同士で「今日の研修、難しくてよくわからなかった」「私も！」などと雑談したりする中で、焦りや不安は解消されていくものです。これができないために発生する幻想ストレス、被害妄想的認知には注意が必要です。

❷ テレワークにおけるメンタルヘルス面での セルフケア

　テレワークには、通勤による疲労や時間的な拘束を軽減し、わずらわしい人間関係など仕事の阻害要因から労働者を解放するというメリットがあります。しかし、その一方で、従来型の出勤スタイルの仕事でのものとは異なるストレスを生じさせるという側面も持っています。

　ここまでお話ししてきたテレワーク特有のストレスを前提に、労働者が自分自身で取り組めるセルフケアの方法についてご説明します。

（1）新しい働き方におけるルーティンを組み立てる

　規則正しい生活は、生体リズムや自律神経のバランスを整え、睡眠や食欲などのメンタルヘルスに関連した行動にも良い影響を及ぼします。

　人間の体内時計は、1日24時間よりも若干長めにセットされていることが知られていますし、テレワークでは始業時間の直前まで寝ていることができてしまうため、何も対策をしなければ、"遅寝遅起き"の生活習慣にシフトしてしまう方がほとんどです。この点、最初に太陽の光を浴びる時間や朝食をとる時間、身体活動を始める時間などを一定化すると、体内時計のズレが補正され、夜の睡眠などにも良い影響があります。

出勤とテレワークが混じった勤務形態の労働者の場合、テレワークの日も原則として出勤日に合わせた生活リズムで生活することが望ましく、平日は毎日同じ時間に起きて、朝食を食べ、家を出て日光を浴びるといったルーティンを確立するとよいでしょう。出社することがほとんどなくテレワークが大半だという場合には、テレワークでの生活リズムを前提に毎日のルーティンを組み立てること自体は問題ありませんが、就寝時間と起床時間があまり遅くなりすぎない範囲で一定化するのが適切です。

　生活の中に枠組みが構築されると、「自分で自分をコントロールできている」という意識も得られます。これにより不安が軽減する効果も期待されます。

（2）ON-OFF の切替えを意識する

　テレワークの「いつでも、どこでも仕事ができる」というメリットは、一方で、「いつでも、どこでも仕事に追われる」という新たなストレスを生み出すものでもあります。仕事をする場所とゆったり寛ぐ場所とが一緒では、ON-OFF のメリハリがなくなってしまいますから、住宅の環境が許すようであれば、仕事は書斎で、プライベートな時間はリビングでというように、それぞれの空間を分けましょう。それが難しい場合には、せめて、寝室ではできる限り仕事をしないように意識したいものです。会社の規定などにもよりますが、自宅近くのシェアオフィスやカフェなど、プライベートな時間を過ごす場所とは離れた空間で仕事をすることも検討してみましょう。

　また、時間的な分離にも工夫が必要です。自宅で仕事をしていると、電車の時間や周囲の目を気にせずに仕事をすることが可能です。なかには、静かな時間のほうが仕事がはかどるからと、深夜に仕事をする労働者もいます。もちろん仕事の特性によって、効率的に仕事ができる時間帯は異なるでしょうが、睡眠時間を削るような長時間労働が行われては、メンタルヘルスに悪影響を及ぼすことは言うまでもありません。「仕事をするのは、どんなに遅くても22時まで」、「夕食後はパソコンを

開かない」など、自分なりに、仕事からの時間的な分離を意識することが大切です。

ON-OFF の切替えは、急には難しいことにも注意が必要です。運動するときにウォーミングアップやクールダウンが必要なように、仕事でも、切替えのための時間は重要です。たとえば、ウォーミングアップとして、仕事をするための準備（ナイトウェアからの更衣、髪型や化粧などの整容行為など）や軽い身体活動（通勤に相当するような散歩など）、社会情報の収集（新聞やインターネット記事の閲覧など）を行ったり、クールダウンとして、更衣や軽い身体活動以外にも好きな音楽を聴いたり本を読んだり、何も考えずにボーッとしたり、1人でホッと息のつける時間を30分程度設けることが有効です。テレワークではこのような時間が十分に取れず、そのためにうまく ON-OFF のスイッチが切り替わらないという状況が発生しやすいため、普段の通勤時間の過ごし方を参考に、自分なりに「切替え」を意識してみましょう。

（3）意識的にコミュニケーションの場をつくる

社会心理学的な法則として、物理的な距離が遠くなれば遠くなるほど、コミュニケーションの頻度は減ってしまいます。みなさんも、学生時代に仲の良かった友人と、引越しなどで物理的な距離ができたことで連絡を取る回数が減っていき、やがて疎遠になってしまった経験があるのではないでしょうか。オフィスで一緒に仕事をしていたときにはいつも会話をしていたような人たちでも、顔を合わせることがなくなると、コミュニケーションの頻度は少なくなってしまいます。

人は、不安や悩みを誰かに話すことによって、自分の頭の中を整理し、落ち着きを取り戻したり、問題に対する具体的な対処方法を考えることができるようになったりするものです。コミュニケーションの頻度が少なくなると、これができなくなってしまい、メンタルヘルスにも悪影響を及ぼします。テレワークにおいては、意識的にコミュニケーションの場（単なる業務的な打合せの機会などではなく）を設け、いま抱えている感情などを吐き出す機会をつくることが大切です（もちろん、職

業生活において、職場の仲間とのコミュニケーションも重要ですが、自分の思いを表出する相手としては、決してそれに限られるものではありません）。

（4）毎日、最低でも6,000歩程度の身体活動は維持する

テレワークが普及すると、身体活動量が大きく減少することが懸念されます。オフィスに出社していれば、最寄り駅まで歩いたり、駅の階段を昇り降りしたりと、自然と体を動かすことになるでしょう。また、お昼休みにランチに出かけるなど、身体活動を確保する機会が定期的にあります。しかし、テレワークでは、通勤がありませんし、お昼も自宅で済ませる人がほとんどで、身体を動かす機会は減ってしまいます。

身体活動や運動が、身体的健康の維持だけでなく、メンタルヘルスや生活の質の改善に効果をもたらすことは、よく知られています。一定強度の運動には、抗うつ効果や抗不安効果があることも明らかになっており、海外などでは、うつ病の治療に運動療法が行われることもあります。

テレワークにおいても一定の身体活動を確保することが、メンタルヘルスを良好に保つことにつながります。身体活動量と死亡率などとの関連を見た疫学的研究の結果からは1日1万歩の歩数を確保することが理想と考えられていますが、令和元年国民健康・栄養調査報告（厚生労働省）によれば、日本人の平均歩数は6,278歩（男性6,793歩、女性5,832歩）。ただでさえ身体活動量の不足が懸念されている状況ですので、テレワークのときにも最低限、この平均歩数程度の身体活動は維持することが、メンタルヘルス上も有効といえるでしょう。たとえば業務開始前や終了後、またはお昼休みの時間などに、意識的に散歩やストレッチ、体操を行って、身体活動量を確保するよう努めましょう。

（5）身体的な健康管理にも気を配る

身体活動量が減少すること以外にも、テレワークには、生活習慣を悪

化させ、身体的な健康を阻害する要因が包含されています。たとえば、飲酒量、喫煙本数の増加などには注意が必要です。

テレワークが促進されると、機会飲酒者（宴会など機会があるときだけ飲酒する人）は飲酒頻度が減るため飲酒量が減少する傾向にありますが、習慣飲酒者（週に３日以上、１日１合以上の飲酒をする人）の場合、酒量が増えることが心配されます。通勤時間がなくなるため早い時間から飲酒ができたり、次の日の通勤を気にせずにゆっくり寝ていられることから夜遅くまでお酒を楽しんだり……結果として飲酒時間が長くなってしまうからです。また、自宅で飲酒すれば飲食店で飲むよりお金もかかりませんから、酒量も増えがちです。

タバコに関しても、現在ではオフィスで喫煙が許されるケースは皆無で、喫煙する労働者は少し離れた喫煙所までタバコを吸いに行っています。また、休憩時間以外の喫煙を禁止している事業場も少なくありません。しかしテレワークでは、自分の部屋や自宅のベランダなどで手軽に、いつでも喫煙できるようになりますので、おのずと喫煙本数が増えることになってしまいます。また、雑談やコーヒーブレイクなどの時間が持ちにくい分、ストレスを喫煙で解消しようとして、喫煙本数が増えることもあります。

そのほか、自宅で身近に食べ物があるために間食の量・回数が増えたり、会社帰りに寄っていたスポーツジムにわざわざ出かけるのが面倒で運動頻度が減ったりなど、テレワークによる生活習慣の変化で身体的な健康を損なうような事例も多く見られます。身体的な不調感や倦怠感などはメンタルヘルスにも悪影響を及ぼしますので、身体的な健康管理にも十分に気を配ることが大切です。

（6）テレワークのための設備・環境を整える

労働安全衛生法などによって職場の環境には最低限の基準が定められており、職場に出て仕事をするのであれば、就業に適さない劣悪な環境で働かされるようなケースはあまりありません。しかし、テレワークとなると、仕事をするための設備や環境が十分に整えられていないことも

多く、たとえばダイニングテーブルで仕事をするなど、正しい作業姿勢で仕事に取り組めていないこともしばしばです。

こうした環境では、腰痛や肩こり、目の疲れなど、さまざまな不定愁訴が見られやすくなります。不定愁訴を抱えながら仕事に取り組むことは、大きなストレスとなり、メンタルヘルス悪化の原因ともなりますので、厚生労働省が示す「自宅等でテレワークを行う際の作業環境整備」を参考に、自宅での作業環境について見直してみることもよいでしょう（図表2-25）。

❸ テレワークにおけるメンタルヘルス面でのラインケア

職場で直接、部下の顔を見ることができないテレワークにおいては、

■図表2-25　自宅等でテレワークを行う際の作業環境整備のポイント

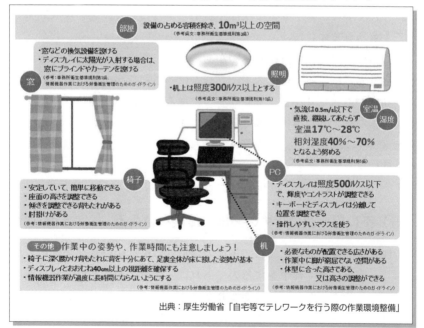

出典：厚生労働省「自宅等でテレワークを行う際の作業環境整備」

管理監督者によるラインケアも、出勤時とは異なる対応が必要になります。

　もっとも重要なポイントとなるのは、管理監督者が、部下・チームメンバーとのコミュニケーションを上手にとることです。チーム内での情報伝達や意思疎通において、テレワークならではの工夫が必要となります。

（1）目的に応じてコミュニケーション手段を選択する

　テレワークの際のコミュニケーションの手段には、電話やメールなどの比較的昔から使用されているものから、オンラインシステムやビジネスチャットツールなど新しいものまで、種類もさまざまありますが、その中から、目的に合ったものを適切に選択することが重要です。もちろん、テレワーク中心であっても、対面のコミュニケーションが必要となる場面も発生します。

　一般に、対面 → オンライン → 電話 → メール → チャットの順で手軽さが増しますが、手軽で間接性が高いやり方ほど、相手の都合を気にしなくなり、配慮に欠け、攻撃性が高まる傾向があります。すると相手に誤解を与えやすくなり、ミスコミュニケーションも発生しやすくなりますから、相手に正確に伝えることが求められる場面では、できるだけ直接性の高い手段を選択すべきです。

　また、文字に残る良さ（まちがいが減る）と、文字にする難しさ（相手の解釈が重要になる）を意識することも大切です。情報を伝える報告、連絡、指示、伝聞などは、文字に残る形でのコミュニケーションが適切ですが、逆に雰囲気や態度、間合いなどから行間を含めて伝える必要がある感情、評価、期待、相談などは、文字ではなく言葉で伝えるのがよいでしょう。

　このように、目的に応じてコミュニケーション手段を適切に選択することは、テレワークを円滑に進める上で、とても重要な要素となります。

（2）雑談も大切にする

　対面の場合とは異なり、オンラインでのコミュニケーションは、どうしても目的志向になりがちです。「○時○分から○○について打合せ」といった形でスケジューリングがなされた場では、「最近どう？」、「うまくやれてる？」などといった他愛もない声掛けからお互いの状況や悩みごとなどをざっくばらんに語り合うようなことはなかなかできません。

　しかし、このような「雑談」は、仲間の些細な変化やSOSのサインに気がつくために大切なものでもあります。もちろん、雑談ばかりで時間が過ぎてしまうようでは問題ですが、少し仕事から離れて、最近の状況などを聞きながら、何か困りごとはないか、部下やチームメンバーの様子を確認する機会を確保することは、管理監督者の重要な役割であるといえます。

（3）部下が連絡を取りやすい状況をつくる

　双方が職場にいれば、「今は忙しそうだから、もう少しあとで声をかけよう」など、部下も上司に声をかけるタイミングを見計らうことができますが、テレワークでは、このようなことは困難です。「わからないことはいつでも聞くように言っておいたのに、何も連絡がなかったから、てっきり、何も困りごとはないのかと思っていた」という管理監督者の不満をよく耳にしますが、上司が忙しいことを承知している部下が、見えるところにいない相手にあらたまって連絡を取ることは、決して容易なことではありません。

　管理監督者には、「何かあればいつでも」ではなく、たとえば「今日は○時から○時までは○○さんからの問合せタイムとして空けてあるから、何でも聞いてね」といった具合いに、連絡をしてもよい時間などを具体的に示し、部下が連絡をしやすくなるような工夫をすることも求められます。

（4）必要に応じて、顔を見ながらのコミュニケーションをとる

「目は口ほどに物を言う」と昔から言われますが、やはりコミュニケーションにおいては、態度やしぐさなどの非言語情報も重要です。ちょっと込み入った相談や、相手の表情を窺いながら進めていくような仕事などでは、"顔を見ながら"のコミュニケーションが有効です。

特に、成果が思うように出せていない部下や、進捗報告が滞ってしまっているメンバー、また新入社員や異動直後の社員のようにまだ組織に十分に適応できていない労働者などに対しては、対面やオンラインなどにより、顔を見ながらコミュニケーションをとる機会を持つことが大切です。顔を合わせて話をすることで、部下も服装や整容を気にするようになり、ON-OFF の切替えなども行われやすくなるというメリットも期待できます。

（5）テレワークに適する仕事なのかを見極める

緊急避難的にテレワークの導入を決めた職場では、そのメリットとデメリットの検討、業務がテレワークになじむものなのか否かの精査が十分に行われないまま、テレワークが行われているということも少なくありません。

もちろん、変化を拒み、何でも昔のように出勤してやったほうがよいという考え方にとらわれることは好ましくありませんが、一方で、テレワークになじまない業務を無理やりテレワークでやろうとしても、それはそれで大きなストレスを生み出すことになってしまいます。

管理監督者には、テレワークのメリット・デメリット（図表2-26）を総合的に考慮したうえで、その業務がテレワークに適したものなのかを見極め、適しているならば出勤とテレワークをどのくらいの割合で行うことが望ましいのか、判断することが求められます。

	従 業 員	事 業 者
メリット	・ワークライフバランスが向上する ・通勤がなく時間的・身体的負荷が軽減される ・業務に集中できる環境が確保しやすい（個人が使い慣れている機器や備品） ・育児や介護との両立が可能となる	・労働生産性の向上が期待できる ・オフィス関連コストが削減できる ・人間関係のトラブルが低下する
デメリット	・仕事とプライベートの区別が難しい ・帰属意識の低下を招くことがある ・モチベーションの維持が難しい ・運動不足になりやすい ・疎外感・適応への困難・昼夜逆転などのメンタルヘルス不全を誘発することがある ・業務に集中できる環境が確保しにくい（椅子・机・照明・静寂などが不十分）	・労務管理が難しい ・双方向の意思疎通が低下しやすい ・情報漏洩リスクが増える可能性がある ・教育育成・業務評価などが難しい ・労働生産性が低下することがある

出典：「職域のための新型コロナウイルス感染症対策ガイド」を一部改変

（6）部下やチームメンバーを信頼する

　管理監督者としては、テレワーク中に部下やチームメンバーがサボっていないか、気がかりなところでしょう。もちろん多くの労働者は真面目に働くものですが、一方で、残念ながら自宅という環境に甘え、サボってしまう労働者が一定数いることも事実だと思います。働きぶりを監視するような言動をとってしまうことも仕方がないのかもしれません。

　ただ、テレワークだからとサボる労働者は、オフィスに出勤しているときにはきちんと働いているのでしょうか？　無駄話やネットサーフィンばかりで仕事に集中していなかったり、喫煙室に頻回に足を運んでいたりで、たいした成果を出していないのではありませんか？　つまり、サボる労働者の存在は、決してテレワーク特有の問題ではないのです。

　もちろん、適切な業務報告を行い、期待する成果を出していることが前提とはなりますが、テレワークにおいては、部下やチームメンバーを

信頼することが、メンタルヘルスを良好に保つことに直結します。常時行動を監視されるストレスが軽減されるということも期待されますが、それ以上に、労働者にとっては、「自分は上司から信頼されている。この信頼を裏切らないように、一生懸命仕事に取り組もう！」という心理的報酬が、メンタルヘルスに好影響を及ぼす要因となります。

（7）管理監督者の役割をより一層明確にする

テレワークでは、個人の作業には集中しやすくなる一方で、個々の姿が見えにくいため、問題点・疑問点の解消や、業務全体の進捗管理、さらには職場としての一体感の醸成が困難になり、ストレスが過多になります。これに対応するために、全体の取りまとめ役、つまり管理監督者が果たす役割の大切さはますます大きくなるといえます。

働き方が変化をしている中で、個人の役割が見直されなければ、管理監督者層には過大な負担がかかってしまいます。そこで、作業レベルの仕事は、通勤の負担も少なくなり、仕事に対する集中力が向上する一般社員に吸収してもらい、管理監督者は全体の調整や取りまとめに専念するといった、テレワークを意識した役割の明確化が重要となります。

（8）リモートハラスメント（リモハラ）に注意する

テレワークが定着していく中で、リモートで働く場面特有のハラスメント（リモートハラスメント／リモハラ）が問題となっています。これは実際には、新しいハラスメント概念というよりは、パワハラやセクハラ、モラハラなどの従来から問題とされてきたハラスメントに分類されることがほとんどだと考えられますが、具体的には、次のような行為が問題とされることが多いようです。

パワハラ関連：
☐参加したくないリモート飲み会に強制参加させられる
☐業務上必要がないのに、自宅の場所を聞き出され、訪問される

セクハラ関連：
□背景に映り込む自室の様子についてプライベートなことを聞かれる
□「今日は全員、部屋着で会議に参加するように」と服装を強要される
モラハラ関連：
□常にオンラインでカメラをオンにするよう指示され、常時監視される
□室内の様子やパートナーを写すことを強要される

　このような行為は、自宅にいることでの管理監督者自身の気の緩み、また、部下の生活を垣間見ることができることへの好奇心などから引き起こされるものと考えられますが、決して許されるものではありません。ほんの少しの気の緩みで、これまで培ってきた信頼関係が失われてしまうことにもなりかねませんので、十分に注意が必要です（とくにリモート環境では録音や録画などを相手に気づかれずに行うことも容易であり、問題が大きくなりやすいといえます）。

❹ テレワーク時代のメンタルヘルスの展望

　テレワークは、今や、新しい働き方の選択肢として認知されるものとなりました。もちろん、これがワークライフバランスや健康を保つための最良の働き方であるなどといった、一元論的な話は好ましくありません。組織の目標達成のためには、どのような働き方が組織を活性化させ、労働者のモチベーションや健康度を高めるのか、またそれにより業務効率や生産性はどう変わるのかなどを総合的に考慮して、組織としての最適な働き方を模索していく——その中での貴重な選択肢の1つと捉えるのが適切でしょう。

　男女共同参画社会において有能な人材を獲得する採用戦略上、働き方の柔軟性や多様性は重要なものとなってくると思われますし、当然、「その職場でどのような働き方ができるのか」は、労働者のメンタルヘルスに大きな影響を及ぼすことになると考えられます。

そこで、本項の最後に、テレワーク時代におけるメンタルヘルスの展望について考えてみたいと思います。

（1）自律的なヘルスリテラシー向上を目指した取組みへ

　これまで、「職場の労働安全衛生」というと、二次予防（メンタルヘルス不調の早期発見と適切な対応）、三次予防（職場復帰支援）を中心とした、事例に対する早期発見や適切な対応など、どちらかといえば職場主導でさまざまな事象を管理していくスタイルが一般的でした。しかし今回、世の中が急変するといった事態に遭遇したとき、このような手法はほとんど適切に機能しないことが明らかとなりました。

　重要なのはむしろ、自分が入手した情報の出所や信頼性などを見極めながら、その情報を適切に理解し、自分なりに評価をしたうえで、その場その場に応じて、自分に必要な行動を選択していく能力を養うことだと実感した方も少なくないと思います。このような能力のことを、「ヘルスリテラシー」と呼びます。健康経営などに取り組んできた職場では聞き慣れた言葉かもしれませんが、このヘルスリテラシーは、「健康を決める力」として、近年、その重要性が認識され始めています。

　メンタルヘルスに関連する職場環境や働き方なども多様化していく中で、これまでの管理型のメンタルヘルス対策がうまく機能しない場面も見られるようになってきています。今後のメンタルヘルス対策は、単に職場がメンタルヘルスに対する知識を提供するだけではなく、労働者が自分自身で健康な情報にアクセスし、その情報を吟味しながら必要なアクションをとることができるよう、ヘルスリテラシーを高めるための教育が重要となってくるでしょう。

（2）人材育成や組織開発の視点を交えた対策の重要性

　テレワークの導入が急速に進み、それにともない多くの変化が発生しました。さまざまな戸惑いを感じた労働者がほとんどだったのではないでしょうか。このような変化への対応がうまく進まずに、メンタルヘル

スの問題を抱えてしまう労働者は少なくありません。

　実は、「急激な変化への対応」という課題は、テレワークという1つの事象にとどまるものではありません。ビジネスシーンにおいても、変化の中にあって柔軟な対応をすること、初めて取り組む仕事に対して湧き出てくる不安をコントロールすることは、労働者のメンタルヘルス上重要なだけでなく、時に、そのビジネスの成功・不成功の分水嶺となることもあります。

　これまでの職場におけるメンタルヘルス対策は、健康の保持増進施策の一環として、「ストレスを軽減する」、「メンタルヘルス不調の労働者を減らす」という視点で論じられることがほとんどでした。しかし、今後は「経営」の視点からメンタルヘルス対策を考えることが求められるようになると考えます。「ストレス対処が上手にできる人材を育てる」という人材育成、「ストレスを前向きな推進力として活用できる組織を作る」という組織開発の視点も加えながらメンタルヘルス対策を推進していく、新たな時代に突入していくのではないでしょうか。

memo

_____

_____

_____

_____

_____

_____

_____

_____

_____

_____

_____

_____

_____

memo

療養中の社員に対する職場復帰支援の方策

～「職場復帰支援の手引き」の実践的活用法～

職場復帰支援の流れと方策

❶ 職場復帰支援の重要性

　心の健康問題により職場を長期に休むことを余儀なくされるといった事態は、もちろん極力避けたいものですが、残念ながら多くの企業で発生しているのが現実です。もっとも、うつ病の生涯罹患率（一生のうちに１回でもうつ病になる確率）は男性で11〜13％、女性で15〜21％程度であることが明らかとなってきており、そのうつ病のもっとも効果的な治療法が抗うつ薬の服用、仕事や雑事から離れた休養であると一般的に考えられているわけですから、当然、どの企業でも心の健康問題により長期に休みを取る社員が発生する可能性は十分にあるのです。

　そこで、この第３章で取り上げる「職場復帰のための会社の支援」が非常に重要になってきます。企業としてはこの療養期間をできるだけ短くしたいわけですから、職場復帰のために適切な支援を行う必要があります。療養生活に入ってしまったら後は元通り働けるようになるまで放置、という考え方では、療養者は職場復帰に向けた道筋が見えないことへの不安や、長引く療養生活、周囲からのプレッシャーなどから焦りを感じてしまい、良くなるはずの病気も良くなりません。しかし、いくら早く職場復帰してもらいたいからといっても、職場復帰を焦りすぎてしまうと、結果として再発、再療養という本人にとっても会社にとってもつらい事態となってしまいます。

　ですから企業は、心の健康問題で療養生活を送る社員が発生したときには安心して療養生活を送ってもらえるような手立てを講じ、病状が十

分に回復した段階からの無理のない職場復帰支援のプランを作成し、再発が起きないように支援していかなければならないのです。

2 職場復帰支援の失敗例

事 例 うつ病の発症、休職、復職、そして自殺未遂

後藤道人さん　42歳　大手製造業勤務（係長）

　後藤さんは、大手製造業の作業管理部調達課の係長として、工場内で使う部品の発注や在庫管理などの仕事に携わっています。42歳になり、それまで長年勤務していた設計部門から調達課に異動になったり、子供の不登校が顕著になったりと、さまざまなストレスが重なり、5月に「うつ病」と診断されました。

　最初は「休むとみんなに迷惑がかかるから」と働きながらの治療を選択しましたが、7月には、ついに出社ができなくなり、主治医から自宅療養をすすめられました。

　自宅療養を開始して4か月（11月）、主治医から処方された抗うつ薬と睡眠導入剤の効果もあってか、7月にはまったくとれなかった睡眠も、毎晩2時頃には寝付けるようになり、それから4時間くらいは確保できるようになりました。また、食欲も回復傾向で、半年前から減り続けていた体重も下げ止まりました。

　そして後藤さんは、主治医から発行された『職場復帰可能。ただし、当面の間は勤務を軽減することが望ましい。』と書かれた診断書を持参して会社にやってきました。ちょうど繁忙期で、職場としてもぜひ復帰してもらいたい状況であったことから、会社は後藤さんに「それでは診断書にも当面は勤務を軽減したほうがよいとも記載されているので、まずは午前中の半日勤務から仕事に復帰してもらえますか？」と提案しました。すると後藤さんは、「4か月以上ものお休みをいただいたのに、さらに半日勤務などというご配慮は申し訳ありません。それでは申し訳ない気持ちがかえってストレスになってしまうと思います。なんとか通常に勤務させていただけないでしょうか？」と答えました。そこで、職場の部長は、労務担

当者と相談し、本人の希望を最優先することがよいであろうという判断に至り、通常勤務（ただし時間外勤務は禁止）で職場に復帰させることにしました。

　職場復帰して２日目、誰よりも早く会社に出勤していた後藤さんに対し、労務担当者から「後藤さん、朝早いですね。あまり無理をしないでくださいね」と声をかけると、「すみません、どうしても早く目が覚めちゃって。だいぶ長い期間仕事を休んでいたので、仕事もたまってしまっていますし、こうやって早く仕事に来ているほうがかえって気が楽なんです」と答えたそうです。

　職場復帰後９日目、後藤さんは本来であれば10,000個発注しなければならないはずの物品を1,000個しか発注せず、生産ラインを一時的に停止させてしまうという大きなミスを犯してしまいました。このミスに気づいた課長が迅速に残りの9,000個の発注をかけたために大ごとにはならずに済みましたが、後藤さんは「今までだったらこんなミスはしなかったのに」と大変落ち込んだ様子だったようです。

　そして、その翌日、後藤さんは自宅にて首吊り自殺。幸い、奥さんに早期に発見されたため一命は取り止めましたが、再びの休職を余儀なくされてしまいました。

③ なぜ再休職に至ってしまったのか？

　自殺未遂から再休職という非常に残念な事例です。なぜこのような事態になってしまったのでしょうか？

　４時間程度の睡眠しかとれていないような、病状の回復が不十分な時期に職場復帰を希望した、後藤さん自身がいけなかったのでしょうか？　たしかに、後藤さんにまったく落ち度がなかったとはいえないかもしれません。しかし、忙しい職場の状況を案じて早めの職場復帰を希望した、真面目で他人思いの後藤さんを責めることはできないはずです。

　それでは、病状の回復が不十分な後藤さんの職場復帰を認めた部長や労務担当者の判断がまちがっていたのでしょうか？　たしかに、事が起こってから振り返れば、職場復帰させるべきではなかったことは明白で

す。しかし、少なくとも主治医から職場復帰が可能な旨の診断書が提出されていたわけですし、主治医の診断書に従い半日勤務を提案したところ本人の強い希望を尊重する形で通常勤務となったわけですから、一方的に彼らの判断に非があるともいえません。労務担当者にもう少し心の健康問題に対する知識と危機感があれば、朝早くに目が覚めてしまって早くに会社に出勤している時点で何らかの対策をとり得た可能性は十分にありましたが、労務担当者も心の健康問題ばかりを扱っているわけではないですから、それも仕方ないのかもしれません。

　となると、病状の回復が不十分にもかかわらず、職場復帰可能な旨の診断書を書いた主治医の判断に問題があったのでしょうか？　たしかに医師は医療の専門家ですから、主治医の診断書は絶対的なもののような印象を受けますが、一般的に主治医は病気を治す専門家であって、就業が可能かどうかの機能性を評価する専門家ではない点に注意が必要です。

　なかなか診察時間を長く確保することのできない主治医は、患者さんがどのような会社でどんな仕事をしていて、その職責はどの程度重いのかといったことに関して、十分な情報を得ることができていないケースがほとんどです。もちろん、一般社員と管理職では仕事のレベルが違うわけですし、対人折衝の多い営業担当と社内で黙々と作業をする経理担当でも、そのストレスの性質は大きく異なるわけですから、本来であればその人の仕事内容や職位などに応じて、きめ細かな判断をすべきです。しかし、患者さんとのやりとりだけで、その患者さんの仕事ならどの程度の回復状況が望まれているのかを主治医が判断することは至難の業です。

　そうなると主治医としては、生活リズムが整い、日中に自分の趣味などができるようになるといった、負荷のない日常生活が問題なく送れるようになった時点で、職場復帰可能の判断をせざるを得ません。ですから、今回のような診断書が発行されたからといって、一概に主治医に非があるともいえないのです。

　つまり、今回の事例では、どこか特定の人物や部署に問題があったわけではありません。心の健康問題から職場復帰する社員を誰がどうやっ

て支援していくのかについての明確な方針が立っておらず、場当たり的な対応となってしまったことに問題があるのです。「療養中にもっと安心して仕事を休めるようにアドバイスができていたら」、「職場復帰の際にもっと主治医の先生と密接に連携して、職場復帰後の働き方についてきちんと相談できていたら」、「早く目が覚めてしまっている状況でもっと適切な対処ができていたら」……と、後から考えれば悔まれることばかりです。

　ですから、このような事態が発生しないように、心の健康問題により休業した労働者が職場復帰する際には、職場として、いつ、誰が、どのような支援をどうやって行うべきか、あらかじめ定めておくことが重要になるのです。

❹ 職場復帰支援の手引き

　この職場復帰支援に関しては、厚生労働省の「心の健康問題により休業した労働者の職場復帰支援の手引き」（平成16年公表、平成21年・平成24年改訂。以下「職場復帰支援の手引き」といいます）がおおいに参考になります。

　しかし、この手引きもメンタルヘルス指針同様に、職場復帰に関する考え方やその流れなどについてはよく整理されているのですが、その具体的な実施方法については各企業で制度設計を行うようにつくられています。つまり、療養中の社員にどのような支援をどのような方法で行えばよいのか、職場復帰の判断は誰がどのように行えばよいのか、リハビリ勤務についてはどのように考えたらよいのかなど、具体的な部分に関しては明確に述べられていません。そのため、職場復帰は主治医の診断書に基づいて行うという企業や、産業医の判断で個別事例ごとに取り扱っているという企業が目立っているのです。

　しかし、職場復帰を実際に進めていくのは、主治医でも産業医でもなく、職場復帰する本人と、それを受け入れる職場です。ですから、一部

の医療スタッフの判断や指示のみに頼りきってしまうのではなく、会社として職場復帰をどのように支援していくかの道筋を明らかにしておく必要があります。職場復帰までの道筋を明らかにすることは、本当に療養が必要な社員が躊躇なく療養に入るために、また、社員に安心感を持って働いてもらうためにも重要です。

5 職場復帰支援の手引きが対象とする心の健康問題

　先ほど、職場復帰支援の手引きがおおいに参考になると述べましたが、1つ、注意をしておかなければなりません。それは、冒頭に「本手引きの基本的な記述においては、心の健康問題として、治療によって比較的短期に寛解するものが想定されている。その他の心の健康問題については、異なる対応をとる必要がある場合もあることに留意するとともに、主治医との連携が重要となる。」と記載されていることからもわかるように、この手引きは、いわゆる典型的なストレス性のうつ病など、ある程度の期間職場から離れて適切な治療を行えば、十分に職務遂行能力が回復し、元通りの仕事ができるようになるような心の健康問題をターゲットにしているという点です。つまり、手引きがそのまま当てはまらないケースもあるのです。

　そこで、本書では、まずこの第3章において、手引きが想定しているような、治療により比較的短期間に十分な回復が見られる心の健康問題についての職場復帰支援の方策について説明することにします。そして、次の第4章で、長期間の療養によってもなかなか病状が回復しないケースや、傍から見ているとワガママなんだか病気なんだかわからないような、本人の性格的な要素が大きいと考えられるケースなど、手引きがそのままは当てはまらないような、対応が困難な心の健康問題について説明していきたいと思います。

6 職場復帰支援プログラムの策定

　職場復帰支援の手引きには、「職場復帰支援プログラム」を事業者が策定することが必要であると記載されています。この職場復帰支援プログラムとは、休業の開始から通常業務への復帰までの流れを明らかにするものです。誰が、どのような手順で、どんな役割を果たすのかという点について記載することが重要です。また、この職場復帰支援プログラムは形式的に策定しても何ら意味がありませんので、関係者全員が十分に理解できるような、具体的でわかりやすいものでなくてはなりません。そこで本書では、休業開始から職場復帰までのそれぞれのステップにおいて、企業の誰が何をすべきなのかという点について、実例を交えながら説明していきたいと思います。

7 職場復帰支援の流れ

　職場復帰の大まかな流れは、次のとおりです。

◆ 第1ステップ：
　病気休業開始時および休業中のケア
◆ 第2ステップ：
　主治医による職場復帰可能の判断
◆ 第3ステップ：
　職場復帰の可否の判断および職場復帰支援プランの作成
◆ 第4ステップ：
　最終的な職場復帰の決定
◆ 第5ステップ：
　職場復帰後のフォローアップ

（1）第1ステップ：病気休業開始時および休業中のケア

　職場復帰支援は、病気休業が開始された時から始まります。休業中にいかに安心して療養することができるかによって、病気の回復度は大きく異なります。1日も早く戻らなければクビになってしまうと怯えながらの療養が効果的療養でないことは、想像に難くないでしょう。また、休業中に職場との連絡をどのように取るかなども重要です。職場から毎日電話がかかってきても安心して休めないでしょうが、職場から数か月も連絡がなければ、それはそれで見捨てられてしまったのではないかと不安が募ります。まずは安心して病気療養に励むことができる環境整備をしておくことが大切です。

（2）第2ステップ：主治医による職場復帰可能の判断

　十分な療養生活が送られ病状が十分に回復したならば、いよいよ職場復帰支援を検討する段階になります。この時にまず重要なのは、職場復帰を希望する本人の意思です。つまり、本人の「職場に戻りたい」という意欲が回復していることが職場復帰の大前提となるのです。そのうえで、治療に当たっている主治医から、職場復帰が可能な旨の診断書が発行される必要があります。いくら本人が仕事に戻りたいと考えていても、治療に当たっている医師が「まだダメだ」と言うのであれば、それ以上、職場復帰を進めることはできません。

　なお、前にも述べましたが、主治医は患者さんがどのような職場に復帰し、どんな仕事に従事するのかということについてあまりくわしく知るすべがありませんので、職場から主治医に職場の状況を教えておくと、主治医も職場復帰可否の判断を下す上で大変助かることでしょう。

（3）第3ステップ：
職場復帰の可否の判断および職場復帰支援プランの作成

　主治医から職場復帰可能の判断が下されたならば、次は、職場として

本当に職場復帰が可能かを検討します。「病気の状態がある程度回復している」ことと、「職場での労務に十分耐え得る状態になっている」こととの間には非常に大きなギャップがありますので、本当に職場での勤務に耐え得るのかについては、職場でよく検討する必要があります。

そのうえで、職場復帰可能の判断がなされたならば、いつから、どこの部署で、何時間くらい、どのような種類の勤務をするのかということについて詳細を決めておく必要があります。さらには再発の兆候が見られた場合にはどのように対応するかということも含めて、職場復帰支援プランとして明確にしておくことが第3ステップです。

（4）第4ステップ：最終的な職場復帰の決定

職場復帰支援プランが定まったら、そのプランを実行する段階に入りますが、その前に、本当に職場復帰支援プランを実行しても大丈夫なのかどうかを確認する必要があります。リハビリ出勤などにより、本人の回復状況を確認することも1つの手段となり得るでしょう。

労働者の十分な回復が確認できたのであれば、いよいよ事業主による最終的な職場復帰の決定がなされます。職場復帰の最終判断は、主治医でも産業医でも職場の管理職でもなく、事業主が行うという点が重要です。

（5）第5ステップ：職場復帰後のフォローアップ

職場復帰を果たした後のフォローも大切です。職場復帰後、病気の再発が見られていないか、再び休んでしまうことはないか、仕事は順調にこなせているか、通院はきちんと継続しているかなど、職場復帰後の状況を総合的にチェックし、必要に応じて職場復帰支援プランを見直していくことも必要です。また、職場の環境が職場復帰の順調な進捗を妨げているのであれば、それを取り除くことが必要な場合もあります。

■図表3-1　職場復帰支援の流れ

第1ステップ　病気休業開始時および休業中のケア

① 病気休業開始時の労働者からの診断書（病気休業診断書）の提出

② 管理監督者によるケアおよび事業場内産業保健スタッフ等によるケア

③ 病気休業期間中の労働者の安心感の醸成のための対応

④ その他

第2ステップ　主治医による職場復帰可能の判断

① 労働者からの職場復帰の意思表示と職場復帰可能の判断が記された診断書の提出

② 産業医等による精査

③ 主治医への情報提供

第3ステップ　職場復帰の可否の判断および職場復帰支援プランの作成

① 情報の収集と評価

　ア　労働者の職場復帰に対する意思の確認

　イ　産業医等による主治医からの意見収集

　ウ　労働者の状態等の評価

　エ　職場環境等の評価

　オ　その他

② 職場復帰の可否についての判断

③ 職場復帰支援プランの作成

　ア　職場復帰日

- イ 管理監督者による就業上の配慮
- ウ 人事労務管理上の対応
- エ 産業医等による医学的見地から見た意見
- オ フォローアップ
- カ その他

第4ステップ 最終的な職場復帰の決定

① 労働者の状態の最終確認
② 就業上の配慮等に関する意見書の作成
③ 事業者による最終的な職場復帰の決定
④ その他

職場復帰

第5ステップ 職場復帰後のフォローアップ

① 疾患の再燃・再発、新しい問題の発生等の有無の確認
② 勤務状況および業務遂行能力の評価
③ 職場復帰支援プランの実施状況の確認
④ 治療状況の確認
⑤ 職場復帰支援プランの評価と見直し
⑥ 職場環境等の改善等
⑦ 管理監督者、同僚等への配慮等

出典：厚生労働省「心の健康問題により休業した労働者の職場復帰支援の手引き（改訂版）」

■図表3-2　職場復帰支援の流れにおける会社の役割

| 第1 ステップ | 主治医から「〇か月の自宅療養が必要」という診断書が提出されたら、会社はどのような対応をすべきなのか？ |

| 第2 ステップ | 主治医から「病気の症状が軽快したため職場復帰が可能」という診断書が提出されたら、会社はどのように対応すべきなのか？ |

| 第3 ステップ | 本当に職場復帰できるかの判断は誰がどうやってするのか？ もし、職場復帰が可能なら、職場はどんな配慮をしたらよいのか？ |

| 第4 ステップ | 職場復帰が正式に決まったら、支援方法などを必要な人に周知してもらい、円滑に職場復帰してもらうために会社は何をすべきか？ |

| 第5 ステップ | 職場復帰後に会社はどうやってフォローアップしたらよいのか？ |

*

　以下、職場復帰支援プランの各ステップについて、企業はどのようなことに注意しながら職場復帰支援プランを策定すべきなのか、具体的に見ていくことにしましょう。

DSM-Ⅴという診断基準

　みなさんは、精神科医が普段、どのように診断を下しているかご存じでしょうか？

　実は、ひと昔前の精神科医療は、医師の経験による主観的な評価で診断を下していました。これは、医療の世界では極めて例外的な診断方法です。たとえば精神科以外の診療科の場合、貧血であれば赤血球値やヘモグロビン値（血色素量）がある値を下回ると貧血と診断され、悪性腫瘍であれば生検により組織を採取し顕微鏡で組織を観察することによって診断が下されます。つまり、医学の世界のほとんどの分野では、客観的な検査結果によって診断が下されています。このような客観的な検査結果に基づいて行われる診断は、基本的にはどの医者が診ても同じ診断にたどりつくのが特徴です。しかし、精神科医療の世界では、診察をした医者により「うつ病」と診断されたり「神経症」と診断されたり、時には「躁うつ病」と診断されることもあり、一体どの診断が正しいのかわからなくなってしまう事態が多く存在していました。

　そのような不都合を解消するため、アメリカの精神医学会が精神疾患の診断・統計マニュアル（DSM：Diagnostic and Statistical Manual of Mental Disorders）を考案しました。そして現代では我が国でも、一般的な精神科医はこれに改編を加えたDSM-Ⅴという診断基準を使用しているのです。

　このDSMというマニュアルの特徴は、「A・B・Cという症状が1か月間持続したら、原因は何であれ○○病と診断することにしましょう」という、病気を、原因ではなく症状に焦点をあてて分類した診断基準（専門的には「操作的診断基準」といいます）であるという点にあります。診断者の好みを排除することで診断の標準化と客観化を試みて、どの医者が診断しても同じ病名にたどりつくようにしたものなのです。

　つまり、この診断基準では、真面目、他人思いといったその人の性格や、過重労働が重なったり、人間関係のトラブルに巻き込まれたりといった病気の原因などにはまったく関係なく、一定の症状を呈すれば「うつ病／大うつ病性障害」と診断することになるのです。また、この診断基準では、ある症状が一定期間持続することが求められていますので、最初に精神科医にかかった時点では、このDSM-Ⅴに基づく病名がつかないこともよくあります。

　ちなみに、主観を排除したこの診断方法に異議を唱える精神科医は数多くいますが、少なくともこの診断基準が世界的なスタンダードであることはまちがいありません。

病気休業開始時および休業中のケア

① 労働者からの診断書（病気休業診断書）の提出

　心の健康問題により長期の療養に入る場合には、まず、労働者から主治医の記載した病気療養が必要な旨の診断書が提出されることがほとんどです。この診断書は、個人のプライバシーにかかわる重要な情報が多く含まれていますので、必要最低限の関係当事者以外の目に触れないような取扱いが必須となります。そこで、労働者から診断書が提出された際に、どのような経路で誰に診断書を転送し、最終的に誰が保管するのか、どの範囲の関係当事者まで情報を共有するのかを、事前に明らかにしておくとよいでしょう。診断書提出後の流れの一例を図表3-3に整理しましたので、参考にしてください。

　なかには「主治医が仕事を休んだほうがよいと言っていました」などと、口頭で職場に連絡してくるケースもありますが、曖昧な形は避けて、きちんと診断書という書面で提出してもらうようにしましょう。

　通常、診断書には、病名、療養が必要な旨の記載、さらには必要な療養期間が書かれています（197ページの診断書例参照）。職場復帰支援の手引きには、「職場復帰の準備を計画的に行えるよう、必要な療養期間の見込みについて明記してもらうことが望ましい。」と記載されていますが、心の健康問題の場合、どのくらいの療養期間が必要になるかは、骨折などと違い療養を開始する時点ではかなり不確定な要素が大きいため、実際上は会社の休業手続を何か月間とるかという事務的な意味合いでしかないと考えたほうがよいでしょう。実際、本当は３か月の療養が

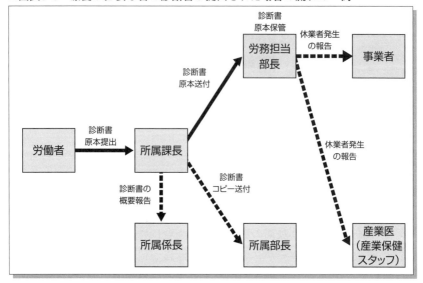

■図表3-3 療養が必要な旨の診断書が提出された場合の流れの一例

必要であると主治医が考えていても、いきなり長期の休みを取ることに労働者が強い抵抗感を感じるときには、いたしかたなく１か月の休養が必要な旨の診断書を発行する場合もありますし、逆に、１か月程度の療養で済むと見込んでいても、精神的に３か月くらいじっくり休むつもりでゆったりと静養してもらったほうが回復によいだろうと考えられるケースでは、当初は長めに療養期間を設定しておいて、順調に病状が回復したら早めに職場復帰可能な旨の診断書を発行する場合もあります。ですから、会社としては、主治医から１か月療養が必要な旨の診断書が提出されたとしても、１か月後に確実に戻ってこられると思って業務を調整するのではなく、もっと長い期間の療養が必要になる可能性が十分にあることを念頭に、療養中の業務分担について考えることが必要でしょう（ちなみに、心の健康問題により仕事から離れて療養する方の平均療養期間は約５か月であるという大規模な調査結果があります）。

　また、診断書に記載されている病名に関しても、最初に診断書が会社に提出された時点では病名が確定していないことが少なくありませんし、常に正式な病名が書かれているとも限りませんので、注意が必要です。

診　断　書

氏名：新宿　太郎（昭和58年９月１日生）
住所：東京都新宿区西新宿〇－〇－〇

診断：うつ状態

> 診断書に記載されている病名は、かならずしも確定的な病名でない場合も多い。「〇〇状態」という状態病名もよく用いられる。

付記：上記疾病にて当院に通院加療中である。
　　　向後、１か月間の自宅療養が必要と診断されます。

> この期間は、暫定的である場合がほとんど。延長になる場合も多いため、「しばらく療養が必要」という意味合いで捉える必要がある。

令和３年７月１日
医療法人　健康促進会
都庁メンタルヘルスクリニック
精神科医　品川　花子 ㊞

うつ病とうつ状態

　企業で心の健康問題にかかわったことがある方ならば、一度は「病名：うつ状態」などと書かれた診断書を目にされたことがあるのではないでしょうか？　この時に「うつ病」と「うつ状態」はどこか違うのかという疑問を持たれた方も少なくないはずです。それは至極当然の感覚だと思います。たとえば、インフルエンザにかかったときに「発熱状態」という診断書は発行されないでしょうし、骨折をしたときに「足が痛い状態」という診断書が発行されることもないでしょう。それでは、「うつ状態」とは一体何なのでしょうか？

　気分が落ち込んでいて塞ぎ込んでしまっている状態や、意欲が減退してしまって何もしたくない状態などの症状を総称して「うつ状態」といいます。もちろん、うつ状態を呈する代表的な病気であることはまちがいありませんが、統合失調症やパニック障害などさまざまな心の病気でもうつ状態が症状として表れることはありますし、それだけでなく甲状腺の機能障害やある種の貧血などでもこのうつ状態が出現することもあります。つまり、うつ状態（症状）とうつ病（病名）の関係は次の図のように捉えていただけばよいでしょう。

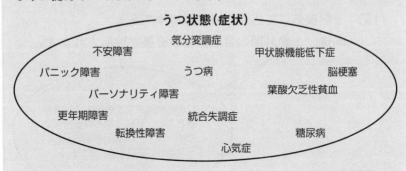

　それでは、なぜ精神科では「病名：うつ状態」という曖昧な診断書が数多く発行されるのでしょうか。その理由としては、先ほど〔Column〕DSM-Ⅴという診断基準でお話ししたように、病名をつけるには一定期間の症状の持続が必要なため、最初の診断時には病名を確定することが困難であることが挙げられます。さらに、いくつかの病名の可能性があるため、きちんと病名を確定できない場合や、病名は確定しているものの、それを心の健康問題に対して理解がない会社に伝えることがためらわれるような場合に、この「うつ状態という病名（「状態病名」と呼びます）」を用いることがあります。

療養に入る労働者の安心感醸成のための対応

　心の健康問題により社員が自宅療養を開始した場合、職場としてはどのように接するべきなのでしょうか？　いつ仕事に復帰してもらえるのかという心配から、週に何度も電話をしてしまう上司もいれば、会社の人が電話をすると病気が悪くなってしまうのではないかという思いから、必要な情報すら伝えられずにいる労務担当者もいます。職場での対応が非常に難しいのがこの時期なのです。

　この療養を開始する時期は、病状が悪い時期ですので、回復のためには仕事や日常の雑事から離れてじっくり休養することが重要な時期です。しかし、「何も考えなくていいからゆっくり休んでください」とだけ言って、本人をゆっくり休ませるような対応がなされている場合も少なくありませんが、それは正しくありません。たしかに、ゆっくり休むことも重要なのですが、自宅療養に入るほうからすれば、休んでいる間の経済的保障や身分保障、さらには本当に職場復帰ができるのであろうかといったさまざまな不安があり、そのような状況ではゆっくり休むことはできません。それどころか、焦りから、病状が十分に回復していないにもかかわらず職場復帰を希望するなど、かえって効果的な自宅療養とはならなくなってしまう可能性もあります。

　そこでこの時期、自宅療養する社員の安心感を醸成するために、会社に望まれる対応についてお話しします。

（1）本人に確認しておくこと

① 自宅療養中の連絡先

　自宅療養中に会社から必要な連絡をする際の連絡先を確認しておくことが重要です。とくにひとり暮らしの場合には、本人と連絡が取れなくなった際に、病状や通院状況、時には安否の確認をする手立てがなくなってしまいますので、本人の自宅や携帯電話以外に、近しい親

族（できれば近くに住んでいる親族）の連絡先を聞いておくことが重要です。

　また、ひとり暮らしでなかったとしても、会社を休んでいることを配偶者や両親に伝えておらず（もっとも、そのような療養環境がよいとはいえませんが）、会社からそのような連絡をされては困るというケースも少なくありませんから、会社から連絡をする際はどこに連絡をしたらよいかをきちんと確認しておくことが重要です。

②　会社の連絡窓口

　逆に、療養中の本人が会社に連絡する際に、担当の窓口がどこになるかを伝えておくことも重要です。自宅療養中は診断書や傷病手当金の申請など、書類のやりとりが必要になることが少なくありませんし、後述のように定期的な病状報告をしてもらう場合などに、毎回担当者が異なると、うまく情報が伝達されない可能性がありますので、基本的には会社の窓口は一本化するように配慮しましょう。

　どこが窓口になるかは、会社の制度設計によって、所属部署の管理職だったり、人事労務担当が一括して引き受けたり、健康管理センターのような産業保健スタッフだったりと異なりますが、職場のストレスが原因で発症したと思われるような場合は、所属部署の管理職を窓口とすることは避けたほうがよいでしょう。

③　会社への定期病状報告

　会社から本人に連絡をすることは、仕事を思い出させてしまうことにもなりますので、基本的に自宅療養中はできる限り控えるべきでしょう。しかし、会社としても、まったく本人の療養の状況がわからないのでは心配です。また、療養している本人の立場に立っても、まったく会社から連絡がないと、不安な気持ちになることが少なくありません。そこで、自宅療養に入る際に、「会社もあなたのことを心配しているが、頻繁に会社から連絡するのは病状の回復にプラスにならないと思うので、とくに急な用事がなければ連絡を入れないようにします。ただ、会社もあなたの病状の回復を見守っていきたいので、

２週間に１回、たとえば主治医を受診した日に会社に連絡をいただけませんか」とあらかじめ本人と約束をしておくことによって、互いにその不安が解消されます。

連絡の手段に関しては、電話で連絡を入れてもらうことがもっともよい方法です。本人の声のトーンがわかりますし、双方向のコミュニケーションとなるためです。しかし、療養を開始した初期は人と話すことも億劫に感じることがありますので、そのような場合にはメールや手紙でもかまわないと伝えておくべきでしょう。

また、上記のような約束をしたにもかかわらず会社に連絡がない場合には、本人の安否も心配されますので、会社から連絡をすることは何ら問題ありません。

（2）本人に伝えておくこと

① 自宅療養中の経済的保障について

自宅療養中の経済的保障（給与や手当金など）は、療養される方にとって重大な問題です。なかには、病気で休んでしまったら何ら経済的保障がなくなってしまうものと勘違いしている方も少なくありません。

たしかに、自宅療養期間中は、多くの会社では給与の支給がストップすることになりますが、会社によっては有給の病気休暇制度を設けていたり、今まで積み残してきた有給休暇を自宅療養時に積立て休暇として用いることができたりとさまざまな制度設計がありますので、自分の会社で利用することのできる療養制度について十分な説明が必要です。

また、給与支給がなく無給休暇となってしまう場合には、健康保険組合から傷病手当金が支給される会社がほとんどですから、その受給要件や申請方法を説明しておくことが必要です。

② 自宅療養中の身分・休暇制度について

自宅療養をされる方のもう１つの大きな不安は、自分が療養中にク

ビになってしまうのではないかといった、身分に関するものです。ですから、就業規則にのっとって会社の休職制度など身分保障に関する制度を説明し、いつまでは社員としての身分が保障されているのかについて明らかにしておきましょう。

③　相談体制について

　自宅療養中は基本的には主治医の治療方針に従うことになりますが、主治医の診察時間が短くて十分に相談をすることができないときや、１人で自宅療養をしていて不安な気持ちになった時など、主治医以外の心の専門家に話を聞いてもらいたいと思うこともよくあります。そのような場合に、社内の産業保健スタッフ（産業医、保健師、カウンセラーなど）が相談に乗ることが可能かどうか、またEAPシステムや福利厚生の一環として外部のカウンセリングルームが利用できる場合にはその利用方法などについても、情報提供をしておくとよいでしょう。

　精神保健福祉センターなどの公的な相談機関を紹介したり、公的または民間の職場復帰支援サービスなどについても情報提供をしておくと、療養に入る労働者の安心感につながります。

④　職場復帰の際の手続きについて

　職場復帰についてこの時期に詳細を伝えることは慎むべきですが、主治医が「職場復帰可能」と言ったら次の日から職場復帰ができると思っている方も少なくありません。しかし、実際には上司との面談や産業医の判断、また受入れ職場の体制整備などに時間を要します。

　そこで、休みに入る際に「あなたが職場に戻ってくる際には、会社として職場復帰のプランを立てたり、職場の環境調整をしたりと、全力でサポートしたいと考えていますから、安心してください。ただ、そのためには少し時間を要しますから、主治医からそろそろ職場復帰について考えてもよいというお話があった際には早めに会社に連絡をしてください」とあらかじめ伝えておくと、職場復帰の際に混乱を避けることができます。

⑤ 自宅療養中の来社時の交通費・労災適用について

　　自宅療養中に本人が相談や手続きのために会社に出社することがありますが、この場合、途中で事故に遭ったり怪我をしたりしても労災補償の対象とならないことが通常です。しかし、療養中は薬の副作用があったり睡眠が十分にとれていないことから、駅の階段で転ぶなど怪我をしてしまうことなどがよくあります。ですから、病状が不安定な時には無理をしないでほしいということや、会社に来るときには労災補償の対象とならないので十分に注意してほしいということを伝えておくようにしましょう。

　　また、療養中の出社時の交通費についても、会社で負担するかどうかは会社ごとに定めるべきことですが、会社の制度がどのようになっているのかという点については、療養に入るタイミングで伝えておいたほうがよいでしょう。

　　以上の事柄は、自宅療養中の職場対応を明確にするだけでなく、自宅療養中の本人に安心感を与えるためにも伝えるべき重要な内容です。しかし、療養に入るタイミングでは病状が悪いことが一般的ですので、本人の精神的な負担を軽減し、情報を正確に伝達するためにも、説明の際にはできれば配偶者（いない場合には両親などのその他の家族）に付き添ってもらったほうがよいでしょう。

❸ 就業規則等の整備と周知

　　心の健康問題で療養に入る場合には、もちろん回復して、将来的には職場復帰を目指すことを前提としているわけですが、時には解雇や降格などの身分的な問題が関連してくることも少なくありません。そのため、次のような事柄に関してはあらかじめ会社で、労働基準法や労働契約法等の関係法令にのっとり、労使の十分な協議を行い、あらかじめ就業規則等に定め周知しておくことが重要です。

① 私傷病による休業の最長保障期間

　　休職期間は判例上、「解雇のための猶予期間」とされていますが、会社としてどの程度の期間、休業することを保障するのか（身分保障をするのか）について、明確に定めておくことが望ましいと考えられます。また、休業期間の最長保障期間満了後に雇用契約の解除を行う場合に関しては、その旨も定めておくようにしましょう。

② 休業期間のリセットの有無

　　いったん職場復帰してから再び同一の理由で療養に入るとき、休業期間に前回の休業期間を算入するのか、また、同一の理由とはどの範囲までを含むのかという点について定めておくことが望まれます。さらに、前回の休業期間を算入するとすれば（リセットされないとすれば）、どの程度の期間経過すれば前回の休業期間がリセットされるのか（クーリング期間）についても定めておくようにしましょう。

　　これらの規則等について休業期間が長引いた際に伝えると、辞職の勧奨のようにもとられてしまうことがあり、後になると伝えるタイミングが難しくなる可能性があります。そこで、心の健康問題により療養に入る方には、全員一律に、療養に入るタイミングで、これらの規則等について本人と配偶者（いない場合には両親などのその他の家族）に周知しておくほうがよいでしょう。

主治医による職場復帰可能の判断

　一定期間の療養により病状が一定程度回復すると、職場復帰に向けた準備を進めることになります。療養中の労働者の職場復帰の意思を確認し、主治医に職場復帰可能の旨の診断書を提出してもらいます。

1 職場復帰の意思の確認

　職場復帰に関しては、療養中の労働者が「職場復帰をしたい」「働きたい」と思えるようになるまで回復していることが前提となります。そのため、まずは、療養中の労働者の職場復帰の意思を確認する必要があります。

　この職場復帰の意思を確認する際には、「職場復帰をしたい」と思っているのか、それとも「職場復帰をしなければならない」と思っているのかに注意が必要です。「職場復帰をしたい」というのは、意欲の改善のサインですから、職場復帰の準備を進めても差し支えありません。しかし、「職場復帰をしなければならない」というのは、焦燥感のサインですから、むしろうつ病の症状そのものです。つまり、職場のことや収入のことなどが気になって、早く職場に戻らなければならないと考えているものの、まだ十分に病状が回復していない可能性が十分にあります。このような場合には、本当に病状が十分に回復しているのか、注意深く見守る必要があります。

❷ 主治医による職場復帰可能の旨の診断書の提出

　職場復帰の意思が確認できたら、主治医に職場復帰可能の旨の診断書（以下「復職診断書」といいます）を提出してもらいます。この復職診断書には、就業上の配慮に関する主治医の具体的な意見（たとえば「職場復帰後、1か月間は時間外労働禁止」など）を含めて記載いただくように依頼をしましょう。

　この場面でも、いくつか注意しなければならないことがあります。

　まず、復職診断書が会社に提出されれば、すぐに次の日から職場復帰が可能になると勘違いしている労働者は少なくありません。ですから、復職診断書はあくまで職場復帰のプロセスの1つで、復職診断書提出後に会社として職場復帰が可能かどうかを検討する旨を、職場復帰しようとする労働者にきちんと明示しておく必要があります。

　また、実際は❶のプロセス（職場復帰の意思の確認）の前に、いきなり復職診断書を会社に持参したり、郵送したりしてくることが大半です。このような場合、❶のプロセスが抜けてしまうことになりますが、職場復帰の意思は、職場復帰を進める上ではもっとも重要な要素ですから、いきなり復職診断書が提出された場合でも、「主治医の先生の意見はわかりましたが、あなた自身は職場復帰についてどう思っているのですか？」などと、本人が「復職したい」と思っているのか、それとも「復職しなければならない」と思っているのか、きちんと確認するようにしましょう。

　そして、もっとも注意をしなければならないことは、この診断書の持つ意味合いです。企業の労務担当者や管理監督者でも、主治医から復職診断書が提出されればすぐに職場復帰をしてもらわなければならないと思い込んでいる方は少なくありません。もちろん、復職診断書が提出されたにもかかわらず理由もなく職場復帰をさせないこと、不必要に職場復帰の可否の判断を遅らせることは、労務提供の不当な受領拒否に当たりますので許されません。しかし、最終的に労働者が労務提供可能なほ

どに回復しているかどうかを判断し、会社として労務提供を受領するかどうかを最終決定するのは事業者ですから、職場復帰に際しての復職診断書の提出は、職場復帰の可否の判断をする上での、最低限の必要条件と考えておけば十分です。つまり、復職診断書が提出されることで会社は職場復帰可能の判断を開始するが、復職診断書はかならずしも職場復帰を保証するものではない、ということです。

　実際に、職場復帰支援の手引きにも「現状では、主治医による診断書の内容は、病状の回復程度によって職場復帰の可能性を判断していることが多く、それはただちにその職場で求められる業務遂行能力まで回復しているか否かの判断とは限らないことにも留意すべきである。また、労働者や家族の希望が含まれている場合もある。」とあり、主治医の職場復帰の判断やそれが記載された復職診断書の取扱いについては注意を要する旨が述べられています。

　ここで、精神科産業医としておすすめしているのが、主治医と産業医（いない場合には、衛生管理者や人事労務担当者）との連携です。多くの主治医は、自分の患者さんがどんな会社で、どういった仕事を、どのような職位で行っているのかということに関して十分な情報を持っていません。そのため、職場復帰の可能性について、しかたなく病状の回復の程度のみで判断を下さざるを得ないのが現状です。そこで、主治医に対し、職場復帰を希望する労働者の職務内容、職位、社内の勤務軽減制度等について十分な情報提供をし、少しでも現実に即した職場復帰の可能性についての判断を下してもらうようにしましょう。

　ここでは、筆者が産業医として主治医宛てに普段使用している「職場復帰支援に関する情報提供依頼書」の書式をご紹介しておきましょう（図表3-5、図表3-6）。

■図表3-5 職場復帰支援に関する情報提供依頼書例

令和○年○月○日

職場復帰支援に関する情報提供依頼書

鈴木メンタルクリニック
鈴木 正 先生 御机下

凸凹株式会社 東京事業場
産業医 吉野 聡 ㊞
電話 03－1111－○○○○

下記1の弊社従業員の職場復帰支援に際し、下記4の情報提供依頼事項について同封の回答用紙により情報提供及びご意見をいただければと存じます。

なお、いただいた情報は、本人の職場復帰を支援する目的のみに使用され、プライバシーには十分配慮しながら産業医が責任を持って管理いたします。

今後とも弊社の健康管理活動へのご協力をよろしくお願い申し上げます。

記

1　従業員
　氏 名：山田 元（男性 43歳）
　生年月日：昭和○年○月○日
2　1の従業員の、弊社における職務内容
　職務：コンピュータの販売、保守、点検業務
　職位：係長（部下が6名おります。）
3　弊社における職場復帰体制
　弊社の職場復帰の条件は、1日8時間、週5日間の勤務ができることです。
　（必要に応じて相当期間、時間外労働を制限することは可能です。）
　職場復帰前に、休職の身分のまま、出勤訓練制度（弊社までの通勤と2時間程度のリハビリ訓練）があります。
4　情報提供依頼事項（詳細は回答用紙に沿って情報提供頂きたいと存じます。）
　（1）病状、及び今後の通院頻度について
　（2）出勤訓練制度の利用及び職場復帰の可否について
　（3）職場復帰が可能な場合の時間外労働制限の要否について
　（4）自動車運転の可否について
　（5）その他、職場で配慮すべき事項について

（本人記入）
私は本情報提供依頼書に関する説明を受け、情報提供文書の作成並びに産業医への提出について同意します。

令和　　年　　月　　日　氏名　　　　　　㊞

職場復帰支援に関する情報提供依頼書（回答用紙）

（1）	①病　　名	
	②現在の内服薬	
	③今後の通院頻度	回／月
（2）	④出勤訓練制度の利用 　及び職場復帰の可否	1．十分に症状が回復しており、出勤訓練制度を利用せずに、職場復帰が可能である。 　（弊社の職場復帰は1日8時間、週5日間の勤務が条件となります。） 2．症状は改善しており、出勤訓練制度を利用した上での、職場復帰が適切である。 3．職場復帰や出勤訓練制度の利用ができるほどに回復していない。

（3）	⑤時間外労働制限の要否 　（④で1と回答した場合）	要否		要・否
		要の場合、その具体的な内容	制限内容	1．時間外労働を禁止する 2．時間外労働時間を制限する 　（月　　時間まで）
			勤務期間	約　　か月
（4）	⑥自動車運転の可否 　（マイカー通勤及び 　業務上の使用の可否）			可・否
（5）	⑦その他、職場で 　配慮すべき事項			

御協力ありがとうございました。

令和　　年　　月　　日

医療機関名

医師名　　　　　　　　　㊞

職場復帰の可否の判断および職場復帰支援プランの作成

　安全で円滑な職場復帰を支援するためには、最終的な職場復帰決定の手続きの前に、「必要な情報の収集と評価を行ったうえで職場復帰の可否を適切に判断し、さらに職場復帰支援プランを準備しておく」ことが必要です。つまり、主治医からの診断書だけでなく、管理監督者、人事労務担当者、産業医など、職場復帰にかかわる関係当事者間の情報を総合的に考慮し、会社として職場復帰が可能かどうかの判断を下すのが、この第3ステップとなります。このステップは、産業医等の事業場内産業保健スタッフ等を中心に、管理監督者、人事労務担当者、当該労働者の間で十分に話し合い、よく連携しながら進めていく必要があります。

❶ 情報の収集と評価

（1）職場復帰の可否を判断する上で収集すべき情報

　職場復帰に関する情報は、労働者のプライバシーに十分配慮しながら収集することが重要です。具体的な収集すべき情報は、職場復帰支援の手引きに細かくまとめられています（図表3-7参照）。

■図表3-7　職場復帰の可否を判断する上で収集すべき情報

（ア）　労働者の職場復帰に対する意思の確認

a　労働者の職場復帰の意思および就業意欲の確認
→前述のとおり労働者本人の職場復帰の意思がもっとも重要です。この段階でも再度確認するようにしましょう。

b　職場復帰支援プログラムについての説明と同意
→職場復帰支援プログラムの意義が、職場復帰を遅らせることではなく労働者の安全で円滑な職場復帰にあることを理解していただきましょう。

（イ）　産業医等による主治医からの意見収集
→診断書に記載されている内容だけでは不十分な場合には、208ページの「職場復帰支援に関する情報提供依頼書」等を用いるなどして、主治医との情報交換を行うことが必要です。

（ウ）　労働者の状態等の評価

a　治療状況および病状の回復状況の確認
（a）　今後の通院治療の必要性および治療状況についての概要の確認
（b）　業務遂行（自ら自動車等を運転しての通勤を含む）に影響を及ぼす症状や薬の副作用の有無
（c）　休業中の生活状況
→詳細は後述（214ページ）
（d）　その他職場復帰に関して考慮すべき問題点など
b　業務遂行能力についての評価
（a）　適切な睡眠覚醒リズムの有無
（b）　昼間の眠気の有無（投薬によるものを含む）
（c）　注意力・集中力の程度
（d）　安全な通勤の可否
（e）　日常生活における業務と類似した行為の遂行状況と、それによる疲労の回復具合（読書やコンピュータ操作が一定の時間集中してできること、軽度の運動ができること等）
（f）　その他家事・育児、趣味活動等の実施状況など
c　今後の就業に関する労働者の考え
（a）　希望する復帰先

（ｂ）　希望する就業上の配慮の内容や期間

　　（ｃ）　その他管理監督者、人事労務管理スタッフ、事業場内産業保健
　　　　　スタッフに対する意見や希望（職場の問題点の改善や勤務体制
　　　　　の変更、健康管理上の支援方法など）

　ｄ　家族からの情報
　　　必要に応じて家庭での状態（病状の改善の程度、食事・睡眠・飲酒
　　　等の生活習慣など）についての情報

（エ）　職場環境等の評価

　ａ　業務および職場との適合性

　　（ａ）　業務と労働者の能力および意欲・関心との適合性

　　（ｂ）　職場の同僚や管理監督者との人間関係など

　ｂ　作業管理や作業環境管理に関する評価

　　（ａ）　業務量（作業時間、作業密度など）や質（要求度、困難度な
　　　　　ど）等の作業管理の状況

　　（ｂ）　作業環境の維持・管理の状況

　　（ｃ）　業務量の時期的な変動や、不測の事態に対する対応の状況

　　（ｄ）　職場復帰時に求められる業務遂行能力の程度（自動車の運転等
　　　　　危険を伴う業務の場合は投薬等による影響にも留意する）

　ｃ　職場側による支援準備状況

　　（ａ）　復帰者を支える職場の雰囲気やメンタルヘルスに関する理解の
　　　　　程度

　　（ｂ）　実施可能な就業上の配慮（業務内容や業務量の変更、就業制限
　　　　　等）

　　（ｃ）　実施可能な人事労務管理上の配慮（配置転換・異動、勤務制度
　　　　　の変更等）

（オ）その他

　　　事業場外の職場復帰支援サービスや医療リハビリテーション等を利
　　　用している場合には、その状況等

　その他、職場復帰支援にあたって必要と思われる事項について検討す
る。

出典：厚生労働省「心の健康問題により休業した労働者の職場復帰支援の手引き（改訂版）」を一部改編

（2）情報の収集・評価にあたっての留意点

情報の収集・評価にあたり、重要なポイントが２つあります。

> ◆職場の受入れ状況についても十分な情報収集を行う
> ◆労働者の実際の生活について客観的に把握するように努める

① 職場の受入れ状況についても十分な情報収集を行う

職場復帰の可否の判断を行うにあたっては、労働者の回復の状態（図表3-7中、（ア）～（ウ）の情報）だけではなく、職場の受入れ状況（図表3-7中、（エ）の情報）についても十分な情報収集を行う必要があります。

いくら労働者の回復状況が良好であっても、復帰する職場の体制が整っていなければ病状が再燃する可能性が高くなってしまいます。たとえば、キリがいいから、という理由で年度替わりの４月１日から職場に復帰させるという事例をよく見かけますが、４月というのは、新入社員が入ってきたり人事異動があったり、職場がバタバタしている時期です。このような時期に職場復帰をしたとして、職場として適切な配慮を行えるでしょうか。それよりもバタバタが一段落したゴールデンウィーク明けのほうが、より円滑に職場復帰が行える可能性が高いと思います。

もちろん、労働者にとっては休業期間が延びるということとなり、給与面などで不利益が生じる可能性が高いので、職場の都合だけで一方的に職場復帰を先延ばしすることは許されませんが、上記のような事情を説明すれば、多くのケースでは職場復帰を先延ばしすることにも同意していただけるはずです。

大切なのは、「復帰すること」ではなく、「復帰後、症状の再燃なく、継続的に仕事ができること」です。受け入れる側の職場の状況についても十分に情報収集しておくようにしましょう。

② 労働者の実際の生活について客観的に把握するように努める

　これは、労働者の状態等の評価についてのポイントです。病気の回復状況や業務遂行能力についての評価は、職場にとっても一番の関心事です。これに関しては、行動記録をつけるよう依頼し、実際どのような生活を送っているのかについて、客観的に把握するように努めましょう。労働者は職場復帰したいと望んでいても、行動記録を見ると、朝の覚醒時間はバラバラで、日中はテレビを見ながらゴロゴロ——といった具合に、到底職場復帰できるような状況でないことは多いものです。逆に、朝は会社の始業時間に間に合う時間に起床し、午前中は図書館で仕事に関連する勉強、さらには午後はスポーツジムで軽い運動を行っているという場合には、職場復帰の準備ができていることがわかります。このように、客観的な行動記録はおおいに参考になります。

　ちなみに、行動記録については、「それって嘘を書かれてしまってもわからないですよね?」と聞かれることがよくあります。たしかに、それはわかりません。しかし、うつ病など心の健康問題を抱える方は真面目で几帳面な方が多いですし、たとえ嘘を書かれてしまったとしても、逆に考えれば嘘を書くくらい頭がよく回転しているということですから、業務遂行能力が相当に回復していると考えることもできるでしょう。

　筆者が日頃から職場復帰可否の判定資料として用いている行動記録用紙(生活記録表)を掲載しておきますので(図表3-8)、ぜひ、みなさんの職場でもご活用ください。

生活記録表（　　月　　日　〜　　　月　　日）

	（月）	（火）	（水）	（木）	（金）	（土）	（日）	記入例
5								睡眠 ↓
6								
7								
8								食事
9								
10								散歩
11								
12								食事
13								
14								昼寝 ↑
15								↓
16								
17								買物
18								
19								TV
20								食事
21								TV
22								
23								
0								睡眠 ↑
1								
2								
3								
4								
睡眠時間								3
気分								4
活動量								4
食欲								2
備考								

5：大変良い　　4：まあまあ良い　　3：ふつう
2：あまり良くない　　1：大変良くない

❶の「情報の収集と評価」の結果をもとに、復帰後に求められる業務が可能かどうかについて、さまざまな方面から判断を行う必要があります。

これに関しては、筆者の精神科産業医としての経験上、「復職判定委員会」のような合議体を形成し、組織的に判断を行うことが望ましいと思います。実務的には産業医の判断が会社の判断として採用されているケースが多いように思いますが、実際に労働者の職場復帰を受け入れるのは管理監督者ですし、復帰後に異動を希望しているケースなどでは、産業医だけでは異動の可否についての判断ができません。

さらに、時には病状の回復の程度が不十分であるとして職場復帰不可の判断を下さなければならない場合もあり、その場合に誰か1人がその判断を下すとなると、その責任の重さや当該労働者との感情的な軋轢から、適切な判断を下せなくなる可能性もあります。たとえば産業医1人で職場復帰の可否の判断を決定するとなると、復職できなかった労働者は産業医を一方的に恨んだり、非難したりという感情を持ってしまい、その後、産業医に本当のことは話さないなどの問題点も生じてきてしまいます。このような事態が生じることは、会社にとっても労働者にとっても、決して望ましいことではありません。

そこで、職場復帰の可否についての決定責任の明確化（「復職判定委員会という組織に責任が所在する」）と、責任の分散（「誰か1人が職場復帰の判断を行うわけではない」）を図るために、復職判定委員会という組織の設置が望まれるのです。復職判定委員会の構成員は会社の就業規則等で定めるべきことですが、多くの場合、事業者（代理でも可）、人事労務担当者、受入れ職場の管理監督者、産業医などをメインに、必要に応じて保健師等の産業保健スタッフや、労働者の不利益処分となる可能性もあるため労働組合の代表者か過半数代表者などにも構成員になってもらうこともあります。

ただし、この復職判定委員会については、労働者の職場復帰を不必要に遅延させることがないように、迅速な委員会開催のための工夫（たとえば、あらかじめ毎月第1・第3水曜日に開催するなど規定しておく等）が必要です。

3 職場復帰支援プランの作成

　❷で職場復帰が可能と判断された場合には、労働者の具体的な職場復帰支援プランを作成することになります。この職場復帰支援プランの作成に関しては、労働者の意見を十分に聴取することも重要ですが、本人の希望のみによって職場復帰支援プランを決定すると、職場復帰に対する焦りなどから負荷の高いプランとなってしまう可能性などがあるので、主治医や産業医からの医学的な意見、さらには受入れ職場の管理監督者の職場状況を踏まえた意見などを十分に勘案したうえで、総合的に判断して決定するように心がけましょう。

（1）復帰者の健康度と職場の健康度のバランスがカギ

　職場復帰プランを作成する際には、復帰する人の健康に気を遣う必要があることはもちろんですが、それと同様に、職場全体のモチベーション管理にも十分な注意を払う必要があります。職場復帰しようとする労働者に対して過剰な配慮をしてしまうと、本人も気まずい思いをすることになりますし、その労働者の職場復帰を支援する周囲の労働者から負担が増大したことについて不満が噴出してしまい、結果的に「職場復帰には協力したくない」ということになるケースも少なくないからです。

　そこで、このような事態を避けるために、長期的な視野で見て職場全体がモチベーションを保てるような支援方法を検討すべきです。たとえば、時間外労働の禁止が3か月必要という判断であれば職場全体で復帰する労働者を支えようという団結感が生まれてきますが、1年間まった

く時間外労働が禁止となると、日頃から多くの時間外労働を強いられている労働者は、ますます自分たちの負担が増えることで不満が大きくなってしまい、結果的に職場全体で支えようという気持ちが薄れてしまうでしょう。

実際にどの程度、本人に支援をすることができるのかは、職場の仕事の状況や、人員的余裕、メンタルヘルス教育の浸透度などによって大きく異なります。そのため、職場復帰プランの作成に際しては、単に復帰する労働者の希望や主治医の意見だけでなく、受け入れる職場の状況をよく知る管理職の意見などを十分に聴取し、復帰者への配慮と職場のモチベーションのバランスがとれるようにすることが重要です。

筆者は、このような観点から、勤務時間の所定労働時間からの軽減は、一般的に3か月以内とすることが適切であると考えます。もちろんこれは、3か月以内に必ず通常の勤務時間にすることを強要するものではなく、むしろ、それ以上の配慮が必要なことが予測される場合には、まだ職場復帰するタイミングとして適切ではないと考えるべきでしょう。

職場復帰支援プラン作成の際に検討すべき内容については、職場復帰支援の手引きにくわしく書かれています（図表3-9参照）。

なお、この職場復帰プランについて、実際にどのようなものを作成すべきかについて、実際に筆者が普段用いているフォーマットを例としてご紹介します（図表3-10）。

■図表3-9　職場復帰支援プラン作成の際に検討すべき内容

（ア）　職場復帰日
　復帰のタイミングについては、労働者の状態や職場の受入れ準備状況の両方を考慮した上で総合的に判断する必要がある。

（イ）　管理監督者による就業上の配慮
　a　業務でのサポートの内容や方法
　b　業務内容や業務量の変更
　c　段階的な就業上の配慮（残業・交替勤務・深夜業務等の制限又は禁止、就業時間短縮など）
　d　治療上必要なその他の配慮（診療のための外出許可）など

（ウ）　人事労務管理上の対応等
　a　配置転換や異動の必要性
　b　本人の病状及び業務の状況に応じて、フレックスタイム制度や裁量労働制度等の勤務制度変更の可否及び必要性
　c　その他、段階的な就業上の配慮（出張制限、業務制限（危険作業、運転業務、高所作業、窓口業務、苦情処理業務等の禁止又は免除）、転勤についての配慮）の可否及び必要性

（エ）　産業医等による医学的見地からみた意見
　a　安全配慮義務に関する助言
　b　その他、職場復帰支援に関する意見

（オ）フォローアップ
　a　管理監督者によるフォローアップの方法
　b　事業場内産業保健スタッフ等によるフォローアップの方法（職場復帰後のフォローアップ面談の実施方法等）
　c　就業制限等の見直しを行うタイミング
　d　全ての就業上の配慮や医学的観察が不要となる時期についての見通し

（カ）その他
　a　職場復帰に際して労働者が自ら責任を持って行うべき事項
　b　試し出勤制度等がある場合はその利用についての検討
　c　事業場外資源が提供する職場復帰支援サービス等の利用についての検討

出典：厚生労働省「心の健康問題により休業した労働者の職場復帰支援の手引き（改訂版）」

山田　元　殿　職場復帰支援プラン

１．職場復帰予定日
令和○年○月○日（月）

２．職場復帰予定部署
凸凹株式会社営業管理部カスタマーサービス課（従前と同様）

３．管理監督者による業務上の配慮
⑴　就業制限解除までの具体的な業務内容
　　復職後１か月間は時間外労働を禁止とする。また、長期休業により、業務遂行能力が鈍っていることが予測されるため、比較的、定常的な業務で、対人折衝のない業務を与えることが望ましい。
　　また、復職後１か月間経過後の業務内容や時間外労働の可否については、再度、産業医面談を行い判断するものとする。
⑵　業務内容の報告
　　業務内容について、産業医との面談時に管理監督者より産業医に報告をすることとする。

４．人事労務管理上の対応
今回の復職に際しては、職場異動は不要と判断した。
復職後は出勤時間・退社時間・欠勤日数の管理が必要である。
また、復職後１か月間は時間外労働を禁止しているため、宿泊を伴うような出張も制限することとする。

５．産業医等による医学的見地から見た意見
⑴　就業制限の必要性の有無
　　今回、休職の原因となったうつ病の発症には、本人の真面目な性格と、物事を必ず最後までやりきる責任感が大きく影響していたと考えられる。それゆえ、安全配慮の観点から、今回の復職に際しては、当面の間、業務終了を退社の目安とするのではなく、終業時間になったら、業務が終了しているか否かを問わず、退勤を指示する必要がある。
⑵　症状悪化時の対応

復職後、心身の不調を感じた場合には、それ以上業務を継続せずに、主治医である鈴木メンタルクリニックでの診察を受けることが必要である。

６．フォローアップ体制について

復職後、３か月程度は２週間に１度の産業医の面接を行い、症状再発防止、早期発見に努める。その際、以下のことを確認する。

① 症状の再燃・再発、新しい問題の発生等の有無の確認
② 勤務状況および業務遂行能力の評価（管理監督者より）
③ 治療状況の確認（産業医より主治医に連絡を取ることもある）
　　面談の直近で受診した際の薬剤情報等、受診の経過がわかるものを持参することが望まれる。
④ 職場復帰支援プランの実施状況評価と見直し

７．その他

以下のような症状、状況の場合には再び休職の上、療養を行うことを検討することとする。

・職場において病休、遅刻、早退が週に３日以上ある場合
・職務が著しく遂行困難な場合
・概ね３か月を経過しても通常の業務遂行能力が改善しない場合
・その他、事業者、管理監督者、産業医により休職が必要と判断された場合

上記、職場復帰支援プランに則り、復職することに同意いたします。

　　年　　　月　　　日
氏名　　　　　　　　　　　　　　　　　　　　　　　　　　　　　㊞

上記、職場復帰支援プランに則り、山田　元氏の復職を協力して支援することに同意いたします。

　　年　　　月　　　日
氏名（事業者）　　　　　　　　　　　　　　　　　　　　　　　㊞
氏名（産業医）　　　　　　　　　　　　　　　　　　　　　　　㊞
氏名（管理監督者）　　　　　　　　　　　　　　　　　　　　　㊞

（2）職場復帰における３つの重要ポイント

　職場復帰の可否の判断に関しては、補足してお話ししておきたい重要なポイントが３点あります。

　以下、順にお話しします。

> ◆職場復帰の際の異動の希望をどのように考えるべきか
> ◆軽減勤務が可能な状態を「職場復帰可能」と判断すべきか
> ◆段階的職場復帰（リハビリ出勤）の制度をどのように設計すべきか

（3）職場復帰の際の異動希望について

　職場復帰の際は、元の職場に戻っていただくのが大原則と考えたほうがよいでしょう。実際には、職場復帰に際して、本人が心機一転するために職場異動を希望するケースが多くありますが、基本的に異動は職務内容、人間関係、通勤経路などその人を取り巻くすべての環境を変えてしまうことになり、新しい環境への適応にはやはりある程度の時間と心理的負担を要するため、職場復帰する労働者に新たな大きなストレスを与え、再燃につながりかねません。また、長期に職場を休むことになった経緯をまったく知らない職場に行けば、適切な配慮を得られるかもわかりません。ですから、将来的には配置転換や異動が必要と思われるケースにおいても、まずは元の慣れた職場で、ある程度のペースがつかめるまで業務負担を軽減しながら経過を観察し、そのうえで配置転換や異動を検討したほうがよいと考えられます。

　主治医から職場異動をすすめる診断書が出されることがしばしばありますが、主治医の診断書の内容には労働者本人や家族の希望が含まれている場合があることは前述のとおりですから、単純に主治医の意見に従うのではなく、職場の管理監督者、人事労務担当者、産業医などが総合的な見地から慎重に検討し、結論を出す必要があるでしょう。あくまで人事権は主治医ではなく会社にあるわけですから、会社として職場復帰

する労働者の円滑な復帰を進めるための方策を検討した結果であれば、たとえそれが主治医のすすめと異なっていても、問題ありません。

　ただし、職場におけるセクハラやパワハラ、過重労働など、心の健康問題の発症原因が明らかに職場にあると考えられる場合には、職場異動を考えることが一般的です。また、明らかに異動等を誘因として発症したケースにおいては、現在の新しい職場にうまく適応できなかった結果である可能性が高いため、適応できていた以前の職場に戻すか、ほかの適応可能と思われる職場への異動を積極的に考慮したほうがよい場合もあります。

　また、労働者の希望による職場復帰時の異動は、一時的には復帰する労働者に安心感を与えるかもしれませんが、それと同時に「異動した職場でうまくやっていけなければ、仕事が原因なのではなく、自分に原因があると考えざるを得ない」というプレッシャーを与えることになりますし、安易に異動させた後に再燃を起こしてしまえば「あいつはどこの部署でも使えない」などという負のレッテルを本人に貼ってしまうことにもなりますから、職場復帰の際の異動については慎重に検討することが望まれます。

（4）軽減勤務が可能な状態を「職場復帰可能」と判断すべきか

　職場復帰の可否の基準をどこに設定するかは、労働基準法、労働契約法、労働安全衛生法などの各種関連法規、ならびに種々の判例に照らして考える必要があります。この問題については、法律論的な要素がかなり色濃く出る部分ですので、筆者も何人かの弁護士に意見を求めました。すると、「労働契約に定められた労務提供ができないのであれば、債務の本旨に沿った履行とはいえないわけだから、会社側は労務提供の受領を拒否してもかまわない」と、厳格な労働契約上の債務の問題として捉え、労働者にはきびしいと思われる判断をされる先生もいらっしゃれば、「たとえすぐに労働契約に定められた労務提供ができないとしても、比較的短期間に本来の労務提供が可能になる可能性が十分にあるなら、信義則上、企業も労務提供の受領を拒否できないと考えるべき」

と、比較的、労働者保護の見地から意見を述べられる先生もおり、1つの結論を導き出すことは難しそうです。

　裁判例の動向を見ると、昭和の時代には、「従前の職務を通常の程度に行える健康状態に回復した」か否かで判断した事案（平仙レース事件・浦和地判昭和40年12月16日）や、軽作業なら就労可能である旨の診断書がある場合でも「雇用契約において労働者側の労務の提供の種類、程度、内容が当初の約定と異なる事情が生じた場合には、道義上はともかくとして、使用者においてこれを受領しなければならない法律上の義務や、受領のためにこれに見合う職種の業務をみつけなければならない法律上の義務があるわけではない」旨を判示していたもの（アロマカラー事件・東京地決昭和54年3月27日）もありました。

　しかし、平成の時代に入り、片山組事件の最高裁判決（平成10年4月9日）が出されて以降は、休職期間満了の時点において従前担当していた業務を十分にこなすことができない状態でも、なお労務の受領を拒否できない場合があることを認める傾向にあります。その代表的な裁判例として、東海旅客鉄道事件（大阪地判平成11年10月4日）、全日本空輸事件（大阪高判平成13年3月14日）などがあります。ちなみに、片山組事件は、職場復帰の可否についての事案ではありませんが、「労働者が職種や業務内容を特定せずに労働契約を締結した場合においては、現に就業を命じられた特定の業務について労務の提供が十全にはできないとしても、その能力、経験、地位、当該企業の規模、業種、当該企業における労働者の配置・異動の実績及び難易度等に照らして、当該労働者が配置される現実的可能性があると認められる他の業務について労務の提供ができ、かつ、その提供を申し出ているならば、なお債務の本旨にしたがった履行の提供」があり、使用者は労務の受領を拒絶できない旨を判断し、債務の本旨に従った履行の提供がないと判断した原判決を破棄して控訴審に差し戻した事案であり、本旨に従った履行があるか否かがポイントとなる、職場復帰の可否についてと同様の問題に関する最高裁判例でした。

　このような判例・裁判例などを勘案すると、療養前とまったく同じ業務遂行ができないからといって、ただちに労務提供の受領を拒む（＝職

場復帰不可の判断をする）という対応は、さまざまな法的なリスクをはらんでいると考えられ、ある程度の回復がなされた時点で、会社も職場復帰に協力する姿勢を示すことが重要だと思われます。

（5）リハビリ勤務の制度をどのように設計すべきか

前述のように、一定程度の病状の改善が見られた場合には、会社としても当該労働者が円滑に職場復帰をするための制度を策定し、職場復帰を支援していくことが重要です。

実際、メンタルヘルス不調で長期に療養をした場合に、ある程度病状が回復したからといって、いきなり病気になる前の仕事と同じ仕事をすることには無理があります。やはり療養中に集中力や判断力といった認知機能は低下しますし、出歩くことが少なくなれば体力面での低下も来します。そこで必要になってくるのが、職場に出社しながら徐々に低下した能力を回復するための「段階的職場復帰」という考え方です。

最初は週に２〜３回・２時間程度から始め、徐々に出勤日数や勤務時間をのばし、最終的には週５日間・１日８時間の勤務が遂行できるように心身を慣らしていくという手法です。また、勤務の質という面でも、最初は通勤に慣れることから始め、徐々に作業的な定型業務、そして本来の業務へとシフトしていくことが重要になります。このように徐々に本来の機能を取り戻していくための段階的職場復帰の手法を、一般的に「リハビリ勤務」「慣らし勤務」などと呼んでいます（本書では以下、「リハビリ勤務」と呼ぶことにします）。

ただし、このリハビリ勤務に関してはいくつかの問題点があります。まず、会社は医療機関でなく労務提供の場ですので、会社がどこまで協力できるかという問題があります。さらに、リハビリ勤務とあるように、試しに会社に出勤するとはいえ、出勤してゴロゴロしているわけにもいきません。当然、ある程度の作業を行うことがリハビリなわけですから、会社で一定の業務をすることになりますが、この業務の対価（つまり報酬）をどのように考えるかという問題もあります。そのほかにも、リハビリ勤務中の災害には労災補償が適用されるのか、その期間の

交通費はどのようになるのか、などさまざまな問題が生じてきますので、それぞれの会社の考え方によって、制度設計が異なってくるのです。

　ここでは、代表的な３つの制度設計をご紹介し、それぞれの長所、短所について検討してみたいと思います。

　心の健康問題の回復過程は、大まかに以下のようなステージに分類して考えることができます。

STAGE 0：病状が回復し、睡眠・覚醒のリズムや、食欲などが安定し、日常生活をゆったりと過ごすことができる。徐々に職場に戻ることを意識し始める時期。

STAGE 1：体力・気力が回復し、趣味などで外出したりすることが可能になってくる。職場復帰に向けて、通勤の練習など、実践的な準備を始める時期。

STAGE 2：判断力・集中力・記憶力などの業務遂行能力が回復してくる。本格的な職場復帰に向けて、単純業務から徐々に高度な業務に慣れ、勘を取り戻す時期。

STAGE 3：通常の１人分の業務が遂行できるようになる。

　どのステージに移る時点で会社が職場復帰を認めるかによって、リハビリ勤務の制度設計が大きく異なることとなります。

■図表3-11　代表的な３つの制度設計

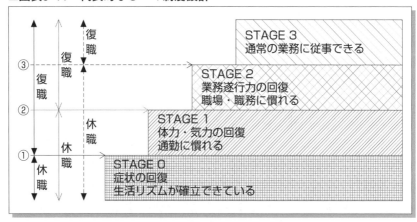

①　職場復帰後配慮型

「職場復帰後配慮型」は、ある一定程度の病状の回復が見られ、生活のリズムが整ってきた時点（つまり STAGE 0 から STAGE 1 に上がる時点）で正式な職場復帰とし、3か月程度の一定期間、職務時間や職務内容を段階的に増加させることでリハビリの効果を期待するものです。正式な職場復帰後のリハビリですから労災適用や交通費の問題などはなく、労働者は安心して勤務に就くことができます。

しかし、軽減した期間の給与はどうなるのか（すなわち、ノーワーク・ノーペイの考え方によれば半日勤務の場合には給与も半額となり、休職中にもらっていた傷病手当金の額よりも少なくなってしまうことが多くあります）という問題点や、職務内容を軽減している期間の給与はどのように算出するのかなど、待遇面で難しい問題が生じます。また、そのような待遇面での焦りからリハビリ勤務のペースが速くなりがちで、結果として十分なリハビリ効果が得られないこともよくあります。

②　通勤練習型

「通勤練習型」は、病状が一定程度回復した後、通勤練習などを行い、安定して通勤できそうな状態であることを確認した時点（つまり STAGE 1 から STAGE 2 に上がる時点）で職場復帰とするものです。

通勤練習とは、正式な職場復帰の前に、労働者の自宅から職場の近くまで通常の出勤経路で移動を行い、そのまま、もしくは職場で短時間を過ごした後に帰宅することをいいます。これにより、きちんと毎日会社に来られる状態であることを会社側が確認できると同時に、職場復帰する労働者も、この出勤練習を毎日行うことにより体力を向上させ、病状のさらなる改善につなげることができます。

通勤練習型の問題点としては、あくまで通勤練習は休職中に行うものであるために、通勤練習時の交通費は誰が負担するのかという問題や、通勤災害の適用はあるのかという問題が生じます。また、職場の中で何か業務をするわけではありませんので、労働災害の問題は生じにくいですが、逆に、業務が遂行できるかの確認が難しく、職場復帰

後に、出勤はできるけれども業務遂行ができないといった事態を招いてしまうことがあります。

③ 試し出勤型

「試し出勤型」は、正式な職場復帰を決定する前に、休職中の身分のままでリハビリ勤務を行い、ある程度、気力・体力とともに業務遂行能力の改善を確認した時点（つまり STAGE 2 から STAGE 3 に上がった時点）で最終的な職場復帰の判断を行う制度設計です。

この場合、リハビリ勤務はあくまで休職中に行われますから、正式な勤務ではなく、むしろ労働者のリハビリのために職場を提供するという意味合いになります。リハビリ勤務が正式な職場復帰を判断する材料にもなりますし、休職中なので傷病手当金も支給されますので、実際に復帰しようとする労働者も余計なプレッシャーにさらされることなくリハビリができる点がメリットです。

しかし、実際の業務に対する対価（報酬）はどうするのか、また、業務上ミスが生じた時に責任の所在はどのようにするのか、そして労働災害や通勤災害が起こった時の取扱いはどうするのかなど、労務管理面での問題が生じてしまうという問題点があります。

④ リハビリ勤務なし型

一切リハビリ勤務の制度を設けない、という選択肢も考えられます。つまり、職場復帰をする際には完全に病気になる前の仕事が遂行できるようになっていることを前提とした制度設計です。このような場合には、職場復帰前に、自分自身で通勤の練習をしたり、図書館に通ったり、リワークプログラム（民間病院や障害者職業センターが実施している職場復帰のためのプログラム）に参加したりしながら、会社の援助なく職場復帰の準備を進めることになります。

リハビリ勤務なし型とした場合、後に述べるような給与面や労災適用の問題が生じることはありませんが、職場でのリハビリによる回復を期待することができず、かえって療養期間が長引いてしまう可能性があります。

■図表3-12　リハビリ勤務の各種制度設計のメリット・デメリット

		メリット	デメリット
リハビリ勤務なし		・給与面の問題は生じない ・労働災害（業務上災害）の問題は生じない ・通勤災害の問題は生じない	・職場復帰へのハードルが高い→休職期間が遷延する可能性が高い ・職場復帰の判断にリハビリ勤務の実績を用いることができない→判断が難しい→再休職に至るリスクが高い ・職場復帰後の過負荷で再燃の危険性が高い
リハビリ勤務あり	職場復帰後配慮型	・給与面の扱いは明確（ノーワーク・ノーペイ） ・労働災害（業務上災害）の問題は生じない ・通勤災害の問題は生じない	・復職当初は給与が傷病手当金より安くなる→給与面の焦りからリハビリ勤務が十分に行えない ・職場復帰の判断にリハビリ勤務の実績を用いることができない→再休職に至るリスクが高い
	通勤練習型	・通勤練習により体力の向上が図られる ・安定した出勤ができそうか、判断しやすい ・労働災害（業務上災害）の問題は生じにくい ・給与面の扱いは明確（休職中は傷病手当金のみ。職場復帰後はノーワーク・ノーペイ）	・通勤災害、交通費の取扱いが不明確 ・実際に業務には従事しないので、職場復帰後に急に環境が変わる→再燃のリスクが上がる ・業務遂行能力の判断ができない→職場復帰の判断が難しい
	試し出勤型	・事前に業務に従事しているので、職場復帰後の環境の変化が少ない→再燃のリスクの低減 ・職場復帰の判断が行いやすい ・受け入れる職場も受入れ準備を整えやすい ・休職中なので給与ではなく傷病手当金が支給される	・労働災害（業務上災害、通勤災害）の取扱いが不明確 ・交通費の取扱いが難しい ・業務に対する報酬をどのように考えるかが難しい ・業務についての責任の所在が不明確

（6）どのリハビリ勤務制度が優れているのか

　前述のように、リハビリ勤務に関しては、どのような制度設計をした
としても、まったく問題がないということはありません。ですから、一
概にどの制度設計が優れているのかを論じることは難しいというのが実
情です。

　ただ、医師の視点から見ると、「試し出勤型」にアドバンテージがあ
るように思います。自宅療養中に鈍った業務遂行能力は、ある程度はリ
ワークプログラムや自分で行う認知機能を鍛えるトレーニングで改善を
図ることが可能ですが、やはり、職場とは作業内容や緊張感が異なりま
すので、職場でリハビリ勤務を安心して行う制度設計が優れていると考
えるからです。とくに長期に療養された方の場合、職場に足を踏み入れ
るだけでも、非常に疲れるものです。「試し出勤型」の形であれば、休
職中ですから、1時間だけ職場にいることから始めることもできますの
で、就業に関する不安の緩和に寄与するとともに、労働者自身が実際の
職場において自分自身および職場の状況を確認しながら復帰の準備を行
うことができ、自信の醸成につながり、ひいてはより高い職場復帰率を
もたらすことが期待されます。

　さらに、受け入れる職場にとっても、最初はどのように接したらよい
のかわからずに戸惑うこともあると思いますが、正式な職場復帰をする
頃には、自然に接することができるようになるでしょう。

　しかし、「試し出勤型」の制度設計には問題点が多いことも事実です。

　まず、給与面の取扱いについては、基本的に治療の一環として職場を
提供しているという考え方から、支給しないと考えたほうがよいでしょ
う（もちろん、傷病手当金は支給されます）。給与が支給されない業務に
責任を負わせるわけにはいきませんから、行った業務についての責任は
負わせないこととし、逆に、責任を負わなければならないような仕事
は、この休職中にリハビリ勤務として行うには不適切と考えるべきです。

　また、休職中に行うリハビリ勤務ですから、労災補償の対象にはなら
ないのが原則です。そこで、会社の福利厚生として休職中にリハビリ勤
務を行う労働者に対して傷害保険をかけるとか、交通費を支給するなど

の制度設計が行えれば、よりよいと考えられます（もちろんこれは会社の体力にもよりますが、このことで休職中の労働者の早期復帰が促されるのであれば、決して高い出費ではないはずです）。

　このような制度上の問題点については、リハビリ勤務を開始する前に、会社とリハビリ勤務を行う者との間で、取扱いについてきちんと確認しておくことが重要です。

〈確認事項とその内容の一例〉

　　　　　　　　　※もちろん、この例と異なる制度設計も考えられます

① リハビリ勤務の位置づけ
　例：休職中に行われるリハビリ勤務は、職務ではなく、治療の一
　　　環として職場を提供する意味合いである。

② 報酬について
　例：職務ではないため、労働の対価としての報酬は発生しない。
　　　（傷病手当金の受給は妨げられない。）

③ 交通費について
　例：会社が福利厚生費より実費負担をする。

④ 労災補償の適用
　例：職務ではないため、労災（通勤災害を含む）補償の対象とは
　　　ならない。

⑤ 職　責
　例：職務ではないため、リハビリ勤務中の作業内容に関しては責
　　　任を問われない。

　筆者は、休職中に会社に来るという、非常に曖昧な状況を整理するために、上記の事項に関して、会社とリハビリ勤務を行う者との間で「リハビリ勤務申込書」といった書面（図表3-13）を用いた確認を行うようにすすめています。この目的は、決してリハビリ勤務を行う者に対してきびしい条件を課すことではなく、リハビリ勤務の位置づけを明確にし、会社と復帰を目指す労働者の双方が安心して、一定の枠組みの中でリハビリ勤務を行えるようにすることです。

リハビリ勤務申込書

以下の点を条件に「リハビリ勤務」をしたく申込み致します。
つきましては、会社施設（場所）の提供等をご許可いただきたくお願い致します。

（1）リハビリ勤務は、休職中に行われるものであるため、労務提供ではなく、治療の一環として職場を利用するものであることを確認します。

（2）リハビリ勤務中の社内における作業は、自らのリハビリを目的としており、それに対し、何ら報酬が発生しないことを確認します。また、傷病手当金の支給は妨げられないことを確認します。

（3）リハビリ勤務中の交通費は、会社が実費を負担することを確認します。

（4）出社・帰宅途上および会社滞在中における事故等に関し、通勤災害および労働災害補償の対象とならないことを確認します。

（5）リハビリ勤務中の作業については、何ら責任が生じないことを確認します。

○○株式会社
　　　人事総務本部長　　○○○○　殿

申請年月日：　　　　　年　　　　月　　　　日

所　　属　：

氏　　名　：　　　　　　　　　　　　　　　㊞

また、この制度の実施上の問題点として、リハビリ勤務の期間が長くなりすぎることがあります。受け入れる職場としてももう少し様子を見てみたいと思っているうちに、この期間がずるずると長くなってしまうことがあるのです。しかし、休職は労働者にとっては不利益処分ですから、この休職期間が必要以上に長くなることは避けるように心がけなければなりません。リハビリ勤務期間はおおむね3か月程度が適切だと考えられます。半年以上になるようなリハビリ勤務は、「長過ぎ」、「適当でない」と考えるべきでしょう。

（7）リハビリ勤務の制度設計を行う上での注意事項

　このように、リハビリ勤務制度を導入するにあたっては、さまざまな問題点をクリアする必要がありますので、いずれの制度設計をとるにしても、あらかじめ労使間で十分に検討し、一定のルールを定めておく必要があります。なかには、会社としてはリハビリ勤務の制度を設けていないにもかかわらず、親分肌の面倒見の良い職場の管理職が、「ずっと家にこもっていたってなかなか職場に戻れるようにはならないから、ちょっとずつ会社に来てみたらどうだ？」などと勝手にリハビリ勤務を企画してしまうことなどもあるようです。しかし、このようになってしまうと、リハビリ勤務を受けられる労働者とそうでない労働者の間に不公平が生じてしまいますので、人事労務担当者としては注意が必要です。

　また、このリハビリ勤務制度を運用するにあたっては、産業医等も含めてその実施の可否を検討するとともに、主治医からもリハビリ勤務を行うことが本人の療養を進める上での支障とならないとの判断を受けることが必要であることを忘れないようにしてください。

最終的な職場復帰の決定

❶ 職場復帰の最後のステップ、事業者の決定

　職場復帰について「可」との判断が下され、職場復帰支援プランが作成されたのであれば、事業者としての最終的な職場復帰の決定を行う段階に入ります。職場復帰の可否についての最終決定権者は主治医や産業医でなく、あくまで事業者であるという点に注意してください。また、職場復帰の可否の決定は、労働関係法規上制約を受けることにも留意のうえ、社内手続に従い、適正に行われる必要があります。

　この最終段階は、産業医が選任されている事業場においては、産業医が職場復帰に関する意見および就業上の配慮等についてとりまとめた「職場復帰に関する意見書」（図表3-14）をもとに関係者間で内容を確認しながら手続きを進めていくことが望ましいといえます。

　この時点でとくに注意すべきことは、職場復帰が目前に迫ってくると、そのプレッシャーから病状が悪化するケースが少なくないということです。ですから、労働者の状態の最終確認を行うことを忘れないでください。とくに問題がなければ、「職場復帰に関する意見書」で示された内容について管理監督者、人事労務担当者の確認を経たうえで、事業者による最終的な職場復帰の決定を行い、労働者に対して通知するとともに、就業上の配慮の内容についてもあわせて通知します。職場復帰は基本的にこの意見書に従い進めることになりますので、円滑に職場復帰が進むよう、関係当事者は、内容を十分に共有し、理解しておくことが重要です。

■図表3-14　職場復帰に関する意見書

○年○月○日

人事労務責任者　殿

職場復帰に関する意見書

○○○○　㊞

事業所		所属		従業員番号	氏　名	男・女	年齢　　歳

目　的	（新規・変更・解除）

復職に関する意見	復職の可否	可　　　条件付き可　　　不可
	意見	

就業上の配慮の内容（復職又は条件付き可の場合）	・　時間外勤務　（禁止・制限　　H）・　交替勤務　　（禁止・制限　　　H）
	・　休日勤務　（禁止・制限）　　　・　就業時間短縮（遅刻・早退　　H）
	・　出張　　　（禁止・制限）　　　・　作業転換
	・　配置転換・異動
	・　その他：
	・　今後の見通し

面談実施日	年　　　月　　　日
上記の措置期間	年　　　月　　　日　～　　　　　年　　　月　　　日

出典：厚生労働省「心の健康問題により休業した労働者の職場復帰支援の手引き（改訂版）」

❷ 主治医への情報伝達も忘れずに

　ここまでの長い道のりを経て、社内で職場復帰について検討してくると、ついつい、主治医への情報伝達を忘れてしまいがちになります。しかし、主治医としては自らが復職診断書を記入したわけですから、その後、無事に職場復帰に至ったのか、至ったとすればどのような業務上の配慮がなされているのか、もし職場復帰に至らなかったとすれば、なぜ復帰できなかったのかという点について、当然、知りたいと考えているはずです。

　心の健康問題の場合には、職場復帰後もしばらくは主治医の下で治療を受けるケースがほとんどですし、症状の再燃兆候が見られる場合などに会社と主治医が連携することにより早期の再燃予防が可能になる場合もありますので、主治医との良好な関係を維持することも忘れないようにしましょう。

　そこで、職場復帰についての事業場の対応や就業上の配慮の内容等については、労働者を通じて主治医に的確に伝わるようにすることが重要です。できれば、口頭での報告よりも、書面による報告のほうが誤りなく伝達されてよいでしょう。書面に関しては、職場復帰支援の手引きに掲載されている「職場復帰及び就業上の配慮に関する情報提供書」（図表3-15）の書面を利用するとよいでしょう。

　こういった情報交換は、産業医等が主治医と連携を図りながら職場復帰後のフォローアップをスムーズに行うために大切なポイントなのです。

■図表3-15　職場復帰及び就業上の配慮に関する情報提供書

〇年〇月〇日

職場復帰及び就業上の配慮に関する情報提供書

〇〇　病院
　　　クリニック　〇〇　先生　御机下

〒〇〇〇-〇〇〇〇
〇〇株式会社　　　〇〇事業場
産業医　　　　〇〇〇〇　㊞
電話　　〇〇-〇〇〇〇-〇〇〇〇

　日頃より弊社の健康管理活動にご理解ご協力をいただき感謝申し上げます。
　弊社の下記従業員の今回の職場復帰においては、下記の内容の就業上の配慮を図りながら支援をしていきたいと考えております。
　今後ともご指導の程よろしくお願い申し上げます。

記

氏名		性別
	（生年月日　　　年　月　日　年齢　　歳）	男・女
復職（予定）日		
就業上の配慮の内容	・　時間外勤務　（禁止・制限　　　H）　　・　交替勤務　（禁止・制限） ・　休日勤務　（禁止・制限）　　　　　　・　就業時間短縮　（遅刻・早退　H） ・　出張　（禁止・制限）　　　　　　　　・　作業転換 ・　配置転換・異動 ・　その他： ・　今後の見通し	
連絡事項		
上記の措置期間	年　　月　　日　～　　　年　　月　　日	

〈注：この情報提供書は労働者本人を通じて直接主治医へ提出すること〉

出典：厚生労働省「心の健康問題により休業した労働者の職場復帰支援の手引き（改訂版）」

第 **5** ステップ ●●●

職場復帰後のフォローアップ

　いよいよ、最後のステップです。職場復帰を果たした労働者が順調に職務を継続していることを見守り、もし、何か職場復帰をしている最中に問題が発生した場合には、早めにそれらを解決するためのフォローアップをします。

　心の健康問題の発症にはさまざまな要因が複雑に重なり合っていることが多いため、たとえ周到に職場復帰の準備を行ったとしても、実際にはさまざまな事情から当初の計画どおりに職場復帰が進まないこともよくあります。そのような場合には、職場復帰支援プランの見直しも含めてサポートしていく必要があります。

❶ 管理監督者によるフォローアップと 産業医の定期面談の実施

　復職後 3 か月間程度は、心身の疲労から再び調子を崩してしまいがちな時期ですので、とくに注意が必要です。職場復帰後、一番、復帰した労働者を身近で観察できる管理監督者には、第 2 章のラインケアの項でお話しした「職場不適応のサイン」（116ページ参照）に十分に注意していただき、そのようなサインが見られた場合には産業医をはじめとする産業保健スタッフに相談してもらって、早めの対処を心がけましょう。

　また、1 か月に 1 回は産業医による面談を実施し、適宜、職場復帰支援プランの評価や見直しを行っていくようにしましょう。その面談においては、労働者本人からの話はもちろんのこと、管理監督者から見た職場での様子も非常に重要ですので、面談には両者が同席するようにしま

しょう。その際、労働者が安心して話のできる環境をつくるために、労働者と産業医の２人の時間をつくってももちろんかまいません。

　フォローアップのための定期面談においては、以下のようなことを確認することが重要です。

---

① 疾患の再燃・再発、新しい問題の発生等の有無の確認
② 勤務状況および業務遂行能力の評価
③ 職場復帰支援プランの実施状況の確認
④ 治療状況の確認（通院状況や、治療の自己中断等をしていないかの確認）
⑤ 職場復帰支援プランの評価と見直し
⑥ 職場環境等の改善等（職場における労働時間管理や人間関係など）
⑦ 管理監督者、同僚等への配慮等（職場復帰する労働者への配慮や支援を行う管理監督者や同僚等に、過度の負担がかかっていないかを確認する）

　ここで注意すべきは、職場復帰プランの見直し（⑤）です。もちろん、職場復帰支援プランがうまく進んでいない場合には、その病状や進捗状況を勘案しながら見直しをすることは重要なのですが、順調に進んでいるときにも注意が必要です。

　職場復帰が順調に進んでいると、復帰した労働者は１日も早く時間外労働をしてみんなの役に立ちたいなどと思い始めるものです。そして職場も当然、もっと多くの仕事を任せたいと考えているわけですから、安易に職場復帰支援プランを短くする方向で見直してしまうことがあります。しかし、これには賛成できません。職場復帰当初は順調なように見えても、長期に療養生活をしていた場合などは、想像以上に疲れるというのが現実です。次第に疲れが蓄積する中で、さらに疲れるスピードを速めてしまうと、結果として病気の再燃を招くことにつながり、復帰した労働者にとっても職場にとってもつらい結末になってしまいます。ですから、「まだ少し余裕がある」と感じることができる程度の負荷で復職後３か月間は過ごしてもらうように心がけ、職場復帰支援プランを早める方向で見直すことはやめましょう。

事 例

藤村博美さん　44歳　総合食品メーカー勤務（営業担当）

　藤村さんは離婚や仕事上の大きなミスからうつ病を発症し、3か月間の療養を経て、職場復帰を果たしました。職場復帰時に産業医と課長と相談し、復帰後1か月間は時間外労働禁止、仕事の内容も社内のプレゼン資料の作成など社外とのやりとりが生じない簡単なものとする旨の職場復帰支援プランが作成されました。そのおかげもあり、とくに再発の兆候もなく、復帰後4か月目に入る頃には、藤村さんはすっかり元気を取り戻しました。

　そこで藤村さんは、課長に「もうすっかり元気になりました。今まで、いろいろとご配慮いただきありがとうございました。そろそろ本来の営業の仕事に戻っても大丈夫そうです」と伝えました。これに対し、課長は、「元気になって良かった。でも、うつ病は再発率の高い病気だっていうじゃないか。まだ、病院に通って薬も飲んでいるみたいだし、無理は禁物だ。まだしばらくは、社内の補助的な仕事をやってください」と応えました。

　また、職場の暑気払いに藤村さんが参加しようとしたところ、「まだ復帰して間もないんだから、夜は早く帰って十分睡眠をとらないとだめだよ。それにうつ病の薬はアルコールとの飲み合わせが悪いんだろ。暑気払いには参加しないほうがいいんじゃないの」と、参加せずに早く帰るように促されました。

　そのような状況が3か月以上続き、会社に出勤しても仕事が少なく手持ち無沙汰になることが増えた藤村さんは、自分の椅子に座っていることも苦痛に感じるようになりました。そして、しだいに会社内には自分の居場所がないと感じるようになり、同僚との会話もだんだんと少なくなっていってしまいました。やがて藤村さんは再び会社を休みがちになり、主治医からは『うつ病の再発につき、再休養が必要である』という診断書が発行されました。

③ なぜ職場復帰はうまくいかなかったのか？

　この事例では、残念ながら職場復帰後に再発をしてしまいました。この事例のどこに問題点があったのでしょうか？　もちろん、再発にはさまざまな要因が絡み合いますので、一概に何が悪かったと断定することはできませんが、課長の接し方もその一因となったことはまちがいないでしょう。

　しかし、この課長には決して悪意があったわけではありません。むしろ、非常に配慮的であったのです。しかし、うつ病の再燃を恐れ、必要以上に保護的に対応してしまったことが、かえって藤村さんの社内での居場所を奪ってしまい、ストレスを感じさせることになってしまったのです。

④ 必要以上の配慮は円滑な職場復帰を阻害する

　産業医として職場復帰の場面にかかわると、職場の上司や人事労務担当者から、「職場復帰後に、何かかけてはならない言葉などはあるのでしょうか？」という質問をよくされます。たしかに、ちまたにあふれているうつ病関連の本には、「うつ病の人には『頑張れ』という言葉は禁忌である」などと決まって書かれていますので、そのような不安はもっともなのだと思います。

　しかし、ここでのポイントは、職場復帰後の対応というのは、病人への対応ではなく、社会復帰する人＝一定程度病状が回復した人への対応だという点なのです。もちろん、職場復帰後まもない人に対して、「頑張れ！　なんとかしろ‼　どうしてそんなことができないんだ‼‼」などと必要以上の叱咤激励をすることはもってのほかですが、普通に「今日からまた仕事を頑張っていきましょうね」などと声をかけることはぜんぜ

ん問題のないことですし、そのようなことにいちいち気を遣いすぎてしまって、職場復帰をする人と、それを周囲で支える人との関係が、かえってぎこちなくなってしまうことのほうが問題なのです。ですから、必要以上に配慮をしすぎないことが、円滑な職場復帰のポイントなのです。

これと同様のことが、復帰後の職務内容についてもいえます。よく、本人に配慮したつもりで、「何もしなくていいから、とりあえず席に座っていてください」などとほとんど仕事を与えない上司もいます。しかし、これではかえって職場復帰する人にストレスを与えてしまうことになります。みなさんも、職場で「何もせずに座っていなさい」などと上司から言われれば、非常に苦痛に感じることでしょう。とくに、うつ病は真面目で几帳面な性格の方がかかりやすい病気ですので、周囲の人が忙しく働いているのに自分は何もしないのでは、針の筵に座っているような気分になってしまうでしょう。

5 通院と服薬の継続に関しては十分な配慮が必要

筆者の精神科産業医としての経験からも、通院と服薬の継続に関する職場の無理解は非常に深刻な状況です。みなさんも、風邪をひくと風邪薬や解熱剤などを服用すると思います。しかし、風邪が治った後には薬を服用することはないでしょう。そのことから、薬を服用しているうちはまだ病気が十分に回復していないと勘違いしてしまいがちです。

しかし、心の病気の場合には、病状が十分に回復してからもしばらくは通院・服薬が必要になる場合がほとんどです。それは、うつ病の治療薬である抗うつ薬には、病気に対する治療効果があるだけでなく、病気の再燃を予防する効果があるからなのです。再燃予防のためにどのくらいの服薬期間が必要なのかは主治医が本人の病状を診ながら決定しますが、うつ病の場合には完全に職場復帰をしてから半年程度というのが1つの一般的な目安といえます。なかには「もう二度とあんなつらい思いはしたくない」と、自ら進んで再発予防のための服薬を長期間にわたり

希望される方もいらっしゃいます。

　それにもかかわらず、職場の上司や人事労務担当者から「まだ病院に通っているのですか？」、「薬を飲んでいるうちはあまり重要な仕事は任せられませんね」などと言われ、通院や服薬の中断を余儀なくされて、その結果として再発をしてしまうケースがあとを絶たないのです。薬の副作用と考えられる居眠りや集中力の欠如、手の震えなどの、仕事に支障が出てしまうような副作用がない限り、通院や服薬を継続していることを否定的に捉える必要はありません。むしろ、高血圧の人が毎朝薬を服用しているのと同様に、薬を服用していて調子が良いならそれで問題はないと捉えておけばよいでしょう。

　職場で仕事に支障が出てしまっているようなときでも、無責任に「薬を飲まないほうがよいのでは」などとアドバイスをするのではなく、「一度主治医に相談してみたら？」などと、その状況を主治医にわかってもらい、薬剤量を調節してもらうように促すことが重要です。

⑥ 職場の仲間とのイベントも回復の助けとなる

　職場復帰を果たせるくらいにまで病状が良くなっていれば、宴会やレクリエーションなどの職場イベントに参加することはほとんど問題がありません。逆に、職場復帰をした人は早く再び職場になじみたいと願っていることが多いので、職場のイベントには、ほかの職員と同様に誘ったほうがよいでしょう。ただし、復帰して間もない時期には疲れを感じたり、気分に波があったりしますので、強要は避けましょう。

　アルコールの摂取に関しては注意しなければなりません。心の病気の治療薬は、アルコールとの飲み合わせが悪いものが大半なのです。また、病状の回復が十分でない時にアルコールを飲んでしまうと、飲酒時に得られる解放感がクセになり、アルコール依存症に発展するケースもあります。ですから、通院・服薬を継続している人に飲酒を強要することは絶対に避けてください。

memo

第4章

職場対応が困難な
心の健康問題への対処法

～事例から学ぶ、特徴と対策～

「職場対応が困難な事例」に対する考え方

❶ 職場対応が困難な心の健康問題とは

　ここまで本書を読み進めていただいたみなさんは、おおむね、メンタルヘルスに関する重要な知識を習得することができたと思います。しかし、実際に第2章に示したような心の健康問題を発生させない職場づくりを行ったとしても心の健康問題が（発生頻度は格段に減少すると思いますが）ゼロになるとは限りませんし、第3章に示したような職場復帰支援を行ったとしてもなかなか職場復帰の兆しが見えてこない場合もあります。なぜなら、心の健康問題というのは、すべて職場が原因で起こるわけではないからです。

　つまり、職場のストレスがなくても発症する心の健康問題であれば、いくら職場が予防策や支援策を講じても功を奏さず、何度も職場復帰と療養を繰り返してしまう可能性が高いのです。また、病気というよりも本人の性格的な要因が大きい心の健康問題であれば、服薬や休養だけでは根本的な問題が解決されていないわけですから、普通であれば問題とならないような些細な出来事をきっかけに症状がぶり返したりします。

　実は、筆者が精神科産業医を務めているいくつかの職場で寄せられる相談は、このような職場対応が困難な事例ばかりです。なぜなら、一般的な心の健康問題は一般的な対策・支援を行うことで問題なく解決しますので、適切なメンタルヘルス対策が実施されている企業においては、産業医である筆者のところに相談に来る前に職場でうまく問題が解決されており、問題として顕在化しないからです。

そこで、この第4章では、実際に筆者が経験してきた職場対応困難事例をご紹介しながら、その背後にある心の健康問題とはどのようなものなのか、そしてその問題にはどのように対処すべきなのかについて、わかりやすく説明していきたいと思います。

2 主治医から発行される診断書の読み方・捉え方

（1）診断書には正確な病名が書かれていないことが多い

具体的な事例をご紹介していく前に、1つだけ、みなさんに心得ておいていただきたいことがあります。今から事例ごとにいろいろな病名が登場しますが、そのような病名の多くは診断書には記載がされていないことが多いということです。

これには、いくつかの原因が考えられます。

◆ 主治医に要因があり本当の病名に気づかない
◆ 患者やその家族の嘘により本当の病名に気づかない
◆ 病名に気づいていても書けない

① **主治医に要因があり本当の病名に気づかないケース**

まず、主治医が本当の病気に気づいていないということが考えられます。たとえば本章でご紹介する統合失調症の「陰性症状」と呼ばれる症状は、うつ病の抑うつ症状とよく似ています。もちろんこの違いは血液検査をしてもレントゲン写真を撮ってもわかるものではありませんが、きちんと精神科の研修を受け、日頃から多くの心の健康問題を診てきた精神科医であれば、何度か診察をしている間に判別がつきます。しかし、そのような精神科の研修を受けたことがないような医師の場合、「最近意欲が出ない」などという訴えだけで「あなたはうつ病の可能性が高いです」などと安易に判断を下し、うつ病の治療薬

を処方してしまうことがあるのです。

　そんなことが実際にあるのかと疑問に思われるかもしれませんが、医師免許は診療科目が限定されていませんので、専門がほかの診療科目の医師でも精神科の診療をすることは妨げられていません。ですから、極端な話をすれば、高血圧や糖尿病の診断治療などに従事してきた内科医が、最近は精神科の病気が増えているようだからという理由で、「心療内科」などと標榜して心の病気の診察を始めることだってあり得るのです。

　実はこれに関しては、うつ病の治療薬（＝抗うつ薬）の発展が大きく影響していると考えられます。というのも、一世代前の抗うつ薬は、現在主流になっている薬に比べて口渇や便秘、さらには手の震えや排尿困難感など副作用が強く、あまり飲み心地の良い薬ではありませんでした。つまり、この薬を飲む患者さんはつらい副作用との戦いを強いられるわけですから、抗うつ薬を使い慣れた精神科医でなければこの薬を処方することをためらいます。しかし、現在主流となっている抗うつ薬はこれらの副作用が大幅に改善されているため、患者さんがつらい副作用を味わうことはほとんどありません。このことによって、とくに精神科を専門としない医師でも比較的抗うつ薬が処方しやすくなり、うつ病の治療が精神科医以外でも行われるようになったのです。

② **患者や家族の嘘等により本当の病名に気づかないケース**

　また、精神科の研修をきちんと受けていても診断を誤ってしまう場合も少なからずあります。なぜなら、医療機関に勤める精神科医は、基本的には患者さん自身やそのご家族からの話を頼りに診断・治療を行っていますが、その話に嘘が交じっていたり、大げさな表現がされていたりして、本当の情報が主治医のところに入らないというケースがあるからです。

　実は、筆者も精神科医として駆け出しの頃に、「会社で４か月も連続で140時間を超える時間外労働を強いられて眠れなくなってしまった」という本人の話や、診察に付き添った母親の「うちの息子は毎日

帰りが遅くって、いつもヘトヘトになって帰ってくるんです。でも会社の悪口1つ言わずに頑張っているんですよ」という話をうのみにして、「過労による抑うつ状態」と診断をしてしまったことがあります。しかし、後に病院を訪れた会社の上司の話を聞くと、「仕事は雑で、いつも終業時間になるとほかの社員の様子などおかまいなしでさっさと帰ってしまう。そのうえ、会社の近くで飲み歩いている姿がほかの社員に何度も目撃されていて、会社としても対応に困っている」と言うのです。もちろん筆者は精神科医であって、警察でも労基署でもないので、どちらの言い分が本当に正しいのかを調べることはできませんから、真相はわかりません。ただ、この方の診察を続けていくうちに、過重労働よりもこの方の性格面での問題のほうが大きいに違いないと思うようになったことは事実なのです。

　このように、正確な実態が伝わっていないようなケースでは、誤った診断をされてしまうこともあるのです。

③　病名に気づいていても書けないケース

　さらに難しいのが、主治医は実のところ本当の病名を知っているにもかかわらず、その病名を診断書に書かないケースです。そんなことがあるのかと思われるでしょうが、これは非常によくある話です。なぜならば、心の病気に対する世間の偏見がいまだに根強いからです。

　最近では「うつ病」という病気はだいぶ社会的に認知されるようになり、うつ病であることを会社の人に打ち明けることについての抵抗感が徐々になくなってきているようにも思われます。しかし、ほかの心の病気の場合はどうでしょうか？　以前「精神分裂病」と呼ばれていた病気は、現在は「統合失調症」と疾病名が変わり、「人格障害」も「パーソナリティ障害」と呼ばれるようになりました。それでも、これらの病名につきまとう社会の偏見は依然として強いといわざるを得ません。そのため、筆者を含めた多くの主治医が「病名：統合失調症」という診断書を発行する時に、「患者さんが会社で偏見の眼差しにさらされないか」、「この診断書が原因でクビになってしまうことはないだろうか」など、非常に大きな心配が頭をよぎるのです。もちろ

ん、我々のような専門家は、統合失調症の患者さんでも社会で活躍している方は大勢いるということは重々承知しています。しかし、決して社会の視線はあたたかくはないということも肌で感じています。

　もちろん精神科医は医師である以上、虚偽の診断書は書けません。しかし、本当の病名も、理解のない企業には伝えたくない——そんな葛藤が生じたときに医師が診断書に書く病名が、「抑うつ状態」「うつ状態」「自律神経失調症」「神経衰弱状態」といった、漠然とした状態を病名にしたものです。

　つまり、「うつ」という言葉が入っている診断書でも、それ自体は気分が落ち込み意欲が出ない状態を示す言葉であって、必ずしも「うつ病」という病気を示しているとは限らないということなのです。

（2）主治医と会社の連携が必須

　このような現状をかんがみると、主治医の診断書に書かれていることのみを手がかりに困難事例に対応しようとしても決してうまくいかないことは明らかです。だからこそ、このような職場対応が困難な事例に関しては、「主治医 ⇔ 本人」、「本人 ⇔ 会社」という関係に加え、「主治医 ⇔ 会社」という連携が必須になるのです。この具体的な連携方法に関しては、本章の最後でお話しすることにしましょう。

＊

　それでは前置きが長くなってしまいましたが、職場対応が困難な事例を具体的に見ていくことにしましょう。

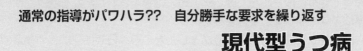
通常の指導がパワハラ?? 自分勝手な要求を繰り返す

現代型うつ病

　これはまさに、本書の冒頭で紹介した浅沼隼人さん（26ページ）のことです。実は、この事例には続きがあります。簡単に振り返りながら、その後の経過をご紹介することにしましょう。

1 傲慢なのに打たれ弱い「今どき」社員の事例

事　例

浅沼隼人さん　26歳　大手製造業メーカー勤務（設計技師）

（序章でのあらすじ）

　浅沼さんは、非常に恵まれた環境で育ち、有名私立大学の附属中学校に進学、高校生の時にはトライアスロン部に入部し、全国大会に出場するなど文武両道の優等生でした。ただ、部活の大会中の怪我に対して母親が顧問の責任を追及するなど、過保護に育てられた一面もあるようです。とはいえ、大学、大学院と大過なく過ごしていました。

　大手製造業メーカーに就職後も同期の仕切り役として飲み会を開催するなどリーダーシップを発揮していましたが、初期研修を終え、本人が希望した会社の基幹工場の設計部門に配属となってからは、あまりうまく仕事がこなせなかったようです。先輩からはお客様の気持ちに立った設計を行うように指導されることが多く、それに対して「先輩の指導方法が悪い」、「ほかの工場だったらもっと力を発揮できる」などと同期に漏らしていたそうです。さらに、仕事が途中でも定時になると帰ってしまい、その尻拭いをしてくれた先輩に対しても感謝の言葉すら言わず、浅沼さんは職場で

孤立していきました。そして、入社して２年目に部長から「もっと責任感を持って仕事に取り組んでほしい」との指導をされたことをきっかけに、職場に来なくなってしまいました。

　心配になった部長が自宅に電話をしたところ、母親に「部長や先輩のプレッシャーが原因でうつ病を発症したのに話なんてさせられない」と一方的に電話を切られ、郵送で会社に『うつ状態のため３か月の自宅療養を要する』という診断書が送られてきました。しかし、浅沼さんは療養を要する状態といってもスポーツジムに通う元気はあるようで、部長は一体どうなっているんだと首をかしげてしまいました。

（その後）

　結局、対応に困った部長は、本人から連絡があるまで会社からは連絡をしないことにしました。すると、休み始めてから２か月半ほど経ったある日、本人から部長宛てに電話が入ったのです――「部長、おかげさまでだいぶ元気になりました。もうすっかり体調も良くなったので、来月から仕事に戻りたいと思います。でも、もう○○先輩の下には戻りたくないんです、どうも○○先輩とは馬が合わなくて。それに、私の大学院時代の専門は無線機器ではなく有線機器でしたので、今の職場ではなく有線機器を扱っている△△工場に転勤させてもらいたいと思っているんです。主治医の先生も、心機一転、そのほうがよいと言っていました。その旨の診断書を明日、会社に送りますから、よろしくお願いします」。部長は、浅沼さんのあまりの身勝手さに腹が立ち、「浅沼君、いい加減にしなさい。君は会社をなんだと思っているんだ。そもそも今まで大した仕事もしていなかったくせに、異動なんてできるわけないだろ。頭を冷やして、出直してきなさい」と怒りをぶちまけてしまいました。

　その翌日、両親が会社に怒鳴り込んできました。「あなたはなんてことを息子に言ってくれたのですか。せっかく元気になってきていたのに、また部屋から出てこなくなってしまったじゃないですか。息子はうつなんですよ。うつの人に対して怒鳴って叱責するなんて、この会社の管理職はどんな教育を受けているのですか。そもそも今回息子がうつになったのだって、あなたのパワハラが原因のようではないですか。もし、会社があなたのような部長の下から異動させてくれないというのであれば、私たちは労災申請と民事訴訟の提訴を行います。覚悟しておいてください‼」――その場に居合わせた誰もが「この親にしてこの子ありだな」と感じたそうですが、当の部長は困りはててしまいました。

❷ 心の健康問題は「現代型うつ病」

　浅沼さんの心の健康問題は、「ディスチミア親和型うつ病」です。あまり聞きなれない病名だと思います。各種メディアでは「現代型うつ病」「未熟型うつ病」「ニュータイプうつ」など、さまざまな取り上げられ方をしていますが、本書では、わかりやすいように「現代型うつ病」と呼ぶことにしましょう。

　この事例をご覧になって、「これは本当にうつ病なのだろうか？」、「今までのうつ病のイメージとは大きく違うのだが……」と戸惑いを覚えた方も少なくないはずです。従来、うつ病といえば、真面目・几帳面・仕事熱心・他者配慮的という勤勉な社員が、仕事上で無理に無理を重ねた結果、発病する病気だというイメージが一般的でしたから、この事例のように責任感が希薄で、他者に配慮するどころか批判を繰り返し、さほど仕事熱心とも思えない社員がちょっとしたことをきっかけに職場に来られなくなってしまう病態が同じ名前の病気とは捉えにくいのは無理もありません。

　これに関しては精神科医の間でも意見が分かれるところです。しかし、現在の精神科の診断基準となっているアメリカ精神医学会が発行する『精神疾患の診断・統計マニュアル　第5版』（略称 DSM-Ⅴ）では、前述のとおり、病気の原因や病気となった人の性格などに着目することなく、現在表れている症状のみを対象に診断名をつける手法（専門的には「操作的診断基準」といいます）を採用しており、その基準を用いる限りは、同じように気分の落ち込みや意欲の減退を呈する現代型うつ病も、一般的なうつ病と同じ「抑うつ障害群」という項目に分類される病気ということになるのです。

　ちなみに、専門家の間では、日本人が従来からイメージしている真面目・几帳面といった社会的に成熟した人格を背景に持つうつ病を「メランコリー親和型うつ病」と呼んでいますが、本書ではわかりやすく、これを「従来型うつ病」と呼ぶことにします。

3 職場で見られる症状

　そう説明されても、「やっぱりこれが病気だなんて納得いかない」と思う方が大半でしょう。

　そこでまず、この現代型うつ病の症状や、この病気が近年目立つようになってきた社会背景について、理解を深めていただきたいと思います。そのことにより、彼らは決して悪い人ではなく、ただ単に人格の成熟が遅れているだけで、十分に成長の可能性があるのだということがご理解いただけるでしょう。

（1）従来型うつ病との比較

　現代型うつ病の症状を理解する上では、従来型うつ病と現代型うつ病の比較をしてみると大変わかりやすいと思います。そのうえで、少し専門的な言葉を用いながら、現代型うつ病の行動特性についてお話ししていきましょう。

　ざっくばらんに言ってしまえば、従来型うつ病の症状は深刻です。非常に強い落ち込みや意欲の低下が原因で、職務遂行能力が大幅に低下し、それでも強い責任感からなんとか仕事をやり遂げようと無理を重ねた結果、疲弊しきってしまうのです。それに対し、現代型うつ病の場合には、「なんとなく体の調子が悪い」、「ちょっと体がだるくて仕事に行く気になれない」など、漠然とした症状が中心で、傍から見るとどこまでが病気で、どこまでが本人の性格の問題なのかの区別が難しいような印象を受けます。

（2）現代型うつ病の行動特性とその精神心理学的特徴

　なんとなく、みなさんにも現代型うつ病の特徴がわかってきたことかと思います。実はこの現代型うつ病は、昨今、多くの企業で急増傾向に

■図表4-1　従来型うつ病と現代型うつ病の比較

	従来型うつ病	現代型うつ病
年齢層	中高年（40代～50代）が中心	青年層（20代～30代）が中心
もともとの性格	社会的役割や規範を重要視している。 自分の決めた目標やルールにうるさく、自分にきびしい。 几帳面で、周りの人への気遣いに長けている。 基本的に仕事熱心。	自分自身のやり方や考え方にこだわりが強い。 根拠のない自信と漫然とした万能感を持つ。 社会の規範や規則はストレスと考え嫌う。 もともと仕事熱心ではない。
よく見られる症状	頭が回らず、集中力、判断力が低下する。 進まない仕事に対して強い焦りと不安を感じる。 働かない頭で残業を繰り返し、疲弊する。 疲弊しきった結果、休みの日に趣味などを楽しむことはできない。 自分に能力が足りず、周りに迷惑をかけているという強い自責感を持つ。	漠然とした倦怠感や、なんだか調子が悪い感覚がする。 ストレスな状況に対しては、それを回避することによって自分を守る。 休みの日になると、症状が和らぎ、気分転換などに出かけられる。 会社が悪い、上司が悪いと、他者への非難を繰り返す。
自殺企図	完遂しかねない"熟考した"自殺企図	衝動的な自傷、一方で"軽やかな"自殺企図

あり、どこの職場でも対応に非常に手を焼いているという話もよく聞きますので、さらに深く、少し専門的な言葉を用いながら、現代型うつ病の行動特性や、なぜそのような行動特性に至ってしまうのかという心理的な側面についてまとめておくことにしましょう。

① 他罰性と内省の欠如

　「自分は頑張っているのに仕事がうまくいかないのは上司・先輩の指導が悪いからだ」と、仕事の失敗についての自らの内省を図ることをせず、自分を指導した先輩や会社、ひいては社会に原因があると考えてしまいます。このため、従来型うつ病とは異なり、自分がうつ病になったことを悲劇的に周囲に表明し、自らがうつ病であることを理由に職場に過度な配慮を要求することもあります。

　これは、小さい頃から過保護に育てられ、大きな失敗や挫折を経験することなく社会人となったため、「社会人になるまでは大きな失敗をしたことがないのに、社会に出るとうまくいかないということは、自分自身に問題があるわけではなく、自分を取り巻く環境、すなわち上司や会社自体に問題があるのだ」という考えに至ってしまうためです。

② 現実検討能力の欠如

「このプロジェクトは規模が小さいからやりがいがない。もっと大きなプロジェクトならやる気も出てうまくいくはずなのに」などと、現実離れした発言が目立ちます。自分が会社に適応しようと努力するのではなく、会社は自分の能力を活かすために適正配置をするべきであると強く信じているのです。

これは、学生時代までは親の敷いたレールの上で、常に恵まれた環境でしか活動してこなかったため、仕事に対するモチベーションを自分でみいだす力が備わっていないためです。

③ 自己イメージの肥大

それまであまり会社で大きな成功を収めていなくても、「自分のやり方を周囲が支持して、実行してくれればかならずうまくいくに違いない」という、根拠のない自信に充ち溢れています。自己愛が強く、現実を冷静に見ることができなくなっているのです。

これは、これまでに他者（主に親）の気遣いにより成功し、称賛されてきたことを、自らの成功と勘違いしてしまい、自分のやり方や信念に確固たる自信を持っていることによるものです。

④ 高いプライド

仕事で上司から「君のやり方ではうまくいかないので、○○先輩の指示に従ってやってくれ」などと指示をされた場面で、表面上は「わかりました」と返事をするものの、内面では自分の非を認めず、他人の助言や指導を受け入れません。その結果、いつまでも自分のやり方に固執し、事態をより混乱させてしまうのです。もともとの能力が高い人ほど、この傾向が強く表れます。

これは、小さな頃から「頑張ればかならずうまくいく」という優等生的発想が強く植え付けられており、「頑張ったのにうまくいかない」自分を受け入れられないためです。

⑤　情緒的共感能力の欠如

　自分のことを思って親切に指導してくれる先輩や、自分の失敗の尻拭いをしてくれる上司に対して、感謝の気持ちや尊敬の念を示すことがありません。自分が学生時代に母親から優しく支援されたように、職場でも支援されてあたりまえだと考えていますから、先輩や上司が親身になって指導をしてくれても、感謝の気持ちを示すどころか、時間になれば仕事が終わっていなくても１人でさっさと帰宅してしまうこともあるのです。そのため、やがて周囲の人からの支援を受けられなくなり、職場で孤立してしまいがちです。

　また、職場復帰の場面でも、従来型うつ病では、職場を休んでいる罪責感と職場の同僚や上司に対する謝罪の気持ちから、できるだけ早く職場復帰を希望するのに対し、現代型うつ病の場合、職場の様子を気にかけることも少なく、職場復帰に関する切迫感はほとんど見られず、むしろ自分の望む条件が整ったり、これ以上休むことができない状況に追い込まれたりすることで、職場復帰が進むことがよくあります。

　過保護に育てられ、これまでは自分が本当に傷つく前に親が傷つかないようにかばってくれていたため、深く傷ついた経験がなく、他人の心の痛みがわからず、他人の立場に立って物事を考えることができず、自己中心的な行動を繰り返してしまうのです。

4 現代型うつ病の原因

　この急増している現代型うつ病は、ホワイトカラーに多発し、とくに高学歴で裕福な家庭に起こりやすくなっています。ここから、子供の頃の過保護的な対応が発症に影響を及ぼしていると考えられます。

　そこで、もう少しくわしく、社会学的考察も交えながら、この現代型うつ病急増の原因を推測したいと思います。そうすることが、職場でとるべき対応を考えることにもつながっていきます。

（1）失われたギャングエイジ

　私たちが人格を成熟させ、ストレスに耐えて葛藤を克服できる能力や相手の痛みを理解できる情緒的共感性を獲得するためには、小学校高学年くらいの、いわゆる「ギャングエイジ」と呼ばれる精神的な成長の時代に、自分と近い世代の子どもたちと群れをなして行動する中で人とのかかわり方や集団の中で我慢をすることを体験的に学び、親子関係や友人関係における精神的葛藤体験を克服していくことが重要であると考えられています。しかし、最近では、両親の過保護的な対応や、友人関係の希薄化により、ギャングエイジに「人にもまれる」という経験をせず、集団の中で沸き起こる葛藤とうまく折り合いをつけることを経験しないまま、進学塾などで優秀に純粋培養されて成長した若者が増えています。

　友人とのケンカや争いなどの葛藤状況に慣れていない若者は、社会に出ても、つらさを乗り越えて、落としどころを見つけ折り合いをつけるスキルを持っていません。また、自分の言動で相手がどの程度傷つくかなども理解できないため、自分の気が済むまで、ひたすら主張を通そうとしてしまうのです。その結果として、現代のきびしい労働環境で人と協調して社会生活を営むことに失敗し、社会的な不適応を引き起こしてしまうと考えられます。

（2）ゆとりの教育、ゆとりのない社会

　また、現代型うつ病の原因の１つに、学生時代の理想的な教育論と、社会に出てからのきびしい実情とのギャップが挙げられます。

　高度経済成長後、豊かさを手に入れた日本では、従来の画一的な教育から個性を尊重する教育に転換し、規範よりも自由が尊重されるようになりました。「苦手なものを無理にやり続けるより、得意な部分を伸ばそう」という思想が世の中の趨勢を占めるようになりました。しかし、いざ社会に出ると、「苦手なことはやらなくてもいい」などという寛大な企業があるわけはなく、今までに味わったことのないような挫折感を

味わうことになります。それでも昔であれば会社の人材にもある程度余裕があったため、若者を育てるという視点でじっくりと成長を待つことも可能でした。しかし、近年の職場には効率化・合理化・実力主義といった過酷な現状があり、どこの職場でもそのような悠長なことを言っていられなくなりました。

しかし、社会に出るまで過保護的な親の支えにより困難な状況を乗り切ってきた人にとっては、どのようにして自らがこの状況を打開したらよいのかわからず、先輩や同僚といった社内からの援助もどのように得たらよいのか見当もつかないのです。

その結果として、今までに味わったことのない挫折に対し「今まで自分は失敗なんかしたことがなかった。それなのにこの会社に入って自分の能力が発揮できないのは、この会社が悪いんだ」などと、内省を深めるどころか他者への非難を繰り返し、職場に適応できない現実から逃避してしまうのです。

その逃避により、会社内では「あいつは使えない」というレッテルが貼られてしまい、社内での立場がより悪いものとなってしまいます。そして、いざ職場に戻ろうとしても、すでに職場では「使えない人間」とのレッテルを貼られてしまっているので、周囲の視線は冷ややかで、なかなかうまく職場に適応できずに、ますます居場所がなくなってしまうという悪循環が形成されていきます。

こうして、「会社に入る前に感じていた自己評価」と「社会の自分に対する評価」のギャップに耐えきれなくなってしまい、現代型うつ病を発症してしまうと考えられます。

❺ 職場での対応

（1）薬や休養だけでは解決しない現代型うつ病

このように現代型うつ病の原因を社会学的に考察してくると、現代型

うつ病が、従来のうつ病治療の原則である休養と服薬だけでは解決しない病態であることが十分に理解していただけると思います。もちろん、つらくて眠れない時には睡眠薬の服用は有効ですし、気分が落ち込んでしまい塞ぎ込んでしまっている時には抗うつ薬の服用も必要なことです。また、ある一定期間、療養をし、心身ともにエネルギーを回復させることは重要です。ただ、休養や服薬により病状が良くなったからといって職場に戻っても、未熟な人格には何ら変わりはないのですから、また同じように職場に対し不適応を起こし、メンタルヘルス不全に至ってしまうのです。

　つまり、ギャングエイジが失われ、ゆとりの時代の中で理不尽な経験をすることなく大人になった彼らには、人格の成熟を促すような人材育成の視点を持って接することが重要なのです。

（2）現代型うつ病には人材育成の視点で対応する

　みなさんの多くが、さまざまな研修で人材育成の技法については習得されていることかと思います。ですから、そのようなソーシャルスキルについて単なる医師である筆者からこまごまとお話をするのは釈迦に説法だと思いますが、精神科医の立場として人材育成を行う上でアドバイスできることを、これからお話しさせていただきたいと思います。

　先ほどから何度もお話をしているとおり、この現代型うつ病の背景に存在しているのは、「人格の未熟さ」です。つまり、彼らが職場を混乱させるような言動をし、騒ぎ立てているのは、一種の退行反応（わかりやすくいえば赤ちゃん返り）なのです。赤ちゃんは、「おむつが濡れて気持ちが悪い」「お腹がすいた」と泣きじゃくれば、親がおむつを替えたり、ミルクを与えたりしてくれます。現代型うつ病においても、自分の力ではどうにもできない窮地に立たされた時、「泣いて騒げば周囲の人が問題をすべて解決してくれた、あの幸せだった時代に戻りたい」という無意識の力が働いて、他人を非難する言動で騒ぎ立てたり、他人に自分の状況を涙ながらに話したりするようになるのです。

（3）ルールにのっとった対応を心がけ、規範意識を植え付ける

　赤ちゃんが「お腹がすいた」と泣きじゃくればミルクを与えられ、すっかり事態が収まるのと同様に、「この職場じゃ力が発揮できない」と騒ぎ立てている現代型うつ病の方に対して「わかったわかった、それじゃあ違う職場に異動してもらうことにしよう」と本人の望みどおりの対応をすれば、その場は一度落ち着くことでしょう。しかし、本人の未熟な人格は変わっていませんから、数か月後にはまた同じような事態が起こることは目に見えています。

　赤ちゃんのうちはお腹がすいたならば泣けばいいのですが、幼稚園に通うようになったらそうはいきません。お昼のお弁当の時間まで我慢することも教えられる、これがまさに人格面での成長なのです。つまり、現代型うつ病の方に対しても、組織のルールにのっとった対応を心がけ、規範意識を植え付ける中で人格的な成長を促していくことが重要なのです。

　それでは、具体的な状況を想定して、職場の対応を学んでいくことにしましょう。たとえば、現代型うつ病の方の場合、療養後の職場復帰に際して、「自分はあの部署の仕事が合わずにうつになったのだから、早く職場を異動させてほしい」などと、身勝手な要求をしてくることがよくあります。このような場合、職場はどのような対応をすべきなのでしょうか？

　思わず、「いい加減にしろ！　ふざけるな‼」と怒鳴りたくもなりますが、そのような対応は絶対にしてはいけません。このように感情的に接してしまうと、今回ご紹介した事例のように、「うつの私に怒鳴った上司」などという図式で、パワハラや労災などの問題に発展しかねないからです。

　しかし、そのようなことを恐れて一方的に身勝手な要求に応じる、ということも避けなければいけません。厄介な事態を恐れて言いなりの対応をしてしまうと、その場は丸く収まるかもしれませんが、「駄々をこねれば、周りが自分の思いどおり動いてくれる」という学習をしてしまうことになり、未熟な人格がさらに未熟なものへ退行してしまいます。

その結果、必ずと言ってよいほど、再び職場不適応を引き起こします。そして、再度の異動希望をし、それが叶わなければ「前の人事担当者は私のことを理解してくれて、すぐに異動させてくれたのに」などと以前の配慮を逆手にとって攻撃してきます。

　このような場合の正しい対応は、彼らの成長を支援しようとする姿勢を崩さず、彼らの意見を受容しつつも、毅然とした対応をとることです。つまり、「あなたの希望は十分にわかりました。しかし、会社は原則として毎年4月にしか人事異動を行わないと決めているのだから、それは無理です」とか「人事権は会社にあるので、あなたの希望どおり異動できるものではないのですよ」と組織のルールをはっきり伝え、彼らに組織の中できちんと規範意識を身につけてもらえるように対応することが重要なのです。彼らは、人格が未成熟なだけで、規範に対する理解力はあるので、納得はいかないかもしれませんが、それでもしぶしぶと、毅然とした真っ当な対応に従うことになるでしょう。

（4）受容・傾聴・共感のカウンセリングマインド

　また、人材育成をしていく上では、相互の信頼関係がなくてはなりません。ですから、未熟な人格を持つ現代型うつ病への対応方法として、カウンセリングマインドを持って彼らを情緒的に受け止め、そのうえで本人の自己決定を促すことが重要です。カウンセリングマインドという言葉を聞くと、よく「自分にはカウンセリングなどできない」と思われる方もいらっしゃるようですが、別にカウンセラーになることが要求されているのではなく、話を聞く際の心構えについてのお話ですので、あまり難しく考える必要はありません。

　カウンセリングマインドは、「受容」・「傾聴」・「共感」の3つのステップから成り立ちます。

ステップ1　「受　容」

　まず、相手を受け入れることです。そのためには、「あなたが抱えて

いる問題や葛藤を聴きますよ」という姿勢を見せ、相手に自分を受け止めてもらっている感覚になってもらうことが重要です。まずは、きちんと相手の話を聞くための時間を確保しましょう。

　現代型うつ病の方の場合、職場で「あいつは戦力にならない」などというレッテルが貼られているケースが多く、本人が重要な話をしようと思っても、ついつい上司は「君に構っている時間はない」とか「忙しいから手短に言って」などと、おざなりな対応をしてしまうことが目立ちます。しかし、それでは相互の信頼関係は決して生まれませんし、人材育成も進みません。かといって、職場で忙しい上司がいつでも時間を確保できるわけではないのは当然のことです。ですから、そのようなときには「今日はちょっと会議が立て込んでいて難しいんだけど、明後日の午後なら時間がとれそうなんだ。君の話を聞くために、15時から30分、時間を確保しておくから、その時でいいかな？」などと、後日でもかまいませんので、きちんとその人のためだけの時間枠を確保して、あなたの話をしっかり聞こうとしているのだという姿勢をはっきりと示すことが重要なのです。これにより、今まで上司に不満ばかり抱いていた彼らの中にも、「あれだけ忙しそうな上司が、自分のために時間を確保してくれた」という安心感が生まれ、それにより信頼関係が芽生え始めるのです。ですから、いくら忙しいからといっても、「今度、時間ができたら話を聞くよ」という対応はNGです。

　また、この話を聞く時間を2時間、3時間とあまりにも長く設定してしまうと、話を聞く上司のほうが、「もういい加減にしろ」という気持ちになってきてしまい、信頼関係を損ねるような発言や態度を示してしまう可能性が高くなりますので、30分、長くても1時間以内が適切な時間設定といえるでしょう。

ステップ2 「傾 聴」

　時間枠をきちんと確保し、相手に安心感を与えることができたら、次のステップは実際にその確保した時間枠で相手の話を聴くことです。このステップでは、「それはまちがっている」とか「私はこう思う」など

の自分の評価などを一切加えずに、ひたすら、耳を傾けます。相槌や話の要約などで相手の話をきちんと聞いていることを印象づけながら、とにかく相手の言いたいことを吐き出してもらうのです。

　悩みを抱えた人は、安易に自分の言っていることを否定されると、「この人には私の気持ちなんて理解してもらえない」と思ってしまいますし、逆に安易に同調されると、「本当に自分の言いたいことがわかっているのかな？　そんな簡単な話ではないのだけれど」と不信感を持ってしまいがちです。だからこそ、評価をするのではなく、「うんうん」と頷きながら話を聴き、「そういうことがあったんだね」とか、「そういうふうに考えていたんだね」などと繰り返しながら、相手の言いたいことを引き出すことに終始しましょう。

　その際ある問題点に関して「部長はどう思いますか？」などと判断を求められることがありますが、このような場合でも、自分の判断を話してはいけません。「そうか、君はこの点を問題だと思っていたんだね。これについて君自身はどう考えているんだい？」などと、とにかく相手に話させるように誘導することがポイントです。

ステップ3　「共　感」

　人は、自分の気持ちが本当に理解されたと感じると、心が満たされ安心するものです。これまでにお話ししてきた、「受容」「傾聴」といったステップで、「君の言いたいことはよくわかったよ」とか「そういうことで悩んでいたんだね。つらかったね」などと、相手の気持ちが十分に自分に伝わったということを、はっきりと言葉で伝えてください。それにより、相手に共感する気持ちが伝わり、信頼関係がより一層強固なものになります。

（5）仕上げは自己決定の誘導と自己責任の原則

　カウンセリングマインドによって信頼関係が十分に構築されたら、仕上げとして、今後の方針について自己決定を促しましょう。

自分がうまくいかない状況を、いつまでも上司や会社のせいにしていても何ら進歩はありません。しかし、彼らがなぜ上司や会社のせいにしたがるのかといえば、自分が取り組んでいる仕事やプロジェクトが、他人から押し付けられた"やらされ仕事"だという思いが強いからなのです。だからこそ、「自分は違う仕事だったらもっと力を発揮できるのに」という、現実検討能力の欠如を招いてしまうのです。

　そこで、「会社のルールでは、今すぐに異動はできない」と、きちんと組織のルールを伝えたうえで、「しばらくはうちの部署で仕事をしてもらうことになるが、あなたはうちの部署内ではどんな仕事がしたいのですか？」などと本人の希望も十分に聞くようにしましょう。最初から「あいつは使えないやつだから、適当な仕事でも与えておけばいいや」というスタンスでは、人材は決して育たないことは、みなさん、よくご存じのところでしょう。モチベーションを十分に保ちながら、前向きな気持ちで仕事に取り組むことは、人格成熟に向けた第一歩ですので、可能な範囲で本人の希望を取り入れながら、職務分担などを見直してみるとよいでしょう。

　しかし、この対応は、決して本人を甘やかすものではありません。そうして自分で希望した仕事は自分で最後まで責任を持ってやり遂げる必要がありますし、仕事の内容が自分に向かないという逃げ道を断つことになります。自分で希望した仕事なのですから、それがうまくいかなければ、自分のやり方のどこが悪かったのかを自己内省してもらうきっかけとなります。もし、このような場面でも「仕事はいいけど周囲のスタッフのレベルが低いからいけないんだ」などとあくまで他者に責任転嫁をするようならば、「スタッフに不満を持っているようですが、そのようなことは承知の上でこの仕事を希望したのですよね。今回は自分の希望した仕事なのですから、それを投げ出してまた新しい仕事を始めるなんていうわけにはいきませんよ」と、きちんと自己内省を促すことが重要です。

　つまり、他人への非難に逃げることなく、自分で決めたことは自分で責任を持って実行し、できなければ自分が責任を取る、そんなあたりまえな社会規範——自己決定・自己責任という、社会では当然のルールを

身につけさせながら、少しずつ人格を成熟させていくことが重要なのです。

（6）陰性感情の処理を忘れずに

　このように、現代型うつ病への接し方の基本は人材育成の観点ですから、非常に気を遣いますし、手もかかります。それに対応する職場や上司が、「なんでこんなことまで会社で対応しなければならないのか？」、「人格の成熟などは社会に出る前に学校や家庭でなされるものなのではないか？」と、彼らに対し負の感情を持ってしまうこともあるでしょう。このような怒りや憎しみの感情を「陰性感情」と呼びますが、これは現代型うつ病に対応する上でもっとも良くないものです。彼らに対して陰性の感情を持ち、それをついつい表面に出してしまうと、パワハラや訴訟問題など、非常に厄介な状況におちいってしまいます。現代型うつ病に対応する方々が気持ちのゆとりをきちんと確保し続けることが、成功の秘訣です。

＊

　人格はすぐには成長しません。しかし、適切な対応でかならず成熟し、頭のいい彼らはいつか会社の大きな戦力になってくれることでしょう。若い頃はどうしようもなかった社員が、ある上司との出会いをきっかけに会社にとってなくてはならない人材に成長した──そんな話をしばしば耳にしますが、そのような人材育成に立ち会えたならば、それは上司や人事労務関係者にとっても大きな喜びとなることでしょう。

パーソナリティの偏りが職場を大混乱させる！

パーソナリティ障害

1 悲劇のヒロインを演じ続ける女性社員の事例

事例

品川裕子さん　24歳　大手製薬会社勤務（事務職）

　品川さんは短大卒業後、地元にある大手製薬会社に事務職として就職しました。

　両親はどちらかといえば厳格で、母親は何かあるとヒステリックに品川さんのことを叱ることが多かったといいます。また、3歳年上の兄（現在は外資系金融機関勤務の会社員）と成績面で比較されることも多かったようです。

　中学校に入った頃から徐々に親に対しても反抗的になり、誰よりも早くピアスの穴をあけたり髪の毛を染めたりと、目立つような行動をよくとっていました。短大時代には、周囲のすすめでミスコンに出場し準グランプリを獲得したり、雑誌の読者モデルを経験したりと、一目置かれる存在でした。

　本人はアパレルメーカーに就職したかったのですが、残念ながらどこの会社にも採用されず、さらには長く勤められる会社がよいという親の意見もあり、しぶしぶ、地元の製薬会社に就職しました。最初の配属は本社の総務部経理課で、就職当初は社内でも「かわいい子が入ってきた」と評判に。男性社員から食事に誘われることも多く、職場でも楽しそうに仕事に取り組んでいたようです。

　そうして入社4年目、品川さんは、本社から30分ほど離れたところにある営業所に異動となりました。営業所の総務担当者は、50代の女性社

員と定年後の再雇用で勤務している60代の男性社員、そして品川さんの３人だけで、40人ほどいる営業担当者のほとんどが昼間は外で営業活動を行っているため、営業所内にはいつも数人しかいないという環境でした。仕事も、本社にいた頃は優しい先輩に教わりながら経理の仕事だけをしていればよかったのですが、営業所では経理の仕事に加え、営業担当者の出退勤の管理からスケジュール調整まで、幅の広い仕事を求められるようになりました。

　営業所に異動後、１か月ほどすると、「営業所の雰囲気は良くない」、「再雇用の社員にセクハラされている」、「女性社員にいじめられている」などと本社時代の友人や上司に訴えるようになり、ついに本社時代にお世話になった総務部長に人事異動を涙ながらに直談判。心配した総務部長は内々にセクハラやパワハラの有無を調査しましたが、そのような事実は見つからず、ハラスメント相談室に一緒に相談をしに行こうと言っても品川さんが「相手にもご家庭がありますから、迷惑をかけたくないんです」と相談に行くことを拒み続けるので、総務部長も対応に困ってしまいました。

　そんなある日、品川さんが受けたお客様とのアポイントメントが営業担当者に伝わっておらず、お客様を２時間以上も待たせてしまうというトラブルが発生。社内ではすぐに、このような事態の再発を防止するためにミーティングが開かれました。その席で品川さんは、涙ながらに「実はお客様からしつこく食事に誘われていて、それを断ったら相手が激昂して、本当はアポイントメントなんてなかったのに、勝手にアポイントメントをとったことにされてしまって……」と訴え、その日は気分が悪いと早退をしてしまいました。そして、その翌日、品川さんから『うつ状態と睡眠障害のため、約１か月の自宅療養が必要』と書かれた診断書が提出されました。

　ちなみに、品川さんの話をおかしいと感じた営業担当者が後日、お客様にそれとなく聞いたところでは、品川さんが訴えたような事実はまったくなかったようですし、実際に会社のパソコンにはそのアポイントメントが入力されており、品川さんの単なる伝達忘れであったことが明らかとなったようです。

❷ 心の健康問題は「パーソナリティ障害」

　品川さんの抱えている心の健康問題は、「演技性パーソナリティ障害」と呼ばれるものです。もちろん、よほどの専門家でない限り、このような病名は聞いたことがないと思いますが、「人格障害」という言葉なら、聞いたことがある方は多いのではないでしょうか。2つは同じ障害で、以前は「人格障害」と呼ばれていたものが、現在では「パーソナリティ障害」と呼ばれるようになっています。

　実は筆者自身も、心の健康問題についての相談を受ける際に、「人格障害」という言葉を最近よく耳にするようになったなと感じています。ひと昔前であれば、相談の主流は「うつ病」でしたが、最近では「うちの部下は人格障害なのではないでしょうか？」といった内容の相談を管理職の方から受ける機会が大変増えてきています。

　ただ、実際に診察をしてみると、「現代型うつ病」のところでご説明した性格的な未熟さはあるものの、人格の偏りや歪みなどはさほどなく、人格障害とまでは診断できない場合がほとんどなのです。どうやら、以前であれば「性格の問題」として処理されていた問題について、近年では多くの方がいろいろな精神障害に関する知識を持つようになったために、「人格障害」という言葉が比較的安易に用いられるようになってきたようです。なかには、職場で問題を起こすとすぐに「あいつは人格障害だ！」などと決めつけてしまうような上司もいますので、ここでは「人格障害」という疾病概念について、理解を深めていただきたいと思います。

　ちなみに、精神科の世界で用いる「人格」という概念には、道徳的な要素は含まれません。しかし、日本で「人格」という言葉を用いる際には、「あんなことをするなんてAさんはなんて人格が未熟なんだ」というように、道徳的な概念を持ち込むことが少なくなく、「人格障害」という言葉を用いるとどうしても否定的なニュアンスが強くなってしまいます。そのため、日本精神神経学会では、平成20年5月に「人格障害」

を「パーソナリティ障害」と用語改訂しました。ですから、本書では以降、「パーソナリティ障害」という言葉を用いて説明していきたいと思います。

③ 2つの注意点

（1）パーソナリティ障害という診断は相対的なもの

　「パーソナリティ」とは、生まれつきに備わった「気質」プラス後天的に備わった「性格」のことです。「パーソナリティ障害」とは、病気とまではいえませんが、本人の属している人間集団と比べると本人の認知や感情性や対人関係などの重要な性格特性が著しく偏り、そのことで本人や周りの人が迷惑を受けることを示す疾病概念です。わかりやすくいえば、パーソナリティが非常に偏り、常道から外れてしまって、基本的な日常生活や人間関係に深刻な悪影響を及ぼし、その結果、仕事や家庭生活に支障を来している状態のことです。逆にいえば、ある程度のパーソナリティの偏りがあっても仕事や家庭などの社会生活がとくに問題なく送れており、社会適応ができている場合には、ある種の個性と捉えられ、パーソナリティ障害とは診断されません。

　つまり、このパーソナリティ障害の診断は絶対的なものではなく、本人と周囲の環境との関連で相対的なものだといえるのです。ですから、「パーソナリティに偏りがあっても、きめられた仕事をきちんとやってもらえばかまわないんだ」と個性を尊重する職場と、「うちの職場に入ったからには、うちの職場の文化・風土にふさわしい人間になってもらう必要がある」と規律を尊重する職場では、同じ状態であってもパーソナリティ障害と判断されるかどうかに違いが生じてきます。この点で、ほかの心の病気とは大きく異なります。

（2）ほかの病気の可能性を考える

　また、もう1つ、注意しておかなければならないことがあります。そ
れは、「ほかに何か心の病気を抱えている可能性を考える必要がある」
ということです。

　たとえばうつ病が原因で自分を責める気持ちが強くなってしまい、そ
の結果、社会生活に障害を来しているといったような場合には、パーソ
ナリティ障害の診断は当てはまりません。つまり、何かほかの心の病気
が原因となって社会生活に障害を来しているような場合は、パーソナリ
ティ障害という診断は下されないということです。ですから、性格が非
常に偏っている人に対して「あの人はパーソナリティ障害だ」などと早
急に判断をすることは慎み、ほかに何か心の病気を抱えているのではな
いかと疑い、産業医や精神科医にきちんとした判断を求めることが重要
です。

 4　職場で見られる症状

　本書では職場に混乱を来すパーソナリティ障害の代表例として演技性
パーソナリティ障害の事例を示しましたが、実はひとくちに「パーソナ
リティ障害」といってもさまざまな種類があり、それぞれまったく違っ
た症状を示します。

　ここで、パーソナリティ障害の分類と、それぞれの分類の特徴につい
て、簡単にご説明したいと思います。

（1）パーソナリティ障害の分類と職場への影響

　先ほどの現代型うつ病のところでも登場した、一般的な精神科医が用
いている DSM-V という診断基準によれば、10種類のパーソナリティ
障害があり、特徴により大きく3つのカテゴリーに分類されます。

① A群パーソナリティ障害

　風変わりで自閉的で妄想を持ちやすく、奇異で閉じこもりがちな性質を持ちます。職場では「ちょっと変わり者だな」と思われることが多く、周囲とのコミュニケーションにも一風変わったところが多いため、対人折衝などの仕事では問題点があらわになることもあります。

　しかし、自閉的な傾向から、そもそも仕事に就くこと自体が困難であったり、他人に大きな影響を及ぼすタイプではないため、職場の問題として顕在化することはあまりありません。

② B群パーソナリティ障害

　感情の混乱が激しく演技的で情緒的なのが特徴です。ストレスに対して脆弱で、他人を巻き込むことが多いため、職場でもっとも問題を起こしやすいタイプです。他人を巻き込むために、周囲の人が精神的に参ってしまったり、職場自体がかき回されて混乱したりと、職場で大きな問題となることも少なくありません。事例の演技性パーソナリティ障害もこの群に含まれます。

③ C群パーソナリティ障害

　不安や恐怖心が強い性質を持ちます。周りの評価が気になり、それがストレスとなる傾向があります。他人を巻き込むことはありませんが、過度に周囲のことを気にしたり、慎重になりすぎたりすることがあるため、職場では周りの人をイライラさせたり、大事な仕事がなかなか進まなかったりするという問題点があります。

　それぞれの群に属するパーソナリティ障害にどのようなものがあるかについては、少々専門的な話になってしまいますので、次ページにコラムとしてまとめました。くわしくお知りになりたい方は、そちらをご覧ください。

それぞれの分類に属するパーソナリティ障害とその特徴

○A群パーソナリティ障害

・妄想性パーソナリティ障害：とくに理由のない猜疑心や不信感が強く、頑固に理屈っぽく執着する。

・統合失調質パーソナリティ障害：社会的関係への関心のなさ、孤独を選ぶ傾向、感情的な平板さなどが見られる。

・シゾイド（スキゾイド）パーソナリティ障害：奇妙な信念（テレパシーや迷信）や行動があり、対人関係が極端に狭い。

○B群パーソナリティ障害

・反社会性パーソナリティ障害：良心の呵責なく犯罪的行動を繰り返す。人に対して不誠実で欺瞞に満ちた行動をする。

・境界性パーソナリティ障害：衝動的で、感情の起伏が激しく、そのため対人関係がいつも不安定になる。リストカットなどの自傷行為を繰り返すことも多い。

・演技性パーソナリティ障害：役者の演技のような行動で、常に周囲の関心を集め、自分が注目の的であろうとする。思い通りにいかないと感情を爆発させ、自傷行為などに至ることも多い。

・自己愛性パーソナリティ障害：極端なナルシスト。常に自分は優越的で素晴らしく特別で偉大な存在でなければならないと思い込むため、他人への思いやりに欠け、傲慢な態度をとる。

○C群パーソナリティ障害

・回避性パーソナリティ障害：自分に自信がなく、他人から拒絶されることや、批判されること、恥をかくことに非常に敏感で、そのために社会的な交流を避けようとする傾向を持つ。

・依存性パーソナリティ障害：過剰に構ってほしいという欲求があり、それを維持するために服従的な行動をとる。甘えが強く、重要なことも自分で決められず人に判断を任せる傾向を持つ。

・強迫性パーソナリティ障害：秩序やルールなど細かいことにこだわりすぎ、完璧を求めるあまり、柔軟性に欠け、まったく融通が利かず、社会的には効率性がないとされる傾向を持つ。

（2）演技性パーソナリティ障害について

　さて、パーソナリティ障害についてなんとなく理解が深まってきたところで、今回事例でご紹介した演技性パーソナリティ障害について、少し説明を加えておくことにしましょう。

　演技性パーソナリティ障害は、日常生活の中において自分が常に注目の的になろうと演技的で過剰な感情表現と身体的演出をしますが、その結果として自分が注目の的とならなければ大きなストレスを受け、衝動的な自傷行為や他人に対して感情を爆発させるなどの行為をする、情緒不安定さを持つパーソナリティ障害です。

　このパーソナリティ障害の場合、常に自分に注目が集まっていないとその状況を楽しむことができないため、外見や体裁をとても気にし、感情表現が大げさで、芝居がかった行動をとります。今回の事例でも、「かわいい新入社員」として周囲から注目を浴びていた時はとくに職場で問題になることはありませんでしたが、自分に注目が集まらない営業所に異動になったことをきっかけに、大げさで芝居がかった行動をとるようになったわけです。

　この演技性パーソナリティ障害は、一見、表現力豊かで生き生きした印象を与えるため、友人はすぐにできますが、その芝居がかった行動から、人格的に成熟した人から見ると人の同情や関心を集めたいという意図がうかがい知れるため、その友好関係は表面的で、一時的なものに終わることが多いです。

　また、演技性パーソナリティ障害の９割程度が女性であり、性的に誘惑するような行動をとったり、実際に性的な関係がない場合でも性的な関係があるかのように周りに言いふらしたりすることがあります。注意をひくために体の不調などを大げさに訴えたり、その不調の理由は「○○部長からセクハラを受けているから」とか「職場で私１人仕事を押し付けられてしまって大変で」などと言い、自分が悲劇のヒロインであるかのようなふるまいをすることもあります。しかしながら、そのような言動の背後には、自分を守ってほしい、自分だけ特別扱いしてほしい、もっと構ってほしいという欲求があると考えられています。

5 職場での対応

（1）ほとんど診断書に病名は書かれていない

　主治医からの診断書に、この「パーソナリティ障害」という病名が記載されていることはほとんどありません。実際に、今回の事例でも、診断書には「うつ状態、睡眠障害」との記載がされていました。しかし、本書を読み進め、心の健康問題に関する知識を身につけてきたみなさんは、事例に登場した品川さんが単なる「うつ病」ではないことがすぐにわかるでしょう。また、この品川さんに対して、一般的なうつ病への対応、すなわち、本人の言っていることを支持的に受け止め、職場としてできる限り配慮をしてあげる、そして頑張れといった叱咤激励は禁忌だという対応をしても、職場で不満ばかりが噴出して、かえって事態が混乱することは容易に想像がつくかと思います。

（2）パーソナリティ障害の治療

　パーソナリティ障害の場合、それまで生きてきた数十年間で人格の偏りが形成されてきたわけですから、社会適応の妨げとなる人格の偏りを治療するにもかなりの年月が必要です。先にご説明した現代型うつ病は単に人格が未成熟であっただけですから、その成熟を促せばいいわけですが、パーソナリティ障害の場合、成熟した人格に偏りや歪みが生じているわけで、これを治すのは容易なことではありません。つまり、短期間で治す治療法はないといっても過言ではないのです。

　たとえば、パーソナリティ障害により社会的に不適応を引き起こしている人にまとまった期間休養を取らせれば、周囲から受けるストレスは低減するので一過性に症状が安定することはあるでしょう。また、社会不適応に対していらだちが強く、それが原因で眠れないのであれば、抗不安薬や睡眠薬を補助的に用いることで情緒的安定を保ち、睡眠がとれ

るようにはなるはずです。しかしながら、それは症状に対する対処療法であり、根本的な原因を解決することにはなっていません。つまり、休養や薬には症状を緩和させるだけの限られた効果しかなく、パーソナリティ障害から起こる情緒不安定さや種々の不適切な行動は、薬で十分に軽減されることはまずありません。

　パーソナリティ障害の根本的な治療は、カウンセリングなどによる心理療法が中心となります。精神科の医師や臨床心理士などの心の専門家が共感的姿勢を保ちながら、本人の感情を受け止めつつ、薬物療法を併用して時間をかけて（多くの場合は数年かけて）忍耐強く治療を行っていくことになります。

　しかし、実際には多くの種類のパーソナリティ障害では、自分の思考や行動のパターンに問題があることを自覚せず、本人ではなく周囲が対応に苦慮するだけのことが多く、治療に結びつけることも困難な場合も少なくはありません。

（3）具体的職場対応

　つまり、パーソナリティ障害に対する治療は、我々精神科医でもなかなかうまくいかないことが多いのです。ですから、職場としてパーソナリティ障害の方が職場適応できるよう配慮することは容易ではありません。しかしもちろん、だからといって何もしなくてよいということではなく、先に取り上げた現代型うつ病と同様に、組織のルールにのっとった対応や、受容・傾聴・共感といったカウンセリングマインドを用いて信頼関係の構築に努め、最後は自己決定を尊重するといったスタンスは必要だと思います。

　しかし、前述したとおり、ある程度人格が成熟しきっているパーソナリティ障害の場合には、このような人格成熟を促す手法ではうまくいかないことも少なくありません。ですから、周囲の人が本人に振り回され、対応に苦慮して疲弊しすぎないように、職場のルールという枠組みをより一層重視すること、すなわち本人が何と言おうと「ダメなものはダメ」、「この規則を守ることができなければこの組織にはいられない」

という対応をすることも必要になってくるのです。

　パーソナリティ障害が疑われる場合の職場対応としては、具体的には次のようなものがあります。

①　病状をきちんと把握する

　職場で不適切な行動があった場合に、「あれは性格の問題だ」などと職場が勝手に決めつけてしまうことがありますが、これは非常に危険です。そのような問題行動の背景に躁状態や妄想状態のような心の病気があることも少なくありませんから、パーソナリティが主な原因で職場不適応を起こしていると推測される場合には、まずは主治医や産業医と相談しながら、病状をきちんと見極めることが最初のステップになります。

②　感情的にならずに冷静に対応する

　パーソナリティに偏りがある職員に対応しようとする場合、現代型うつ病のときと同様に、ついつい感情的に接してしまい、のちのちパワハラなどの訴訟問題に発展することも少なくありません。たとえば、「あなたはいつも休みを取ってばかりで全然仕事をしない！」などと感情的に接してしまったがために、「有給休暇を取得するのを阻害された」などと訴えられてしまうこともあるのです。たしかにそう言いたくなる気持ちもわからなくはないですが、有給休暇に関しては会社側には正当な事由がある場合に限って時期変更権が認められているだけですので、有給休暇の取得を不当に阻害するような発言をしてしまうと、そのようなことを言ってしまった側が不利になってしまいます。そこで、休暇、時間外労働、給与などについては就業上の規則等をきちんと確認し、感情的になって労働者に認められている権利を不当に制限することがないように注意しましょう。

③　職場のルールにのっとり対応する

　パーソナリティ障害が疑われる場合には、要求に対して過保護的に対応するのではなく、決まりごとを設けて厳格に対応することが重要

です。つまり、職場のルール上できないことは「できない」と伝えることが重要なのです。ある人にだけ特別な配慮をしてしまうと、周囲の職員の不満の原因になり、職場全体のモチベーションの低下につながります。あくまで職場のルールにのっとり、相手に振り回されない対応をすることが重要です。

④ 本人の自己決定を誘導する

　自分のことはさておき、人の揚げ足をとることが多いこのタイプには、自己決定を促すように対応することが必要です。たとえば、具合が悪そうだったので上司が気を遣って「今日の午後は有給休暇を取って休みなさい」と言葉をかけたことについて、後から「上司に帰れと言われた。職場で私は必要ないらしい」などと言われるようなことも少なくありません。もちろん助言は必要ですが、最終的には本人に決定してもらうようにしましょう。

⑤ やりとりや決めごとを文章化する

　パーソナリティ障害に対応する場合、後になって「そんなことは聞いていない」、「そんな約束はしていない」ともめるケースが多くあります。面倒でも、本人とのやりとりや出来事、約束事を客観的な文章記録として残しておくことが重要です（日時や、誰が居合わせたかなどの記載も有用です）。このような記録は、万一、本人から労災申請や訴訟行為があった際にも、「職場としては適切に、そして誠実に対応した」という根拠となります。

　つまり、パーソナリティ障害への対応は、本人への配慮も重要ですが、それ以上に職場全体のモチベーションや健康度が下がらないよう配慮して対応していくことが必要です。本人に対しても、「職場はあくまで労務提供の場であり、治療の場ではないのだから、職場でできる配慮には限界がありますよ」ということをはっきりと明示して、職場のルールにのっとった、通常以上でも以下でもない対応を心がけることが重要なのです。

「何度言わせるんだ!!」に「まだ3回目です」と答える

自閉症スペクトラム障害

1 得意分野以外のことが極端に不得意な社員の事例

　最近、パーソナリティ障害と職場でまちがえられやすい病態として、「自閉症スペクトラム障害」という発達障害が注目されています。

事　例

小池治夫さん　32歳　大手情報関連企業勤務（システムエンジニア）

　小池さんは小さい頃、いろいろな虫の名前やその生育地域などを細かく暗記することが得意で、「昆虫博士」と呼ばれていました。とくに小学5年生の時に夏休みの自主研究で提出した「武蔵野地方に生息する昆虫図鑑」は非常に素晴らしいできばえで、地元紙にも取り上げられたそうです。ちょっと風変わりな子という評価もあったようですが、成績も優秀で、とくに何か問題を起こすこともありませんでした。

　中学校は超名門の私立の中高一貫校に進学、中学・高校と生物部に所属し、日々昆虫の採集とその生態系の研究などに明け暮れていました。高校生の頃にインターネット上で自分の研究の成果を発表したいと思うようになってからは、コンピューター関連の勉強にも凝り始めたようです。

　大学は、「生物じゃ、将来食べていけないから」という父親のすすめで、有名国立大学の理工学部に進学。コンピューターのシステム構築を専門的に勉強したそうです。その後、大学院も博士課程まで修了し、27歳の時に現在の大手情報関連企業に就職しました。

　職場では周りの人と積極的にコミュニケーションをとることはなかった

ようで、昼食なども1人で食べに行くことが多かったようです。しかし、仕事面では聞かれたことには的確に答え、また小池さんの作成したプログラムは顧客からも非常に高い評価を受けていました。その高い評価を買われ、大きなプロジェクトのリーダーをやってみないかと部長から打診を受けたのは、31歳の時です。小池さんは自分の好きなプログラミングだけやっていたい、顧客との折衝やプロジェクトメンバーのとりまとめなどはやりたくないと考えていたものの、結局は部長からの半ば強引な指名でプロジェクトリーダーに抜擢されてしまいました。

　しかし、リーダーとなってからの小池さんの仕事ぶりは、ほかのメンバーから見ても目に余るような状態だったそうです。顧客とのやりとりでも、自分の意見を決して曲げず、相手の要望をまったく取り入れないためクレームが続出、さらに、プロジェクトの大まかな概要や流れなどについてはまったく把握できていないにもかかわらず、自分の得意な特定のプログラムについては細かくミスの指摘をするなど、その仕事の進め方に、プロジェクトメンバーの不満は爆発寸前だったといいます。

　そんなある日の顧客との進捗会議の場で、小池さんが顧客の意見を聞かずに自分の意見を押し付けたことから、顧客が「何回同じこと言ったらわかるんですか！」と憤慨、それに対し小池さんが「この話はまだ3回目だと思います」と答えたことから、顧客との関係が決定的に崩壊し、小池さんはこのプロジェクトのリーダーを降りることになってしまいました。

　部長からは、「まあ、小池君の主張もわからないではないが、その辺は顧客の気持ちを十分にくみ取って、柔軟かつ的確に対応するようにしないとな」と指導を受けたようですが、その後の仕事ぶりも相変わらずで、周囲との人間関係がうまくいかずに疎まれる中、しだいに会社を休みがちになってしまったといいます。そしてある日、診断書を持参して出社。診断書には、『うつ状態のため、向後、1か月間の自宅療養が必要と診断する』と書かれていました。

② 心の健康問題は「自閉症スペクトラム障害」

　小池さんが抱えている心の健康問題は、「自閉症スペクトラム障害」という病気です。以前（DSM-Ⅳ）は「アスペルガー障害」としてよく

知られていましたが、自閉症と重症度の違いはあるものの、基本となる症状は同じであり、DSM-Ⅴへの改訂にともない、類縁疾患も含め「自閉症スペクトラム障害」として統一した病名で呼ばれるようになりました。

　自閉症スペクトラム障害の場合、職場内のコミュニケーションや仕事の進め方などにさまざまな問題を抱えることが少なくありませんが、とくに知能障害や言語障害などはなく、ある特定の分野に関しては非常に高いパフォーマンスを発揮するため、職場では「好きなことしかやらない人」「好きなことしかできない人」として、単なるワガママのように扱われてしまうことも少なくありません。

　この事例でも、とくに知能障害や言語障害などはなく、小さい頃から特定の物に対して深い興味を示すなど、自閉症スペクトラム障害の特徴が色濃く出ています。また、就職した後も、自分の得意なプログラミングに関しては非常に高いパフォーマンスを発揮していたにもかかわらず、チームのマネジメントや顧客との折衝などにはまったく力を発揮できなかったという点も特徴的です。

❸ 大人になるまで気づかれないことが多い

　自閉症スペクトラム障害は発達障害の一種ですが、発達障害とは、母親の胎内にいるうちから形成される「脳」に機能障害が起こる、生まれつきの病気のことを指します。

　よく、「生まれつきの病気であれば、もともと幼少期や思春期にも症状は出ていただろうに、そこでは問題とならず、大人になって急に問題になることがあるのか」という声を聞きますが、発達障害の中には、知的障害をともなう、もしくは重度の自閉症スペクトラム障害のほか、学習障害やADHD（注意欠如・多動性障害）といった、学校生活を送る上で大きな影響が出る病気と、知的障害をともなわない自閉症スペクトラム障害（従来のアスペルガー障害）のように、何らかの独特な行動は

見られるが学校生活には支障がないことが多い病気があるのです。とくに後者は、「ちょっと変わった子だな」という印象を持たれながらも、診断に至らないまま大人になるケースが多い発達障害といえます。

4 職場で見られる症状

（1）場の空気が読めない

　自閉症スペクトラム障害の特徴としては、社会性やコミュニケーション能力が欠如するために、いわゆる「場の空気を読む」ことが苦手で、社会人として不適切な発言をしてしまったり、そのことで余計に人を怒らせてしまったりすることが挙げられます。

　また、興味の偏りが強いことも特徴の1つです。たとえば、木を見た時に、多くの人は木の全体を捉えます（すなわち、幹・枝・葉などを見て全体的に木というものを認識します）が、自閉症スペクトラム障害の方は、葉っぱの細かい色の変化や葉脈など細かい部分に固執し、全体を捉えることが苦手な傾向にあります。その偏った興味から、幼少期は「鉄道博士」「地図博士」などと呼ばれることも多いようです。それが職場においては、融通が利かない、興味の幅が狭い、反復的な行動が見られる、周囲への関心がないなどの特徴となり出てきます。

（2）ほかの心の病気を併発する可能性

　自閉症スペクトラム障害は生まれつきの脳の機能障害ですから、場の空気を読めない言動には、本人の悪意はまったくないのです。にもかかわらず、人間関係がうまくいかない、一生懸命やっているのに仕事が理解できない、相手がなぜ怒っているのかわからない、周囲から「変わっている」と言われて疎まれる……本人も「自分はどこかほかの人と違っている」という生きづらさを感じているのです。そして、周囲の無理解

から嫌がらせや非難を受けることで、うつ病や不安障害、強迫性障害、アルコール依存症などの心の病気を二次的に起こすことがよくあります。

　また、最近でこそ、この自閉症スペクトラム障害がテレビや書籍、インターネットで有名になり、自分が自閉症スペクトラム障害かもしれないと感じて病院を受診するケースも増えてきましたが、自閉症スペクトラム障害の臨床経験がまだまだ少ない精神科医も多く、うつ病、統合失調症、パーソナリティ障害、社会不安障害などと誤診されてしまうこともよくあります。

5 職場での対応

（1）自閉症スペクトラム障害の治療

　自閉症スペクトラム障害は、あくまで脳の機能障害ですから、本人の努力で克服することは困難であり、また、現段階では、根本的に自閉症スペクトラム障害を治す薬はありません。しかし、先に述べた二次的な心の病気については一般的な治療法が奏功しますので、二次的な精神疾患がうつ病であれば抗うつ薬を飲みながら休養するなど、専門の医師による治療を受けることが有効です。

　また、障害がなくなるわけではありませんが、病院のデイケアや通院集団精神療法に参加をし、ディスカッションや作業活動を通じて社会性を学び、対応法を身につけ、生きづらさを軽減することも効果的です。

　つまり、根本的な障害が完全に治癒するわけではないので、職場においては適切な配慮が求められます。

（2）具体的職場対応

　まず、今まで述べてきたような症状に当てはまると考えられた場合には、きちんとした専門家による診断を下してもらうことが重要です。自

閉症スペクトラム障害を含めた発達障害をきちんと診断できる精神科医はまだまだ少ないですから、まずはインターネットや本で情報を得て、電話で「おとなの発達障害を診断できる医師がいるか」を確認してから受診をするとよいでしょう。

　そのうえで、自閉症スペクトラム障害の診断が下された場合には、障害に対する周囲の配慮が必要になってきます。たとえば、自閉症スペクトラム障害（従来のアスペルガー障害）の人は、「その辺はうまい具合に、ひとつよろしくお願いします」などという抽象的な指示については、「その辺ってどのへん？」「うまい具合ってなんだ？」「何をお願いされたんだ？」などと混乱を来してしまいますので、1つ1つ具体的な指示を出していくことが必要です。

　また、自閉症スペクトラム障害の方は、物事の細部にこだわりすぎて全体を捉えるのが苦手で、概念化が得意ではないですから、仕事の範囲を狭く深いものにする、また、作業の同時進行が困難ですから、一度にいろいろなことを頼まないようにする——など、周囲の人が工夫をすることによって、職場適応がしやすくなる可能性があります。ですから、場合によっては、本人の持っている他人より優れた能力を発揮してもらうために、異動により、広く浅い仕事から狭く深い仕事に職務を変更するといった人事的配慮も有効です。

　どうも企業では、仕事ができる人が管理的な地位につき、人材や仕事をマネジメントする立場に立つことが多いようです。それはそれでもっともなことなのですが、この自閉症スペクトラム障害の方の場合、特定の仕事は並外れて得意だけれども、対人折衝や進行管理などのマネジメント業務が苦手なことが多く見られます。ですから、この障害を持っているということが明らかになったら、無理に管理的な立場につけるよりは、本人が得意な領域を極めてもらうというのも1つの考え方です。

　なお、ここでお話ししてきた対応はあくまでも一般的なものであり、個別の対応は障害の程度によっても異なります。産業医と相談をしたり、主治医に情報提供を求めたりすることで、本人の得意なこと・不得意なことを理解し、さらに対応を工夫していくことが重要です。

（3）自閉症スペクトラム障害への対応のタブー

　自閉症スペクトラム障害の人は、脳の特性から、得意なことと苦手なことがはっきりしています。教育しても苦手分野を得意分野に変えることができないばかりか、苦手な仕事を無理にやらせることでうつ病などの二次的な精神障害を発症させてしまうこともあるのです。ですから、「今度職場に出てきたら、一から根性を叩き直してやる」といった根性論での対応や、できないことをなんとかやらせようとする対処法は、この障害から発生する問題を悪化させるだけなので、タブーといえるでしょう。

うつ病の陰に多量の飲酒習慣あり　長引くうつ状態

アルコール依存症

　困難事例2ではパーソナリティの問題、困難事例3では脳の機能的な問題を取り上げました。「なぜ、次はアルコールなの？」と思われた方もいらっしゃるかもしれません。しかし、アルコールという物質は、適量であれば「酒は百薬の長」と呼ばれるように多幸感を与え、体をリラックスさせる作用があるのですが、それが連日多量の飲酒となると、アルコール依存症として性格変化を来してしまう場合もありますし、脳にも器質的な変化（脳の萎縮）を起こしてしまうこともある、恐ろしい物質なのです。しかも、うつ病のつらさから多量飲酒を開始し、その結果アルコール依存症（DSM-Ⅴでは「アルコール使用障害」）を併発するケースは意外と多いのです。

　また、うつ病にアルコール依存が併発すると、療養期間が長くなったり、場合によっては休職と復職を繰り返すようなことになってしまいます。

❶ 苦労から飲んだくれるようになってしまった事例

事　例

風間正弘さん　48歳　大手旅行代理店勤務（営業職）

　風間さんは、大学時代にはテニスサークルの代表を務めるなど、明るく活発で、みんなのリーダー的な存在でした。飲み会も大好きでしたが、仲間が二日酔いで授業を休んだ日も風間さんだけは朝から授業を受講するなど、お酒のせいで学校を休むようなことは決してなかったようです。大学

を卒業後は、サークルの先輩のつてを頼って大手の旅行代理店に勤務、ずっと営業畑を歩んできました。

　風間さんの明るい人柄と臨機応変な対応はお客様にも評判が良く、主に法人部門で優秀な業績を収めていました。また、部下が悩んでいると、「まあ、今晩、飲みながら少しゆっくり話そうじゃないか」と部下を連れ立てて飲みに行くなど面倒見も良く、部下からも非常に評判が良かったようです。その甲斐あってか、風間さんは31歳の時には係長に、39歳の時には課長に、そして47歳の時には部長（海外法人サービス部）にと、順調に出世をしていきました。

　ところが、部長になってからは試練の連続でした。折からの不況に加え、石油の異常な高騰による燃料サーチャージの導入で、法人の海外出張は激減。さらに、それが少し持ち直したかと思ったら、新型インフルエンザの世界的な蔓延で再び業績は最悪な状態となり、部署の目標の半分程度しか達成できない日々が続いたのです。もちろん、風間さん自身も、時間を惜しまず、丁寧な客先回りなど地道な努力を繰り返していたのですが、一向に業績が上がる気配は見えませんでした。

　そのような状況で、風間さんは徐々に家でも仕事のことで思い悩むようになり、そのつらさを紛らわすために毎晩のように焼酎やウィスキーを飲むようになってしまいました。心配した奥さんや子供がお酒をやめるように言っても「飲まないと眠れないんだ」と言ってやめず、むしろしだいに飲酒量が増えていってしまったのです。しかし、それから2か月くらいすると、お酒を飲んでも眠れない日が続くようになり、精神科を受診したところ『うつ病のため1か月の自宅療養が必要である』との診断を受け、仕事のキリがついた1週間後から仕事をお休みすることになりました。

　主治医からは「お薬との飲み合わせも良くないですから、絶対にお酒はやめてくださいね」と指導されましたが、やめる気になればいつでもやめることができると思っていた風間さんは、決して毎日のお酒を欠かすことはありませんでした。さすがに心配になった奥さんが、家中のお酒をすべて処分し、お酒を断つように迫ったところ、奥さんや子どもに暴力をふるい、警察沙汰に。これをきっかけに奥さんと子どもは、風間さんと別居することになりました。

　別居となってからは、よりいっそう風間さんの飲酒量は増加しました。それに気づいた主治医に「あなたはアルコール依存症ですから、アルコール治療専門の病院に入院しなさい」とすすめられたそうですが、断固として拒否したそうです。

結局、このまま家で飲んだくれの生活をするよりは職場に出ていたほうがましと判断した主治医は、『病状は一定程度回復したため職場復帰可能。ただし、当面の間、通院加療を要する』という診断書を発行し、職場復帰させることにしました。

　しかし、このような状態で職場復帰をしても、満足に仕事ができるわけはありません。遅刻や無断欠勤を繰り返し、仕事上でもミスが目立ちました。風間さん自身も、焦れば焦るほど仕事が進まないことにいらだちを覚え、結局毎晩酒におぼれる生活を繰り返していました。そして職場復帰後約1か月たったある日、事業本部長から、「このような勤怠の状況や職務遂行能力では話にならない。きちんと良くなるまでは出社しなくていい」と、再び病気療養を命じられてしまったのです。

❷ 心の健康問題は「アルコール依存症」

　この事例で風間さんが抱えていた心の健康問題は、うつ病に伴うアルコール依存症です。みなさんも宴会シーズンになると、「そんなに毎日お酒を飲んでいたら、アル中（アルコール中毒）になっちゃうぞ」などと冗談半分で話をされることもあるかもしれませんが、実はこのアル中（アルコール中毒）は、現在では「アルコール依存症」という名前のついた、立派な心の健康問題の1つなのです。しかも、現在、日本のアルコール依存症患者数は292万人程度と推測されており、飲酒人口がおよそ6,000万人ですから、飲酒者のおよそ20人に1人がアルコール依存症であると推測されます。どこの職場にいても不思議ではないといえるのです。

　もちろん、多量飲酒者や常習飲酒者の全員がアルコール依存症なわけではありません。しかし、アルコール依存症患者さんの多くが、「自分はやめようと思えばいつでもやめられる」、「酒は百薬の長なんだから、毎日飲んだって問題ない」、「自分は依存症などといわれるほどはお酒を飲んでいない」などと話します。アルコール依存症は、自らが自覚していないうちに着々と病状が進行している恐ろしい病気なのです。風間さ

んは、まさに、周囲から心配をされても当の本人は「自分はアルコール依存症なんかではない。やめようと思えばすぐにでもやめられる」と深刻に考えることがなく、そうしているうちに着々と症状が進行してしまった事例です。

❸ アルコール依存症は治療が必要な病気

よくお酒の飲みすぎで肝臓を壊すといわれますが、お酒は肝臓だけでなく、膵臓・心臓・脳・血管・神経など全身のさまざまな病気を引き起こし、時には死に至るほど重大な健康問題を引き起こすこともあります。また、1979年にWHO（世界保健機構）がまとめたアルコール関連問題は、大きく「健康問題」「家族問題」「職業問題」「経済問題」「刑事問題」に分類されており、アルコールに関する問題は飲酒者個人の健康問題にとどまらず、多くの社会的影響を及ぼすことが示されています。

アルコール依存症の人の過剰な飲酒の原因は、意志の弱さ、道徳感の低さ、不幸な社会的問題からの逃避などであると考えられがちですが、実際はそうではなく、多くの場合この「アルコール依存症」という病気の結果であることが多く、治療が必要であるということを理解することが重要です。

❹ 職場で見られる症状

ここで、アルコール依存症の兆候や症状についてご説明します。ある人がアルコール依存症になっているのではないかということを見極めるポイントは、

① 自分の意思で飲酒のコントロールができるか

② 覚醒時に常にアルコールに対する強い渇望感が生じているか

という２点です。

①は、「精神依存」が形成されているかどうかの判断基準です。具体的には、「翌日に大事な予定があるにもかかわらず、お酒を途中でやめられず飲み続ける」、「飲酒運転は絶対にいけないことだと理解しつつも『１杯なら』と飲酒を始めてしまい、結局泥酔してしまう」などの行動があれば、精神依存が形成されていると判断されます。

②は、「身体依存」が形成されているかの判断基準です。具体的には、「お酒を飲んでいない時に落ち着きがなくなる」、「アルコールが切れると不安になったりいらいらしたり、ひどくなると手足が震えたり痙攣を起こしたりする」などの症状があれば、身体依存が形成されていると判断されます。

この精神依存や身体依存が形成されると、アルコールを自分の意思でやめることが著しく困難になります。そして、徐々に飲酒量が増加し、しだいに社会からは孤立し、身体面でも肝臓や脳の機能障害が慢性的に進行して、最終的に死に至ってしまうのです。

❺ 職場での対応

アルコール依存症への職場対応を理解するには、まずはいかにアルコール依存症の治療が難しいものであるかということをご理解いただく必要があります。

（１）アルコール依存症の治癒率は非常に低い

アルコール依存症の治癒率は10〜20％程度であることが、種々の研究で報告されています。つまり、アルコール依存症は、一度かかるとほとんどの人は治癒しません。そうして徐々に身体や精神が蝕まれ、最終的にはアルコール性肝硬変や食道静脈瘤という致命的な病気で命を落としたり、人格が荒廃し通常の社会生活が送れなくなったり、離婚や退職

などを余儀なくされ社会的に孤立したりするという、大変恐ろしい病気なのです。

　それではなぜ、それほどまでに治癒率が低いのでしょうか。その理由の１つに、「病識（病気という自覚・意識）の薄さ」があります。癌の場合は、「あなた癌じゃないの？」と言われれば不安になり、病院に行って精密検査を受けるでしょう。しかし、アルコール依存症の場合は、周囲の人から「あなたアルコール依存症じゃないの？」と言われても、多くの人は「そんなことないよ。やめようと思えばやめられるから」などと、病院で検査もせずに自らの病気を否定します。ここにアルコール依存症の落とし穴があるのです。

（２）アルコール依存症の治療はなぜ難しいのか？

　アルコール依存症の治療が難しい理由はいくつか挙げられますが、１つに、アルコール依存症という病気が十分に認知されていない現状があります。「あの人は酒に溺れる弱い人」、「あいつは飲んだくれのダメ社員」、「彼は奥さんを早くに亡くして、お酒だけが友達なの」などと、アルコール依存を単にその人の性格や道徳観、不幸な心理状況にかこつけて病気と捉えようとしない社会風土があります。それゆえ、アルコール依存は治療すべき病気なのだという認識が不十分となり、見過ごされてしまうのです。

　さらに、アルコール依存症の人がひょっとしたら自分はアルコール依存症かもしれないと思っても、もし病院に行ってアルコール依存症と診断されたらもう一生お酒を飲めなくなってしまうかもしれないという不安感から、「自分は依存症ではない」と虚勢を張り、受診を拒むケースも多くあります。

（３）アルコール依存症の治療

　アルコール依存症の治療とは、一体どのようなことをするのでしょうか。アルコール依存症の治療目標は、「飲酒欲求がコントロールできる

ようになる」ことです。ひと昔前までは、減酒や節酒では意味がなく、断酒が唯一の治療方法と考えられていました。つまり、本人の意思と努力によって今後人生において一滴たりともお酒を口にしないようにすると決意し実行すること以外に治療法はないと考えられてきたのです。しかし、最近では、飲酒欲求を抑制する薬や飲酒量を低減させる薬などが開発され、アルコール依存症の治療も大きな変化を遂げています。

しかし、いくらそのような薬物が開発され、治療法が変化をしたとしても、自分自身がアルコール依存症であることを認識し、定期的に専門の医療機関に通い、医師から処方された内服薬を用法・用量に従って適切に服用しなければ、治療効果は期待できません。きちんと薬を服用することを、アドヒアランスと呼びますが、このアドヒアランスを向上させるために、毎朝家族の前で薬を飲む、薬箱を作って服用したかどうかをチェックできるようにするといった工夫が、治療効果を上げることにつながると言われており、周囲の支援も非常に重要になります。またこれらの薬も、服用しただけで断酒に成功するというものではありません。薬物療法と他の心理的・社会的な治療、サポートグループ・自助グループへの参加を組み合わせることが、効果を最大限に得るために重要なことと考えられています。そこで、アルコール依存症を専門に治療する医療機関、また地域社会には断酒をサポートするグループ活動（もっともよく知られた組織は、患者とその家族によって構成される自助グループである断酒会です）が存在するのです。

医療機関では、主に抗酒剤（アルコールの分解酵素を阻害する薬。この薬を服用してアルコールを飲むと、頭痛や吐き気などの不快感が出ます。つまり、依存症を直接的に治療するわけではなく、飲んでしまった自分に罰を与え、断酒の決意をサポートする薬です）の処方やカウンセリングが行われます。また、断酒会は、断酒を互いにサポートし合い、アルコール依存に対する正しい理解を身につけることを目的としています。

ただ、病院で抗酒剤をもらっても本人が服用しなければ治療にはならないですし、断酒会も、本人が通わなければ意味がありません。

（4）あたたかくもきびしさを持った対応を

　それでは、アルコール依存症に罹患している可能性が疑われる社員
（たとえば大事な打合せの日に二日酔いで酒臭いまま出社したり、お酒
がないと不安で寝付けないと毎晩飲酒したりしている社員）がいた場合
に、周囲の人はどのような対応をすべきなのでしょうか。

　アルコール依存症の治療は、本人が「なんとかアルコール依存症を治
したい」という治療意欲を持つことから始まります。逆にいえば、本人
が自覚しないことには治療にならないのです。筆者も病院ではよく、
「うちの旦那の飲酒をやめさせてください」と、困りはてた奥さんがお
酒のにおいをプンプンさせた旦那さんを連れてくるといった光景に出く
わします。その際、筆者は「本人がやめたいと思わなければこの病気は
治りませんよ」と言って奥さんの話だけを聞き、本人には何も治療を施
しません。読者のみなさんからは「奥さんが困っているのに、ひどい先
生だな」などと言われてしまいそうですが、たとえ入院治療を選択し、
一時的にお酒をやめることができても、一生入院生活を送るわけにはい
きません。お酒はどこででも手に入る世の中ですから、いくら奥さんが
治療してほしいと思っても、本人にやめる意思がなければ退院と同時に
飲酒を再開するだけのことなのです。だから、本人が酔っ払っている状
態ではなく、しらふの状態で治したいと思って来院するまで、本人に対
する治療は行わないのです。

　アルコール依存症の人の影には、イネーブラー（可能にする人）と呼
ばれる、本人の飲酒行動を長期にわたって支え続け、飲める状況を作り
出している人の存在があることがよく知られています。たとえば、飲酒
をする本人に金銭的なサポートを与えてしまう配偶者や、酒臭いまま出
勤した社員に対し「彼も今、いろいろと悩んでいる時期だから」などと
言って安易に休暇をすすめたり、そのような様態での出勤を黙認したり
する上司・同僚などがこれに当たります。もちろんイネーブラーと呼ば
れる配偶者や上司・同僚は悪気があってそうしているわけではなく、本
人のために良かれと思ってそのような行動をとっているのですが、これ
が結果的に本人の飲酒習慣を助けることになってしまっているのです。

そこで、アルコール依存症への職場対応としては、本人にきちんとした治療を受けてもらいたいというあたたかな気持ちから、就業規則にのっとり「次に酒臭いまま出勤したら始末書を提出して即刻帰宅してもらう」、「無断欠勤が生じた際には懲戒処分の対象とする」など、きびしい態度で接していくことが重要なのです。また、家族に対しても「酒臭いまま出勤したり、無断欠勤を繰り返したりしていますので、今後このようなことがあれば処分の対象になります」とはっきり告げ、家族としてアルコールの問題を真剣に考えてもらうように促します。周りがそのような適切な対応をとれば、本人も「このままではいけない。自分も真剣に治療に向き合わなければ」と自覚して、自分から医療機関や断酒会の門を叩くはずです。

　それでも本人が治療に応じないようなケースや、治療から離脱してしまうようなケースでは、実際に処分を行うことも重要です。筆者も、実際に無断欠勤が続き、戒告処分を受けた後、「先生、このままでは私は会社をクビになってしまいます。そうしたら家族もバラバラになってしまい、私の人生はもう終わりです。何でもしますからなんとか助けてください」と、真剣に治療に向き合うようになったケースを経験しました。このようにアルコール依存症では、「もうこのままでは何もかも失って自分の人生がだめになってしまう」と思うような体験が本人の治療のきっかけになることが多くあるのです。

　筆者の恩師がアルコール依存症の患者さんに対して「あなたはアルコールをやめますか？　それとも人生をやめますか？」と尋ねているのを見て、愕然としたことがあります。それほどアルコール依存症という病気は恐ろしい病気であり、いち早く治療につなげてあげることがその人にとって本当のあたたかい対応になるのです。

被害妄想と慢性的な抑うつ状態

統合失調症

1 被害妄想と慢性的な抑うつ状態を呈する社員の事例

事 例

落合百合子さん　42歳　総合食品メーカー勤務（事務職）

　落合さんは総合食品メーカーの本社で経理担当をしている事務職です。落合さんの母親は、落合さんが9歳の時に36歳で自殺しました。遺伝的に精神障害の素因があったようです（母方の祖母が精神科病院に長期入院していたといいます）。

　落合さんは小さい頃からおとなしく、少し神経質な一面がありましたが、成績は優秀でした。高校時代には小説のコンクールで入賞したり、絵画展に絵を出品したりと、芸術的にも優れた才能を発揮。友達が多いほうではありませんでしたが、特定の仲の良い友人が数人いました。

　短大を卒業後、総合食品メーカーに事務職として就職。年齢のわりには地味な服装を好み、あまり髪型や化粧、お洒落には興味がなかったようで、いつも同じズボンをはいてくるなど、少し風変わりな一面があったようです。人付き合いが苦手で自分の殻に閉じこもりがちな落合さんでしたが、経理の仕事が性に合っていたようで、コツコツと仕事に取り組み、決して評判は悪くなかったそうです。しかし真面目すぎるところがあり、上司から「その書類は適当で大丈夫だから」と言われても、適当に処理することができませんでした。もっとも、そこも生真面目、几帳面と周りに思われるだけであり、とくに問題になるほどではなかったといいます。

　そんな落合さんに変化が表れ始めたのは40歳を過ぎた頃からです。職場で「私の机の中を誰かが荒らした」と取り乱したり、「この自動販売機

のジュースには毒が入っているから飲まないほうがよい」と自動販売機に貼紙をしたりと、奇異な行動が目立つようになりました。心配した課長が落合さんに声をかけると、「係長に自分の仕事を横取りされた」とか「頭がミシミシいって眠れない」などと言い、ただごとではない様子でした。そこで課長は「眠れないなら一度専門家の先生に相談したほうがいいよ」とすすめ、落合さんは会社近くの精神科クリニックを受診することになりました。受診の結果、『抑うつ状態のため3か月の自宅療養を要する』との診断書が発行され、しばらく会社を休むことになりました。

　診断書に書かれた自宅療養期間が終わる頃、課長が落合さんと面談をしたところ、以前のような妄想や不眠の症状は改善されているようでしたが、あまり活気がなく、仕事に戻れそうかと尋ねると「あまり自信がないのです」と答えたそうです。そこでもう少し自宅療養が必要と判断し、休職を延長することになりました。そんなやりとりが1年半続き、このままの対応でよいのか疑問に思った課長は、産業医に相談に行きました。

❷ 心の健康問題は「統合失調症」

　落合さんが抱えている心の健康問題は、「統合失調症」です。あまり聞き慣れない病名かもしれません。この病気は以前は「精神分裂病」と呼ばれていましたが、その病名が精神そのものが分裂しているというイメージを与え、患者の人格の否定や誤解、差別を生み出してきたことから、2002年（平成14年）8月に「統合失調症」に改名されました。

　この病気の生涯発病率は0.8〜1.0％と推定されており、決してまれな病気ではありません。

❸ 統合失調症の原因

　統合失調症は、原因は脳自体にあると考えられているがいまだに原因

が明確には解明されていない、内因性精神障害の代表格です（つまり、正直なところ、発症原因は不明ということです）。ただ、一卵性双生児研究において一致率が高い（約30〜50%）が100%ではないことなどから、一般的には、その人が先天的に持つ遺伝的要因（専門的には「素因」といいます）に後天的な環境要因が加わり、何かしらの大きなストレスイベントが引き金となって発症する——というモデルが想定されています。

4 職場で見られる症状

（1）「陰性症状」と「陽性症状」の2種類に大別される

　統合失調症の症状は、幻覚や妄想などのように本来あるべきではないことが感じられる「陽性症状」と、感情鈍麻（感情の平板化）や疎通性の障害（他人との心の通じ合いが制限される）などのように本来あるべきものが感じられない「陰性症状」に分類されます。

　一般的には陽性症状は病気の急性期に表れ、陰性症状は病気の発症後、徐々に目立ってくることが多いですが、陽性症状がはっきりとせず、陰性症状のみが表れてくることも少なくありません。

陽性症状の代表例

・思考の障害 → 滅裂思考（話の脈絡がなくなる）、被害妄想・注察妄想（誰かにつけられている）等の妄想体験など

・知覚の障害 → 幻聴や幻視等の幻覚、憑依体験（悪魔等にとり憑かれた体験）など

・自我意識の障害 → 考想伝播（自分の考えが他人に伝わっていると感じる）など

陰性症状の代表例

・感情の障害 → 感情鈍麻、疎通性の障害など
・思考の障害 → 常同的思考（同じことを何度も考えてしまう）、抽象的思考
　　　　　　　の困難など
・意志・欲望の障害 → 自発性の低下、意欲低下、無関心など

（2）「陰性症状」はうつ病と似た症状を示すことが多い

　同じ病気にもかかわらず症状が２つに大別されて、それぞれの症状が
まったく異なるというのが、統合失調症の大きな特徴です。また、陽性
症状に関しては、周囲から見ていても明らかに病的と気づかれる場合が
多いのに対し、陰性症状の場合、一見するとうつ病と症状が酷似してい
る場合が多く、長年経験を積んだ精神科医でなければ区別がつかない例
も少なくありません。

　この章のはじめに少しお話をしましたが、実は、この陰性症状を主と
する統合失調症の患者さんがうつ病と誤診されて近所の内科医で漫然と
うつ病の治療（抗うつ薬の投与と自宅療養）を受け続け、一向に症状が
良くならないばかりか、徐々に症状が悪化してしまうという例が多々あ
ります。そのような場合には、周囲の人が気づいたならば、本人や家族
に精神科医へのセカンドオピニオンをすすめ、適切な治療に結びつける
ことが重要です。

❺ 職場での対応

　統合失調症への職場対応を行う上でも、やはり、その治療について十
分な理解をしておく必要があります。

（1）統合失調症の治療の中心は薬物療法

　統合失調症は、職場のストレスを軽減することだけでは病状の改善は期待できません。統合失調症に対する治療の中心は、抗精神病薬（「メジャートランキライザー」と呼ばれることもあります）という薬を用いた薬物療法です。

　統合失調症の治療は、飛躍的な進歩を遂げています。以前は、薬の副作用が大変強く、手指の震えや強い眠気などを引き起こすことがよくありましたし、そのわりに効果（とくに陰性症状に対する効果）はあまり期待できませんでした。しかし、1996年（平成8年）に非定形抗精神病薬という、今までの副作用を大幅に改善し、陰性症状にも効果が期待できる新しい治療薬が使われ始めるようになりました。

　しかし、この統合失調症の特徴的な症状として病識のなさ（自らが病気であるという意識のなさ）があり、本人は自らが治療の必要な状態であることを認識することが難しく、結果としてなかなか専門の医療機関の受診に至らないケースが少なくありません。いくら良い治療薬が開発されても、本人が治療を受けないのであれば意味がありません。

　そこで、ここでは、統合失調症が疑われる社員に対し職場ではどのように対応すべきなのかという点も踏まえて、統合失調症への職場対応についてご説明しましょう。

（2）陽性症状主体の場合、家族との連携が必須

　職場でよく見られる陽性症状は、「職場の人が自分の悪口を言っている」という幻聴や被害妄想、「みんなが自分のことを見ている」「監視カメラが仕掛けられている」という注察妄想、「頭がゴチャゴチャして考えがまとまらない」という滅裂思考などです。このような症状が見られた場合には、躊躇せずに家族に連絡を取り、職場における状況を率直に伝え、なかば強制的にでも家族付き添いのもとで専門の医療機関を受診させるべきです。妄想や幻覚に支配された生活は本人にとっても非常につらいもので、なかには自殺を図るケースも見られます（自殺の10〜

15％は統合失調症によるものと考えられています）。受診の緊急性と必要性の観点から、職場で受診命令を出してでも、家族にすみやかな対応を促すことが重要です。

　もし、家族がまったくいないような場合には、市区町村長が保護者となる形で入院治療を受けることもできますので、早めに保健所に相談をし、必要に応じて職場の方が付き添うなどして、早期に専門の医療機関を受診してもらうようにしましょう。

（3）陰性症状主体の場合、まずは本人の症状に注目する

　職場でよく見られる陰性症状には、意欲や自発性の低下に伴う無為症状や他人との交流を極度に避け自分の殻に閉じこもる自閉症状、他人の気持ちがうまく理解できない疎通性の障害などがあります。これらの症状はうつ病と酷似しており、一般の方ではうつ病と統合失調症の陰性症状を区別することができません。このような場合もやはり、専門の医療による診断とそれに応じた治療が重要になってきますので、まずは不眠や集中力の低下など本人が苦労していると考えられる症状に注目し、医療機関の受診をすすめることが重要です。

　しかし、うつ病の場合には本人から病院に行くケースが多いのと対照的に、統合失調症の場合、周囲が心配するほど本人は自らの症状や職務能率の低下を深刻に考えていないことが多く、なかなか専門の医療機関につながらないケースが多く見られます。そのような場合には、家族に「○○の症状が職場で見られており、仕事に支障を来している」と伝え、職場で具体的に問題となっている事柄を報告し、適切な受診につなげてもらう必要があります。

（4）職場復帰する際の対応

　それでは次に、統合失調症と診断されて、しばらく病気療養をしていた方が職場に復帰する際には、どのようなことに気を配ったらよいかという点についてご説明しましょう。

統合失調症は、精神分裂病と呼ばれていた時代から長いこと社会から隔離されていたために、この心の病気のことを知らない方が多く、一般の人にはこの病気の症状が奇妙で理解し難いものに見えてしまいます。たしかに、まれに精神症状が犯罪行為に結びつくことがあることは否定できませんが、統合失調症の患者さんが事件を起こすと、通常の事件よりもセンセーショナルに報道されるために、精神障害者が罪を犯す確率は健常者に比して明らかに低いという報告があるにもかかわらず、特別に危険な存在と勘違いされてしまっているのです。

　つまり、まず、統合失調症を患った方に対して特別な恐怖心を抱く必要はない、ということを理解してください。

　統合失調症の長期的予後に関しては、科学的な調査によれば、おおむね約３割の患者さんが元の生活能力を回復し、約５割の患者さんが軽度の残遺症状を持ちつつも生活能力が若干低下する程度に安定し、約２割の患者さんは中等度から重度の残遺症状を残し生活に支障を来すとされています。

　つまり、基本的に約３割の患者さんは治療により元の生活能力を回復しますので、このような場合には薬物療法を継続することにより、健常者と同様に就労を続けることができます。また、軽度の残遺症状を持ちつつも生活能力が若干低下する程度に安定する約５割の患者さんの場合には、職場である程度の配慮がなされれば就労を継続していくことが可能です。配慮の具体的な内容は患者さんの障害された生活能力によりますが、対人関係を必要とする業務を軽減し、比較的単純作業や注意深さ・根気を必要とする業務を中心とすると、職場復帰が円滑に進む場合が多いでしょう。

　統合失調症の方の職場復帰時の対応で重要なことは、まずは通院と服薬が継続できる環境を整備することです。統合失調症の場合、治療を中断してしまうことによってかなりの高率で病気が再発してしまうことが明らかになっていますし、再発を繰り返すと徐々に薬が効きづらくなったり、その人の持っている能力が障害されてしまったりすることが指摘されています。ですから、職場としては、定期的な通院や服薬が行えるように配慮することが重要なのです。

（5）陰性症状主体の場合、職場からの積極的な働きかけが必要

　今回ご紹介した事例では、妄想などは比較的早期に収まったものの、本人が「職場に復帰する自信がない」と申し出たために、1年半、職場復帰が先延ばしになってしまいました。

　一般的なうつ病の場合に、本人の就業したいという意欲が回復するまでは職場復帰をさせるべきではないという考えが浸透しているために、うつ病とは異なる統合失調症についても、本人の職場復帰への意欲がもっとも重要な要素であると考えられ、本人が「自信がない」と言っている状況では職場復帰させるべきでないと勘違いしてしまうことが多いようです。しかし、統合失調症の場合、うつ病と異なり、ある程度回復した時点で早めの社会復帰を目指すことが重要になります。これは、統合失調症の場合、社会生活から離れる期間が長くなるほど生活能力が低下していく可能性が大きくなるからです。本人の生活能力の維持のためにも、必要以上に病気を恐れて社会復帰を遅らせることがないように注意することが重要です。

　しかしもちろん、本人が「自信がない」と言っている状況で、会社の判断だけで職場復帰を決めると、病状回復の判断を誤る可能性がありますので、産業医、場合によっては主治医の意見も十分に聞きながら、本人の職場復帰のタイミングを逃さないことがポイントとなります。

　また、障害の程度が大きく、通常の就労にかなりの困難をともなうケースでは、障害者として雇用継続することも1つの選択肢となるでしょう。

ハイテンションに職場を混乱させた後、突然うつ状態に

双極性感情障害（躁うつ病）

① 気分の波が大きく、突然にうつ状態となった社員の事例

事 例

安田宏さん　34歳　大手 IT 企業勤務（システムエンジニア）

　安田さんの父親は、40代前半の頃にノイローゼだとして精神科へ通院した経験があるそうですが、会社員として定年退職まで勤めあげ、とくに職場を長期に休んだことはなかったようです。

　安田さん自身は、高校時代に生徒会長や陸上部のキャプテンを務めるなど文武両道の精神で活躍し、国立大学の理工学部に進学後も、勉学で好成績を収める一方でサークル活動にも積極的に取り組んでいたそうです。現在の会社に就職した後は、仕事を的確に素早くこなし、忘年会や暑気払いの企画をいつも任せられるなど、職場のムードメーカー的存在でした。

　どこの職場でも熱心に働く安田さんの評判は良く、34歳で大手の鉄道会社の管制プログラムを刷新するという一大プロジェクトのリーダーに抜擢されました。プロジェクトリーダーに就任した直後は、気さくな人柄と陸上部で培った体力でほかの社員の2〜3倍のペースでパワフルに仕事をこなし、職場でも一目置かれる存在となっていました。

　しかし、プロジェクトリーダーに就任して半年後くらいから、徐々に怒りっぽさが目立つようになりました。部下に対して「現状分析に何か月かけるつもりだ。おまえの仕事が終わらなければ、次の仕事に進めないんだぞ。このプロジェクトが失敗したら、おまえのせいだぞ」などと罵倒したり、「早く仕事を持ってこい。このプロジェクトには社運がかかっているんだ。もし失敗すれば、うちの会社の大きな損失になるのだぞ。遅れを取

り戻すために、明日から全員徹夜だ！」などと、ひどく焦るようになったといいます。さらに、クライアントである鉄道会社の幹部とのトラブルも生じ始め、「安田さんの、あの物の言い方は何だ。たしかに彼は仕事はできるが、礼儀というものを知らないのではないか」などと苦情も増えていきました。

　そんな状態を見かねた部長が「最近の君の言動はちょっと目に余るものがある。君が優秀なのはよくわかるが、もう少し人の気持ちを考えて行動しなさい」と注意しても、「部長がそんな甘っちょろいこと言っているから、いつまでたってもこの会社のシェアが増えないんですよ。こういう景気の悪い時代だからこそ、抜本的なシステム改築を売り込んで、企業の効率化・合理化に貢献するべきじゃないですか」などと言い、まったく注意を聞き入れる様子はありませんでした。さらに、この頃からブランド品の高価な腕時計や派手なサングラスを身につけて出勤したりするようになったため、部長が「うちの会社の社風にふさわしい服装をしてくるように」と注意したところ、「この格好のどこがふさわしくないんですか。僕たち、IT企業の社員ですよ。部長にも今度、部長にふさわしい高級時計をプレゼントしますよ。このプロジェクトが成功に終われば、僕も部長の地位に並ぶかもしれませんしね」などとまくし立て、まったく取り合わなかったそうです。

　そんなある日、クライアントである鉄道会社から仕事の進捗状況へのクレームを受け、今後の明確な再スケジュールの提出を求められたことをきっかけに、安田さんは「頭痛がする」と仕事を休みがちになりました。職場でも頭を抱えて、「思うように頭が働かない」、「自分はもうだめだ」などと話すようになり、その1週間後、『うつ病につき、入院治療が必要な状態である。2か月間の休養が必要である』との診断書が出され、病気休暇を取得しました。

心の健康問題は「躁うつ病」

　安田さんが抱えている心の問題は、「双極性感情障害（くわしくは「双極Ⅰ型障害」）」という病気です。一般的には「躁うつ病」と呼ばれていることが多いので、本書でも「躁うつ病」と呼ぶことにします。

「うつ病」という名前が入っているために、うつ病と同じような病気であると勘違いされがちですが、躁うつ病では「躁症状」と「うつ症状」というまったく異なる2つの症状を繰り返します。単なるうつ病では、躁状態にはなりません。

　躁うつ病の生涯発病率は0.2〜1.6％（1％前後）と推定されており、統合失調症同様、決してまれな病気ではありません。

❸ 躁うつ病の原因

　躁うつ病も統合失調症と同様に、原因ははっきりとは解明されていませんが、脳内神経伝達物質を介した神経伝達機能に障害があると推定されています。一卵性双生児研究における一致率は約60％程度と考えられており、通常のうつ病よりも遺伝的要因が大きいと考えています。一般的には、その人が先天的に持つ遺伝的要因（素因）に後天的な環境要因（慢性的ストレス）が加わり、何かしらの大きなストレスイベントが引き金となって発症するというモデルが統合失調症同様に想定されています。

　躁うつ病は、社交的で親切・温厚だが、その反面優柔不断で、決断力が弱く、板挟み状態になりやすいという特徴を持つ性格（専門的には「循環気質」と呼びます）の人に発症しやすいと考えられています。

❹ 職場で見られる症状

　この病気の特徴は、前述のとおり、「うつ症状」と「躁症状」という2つのまったく異なる病状が出現するところにあります。躁症状が先に出現することもあれば、うつ症状が先に出現し、治療中に躁状態を認めることもあります。うつ症状が先行する場合には、発病当初はうつ病と

区別がつかない場合がほとんどです。

　うつ症状については、気分の落ち込み、意欲の低下、不眠、食欲不振、不安、自責感など、一般的なうつ病と同様です。それに対し、躁症状は気分の異常な高揚が続く状態ですから、一見明るく開放的で楽しい感じを受けますが、一方でイライラして怒りっぽくなったり、焦りが見られたりして、社会的に種々のトラブルを引き起こすことがよくあります。

　具体的に躁症状の特徴を挙げると、次のようになります。

・自尊心の肥大　　：自分は何でもできるなどと気が大きくなる
・睡眠欲求の減少　：眠らなくてもいつも元気なまま過ごせる
・多　　　弁　　　：一日中しゃべりまくったり、手当たりしだいにいろいろな人に電話をかけまくる
・観念奔逸　　　　：次から次へ新しい考え（思考）が浮かんでくる
・注意散漫　　　　：気が散って１つのことに集中できない
・活動の増加　　　：仕事などの活動が増加し、よく動く
・快楽的活動に熱中：お金を使いまくって買物をする

　こうして見てみると、躁うつ病において職場で問題となりやすい症状は、うつ症状よりも躁症状であるということがおわかりになるかと思います。

5　職場での対応

（１）躁うつ病の治療

　躁うつ病も、仕事の負荷を減らし、ストレスを軽減することだけでは病状の改善は期待できません。躁うつ病に対する治療の中心は、やはり薬物療法です。炭酸リチウムと呼ばれる情動安定薬（気分安定薬）に加

え、抗精神病薬・抗てんかん薬・抗うつ薬・抗不安薬などが併用される場合が多く見られます。

この躁うつ病も職場の努力だけでは治りませんので、早めに適切な精神科医療につなげることが職場の役目となります。とくに躁状態の時には、種々の逸脱行動（たとえば万引きや暴行など）により、本人の社会的信用を大きく損なうこともありますから、早期に専門の精神科医療を受けられるように家族などと十分に連携をとることが重要です。

（2）躁うつ病への職場対応

躁うつ病のうつ状態の時には、本人もつらいため、精神科医療につながるケースがほとんどですが、躁状態の時は本人は気分が良く、絶好調と感じていますので、周囲の助言に耳を傾けないことがほとんどです。

そこで、躁症状と思われる症状が職場で出現した際には、躊躇せずに職場の管理監督者が家族に連絡を取り、職場における状況を率直に伝え、なかば強制的にでも家族付き添いのもとで専門の医療機関を受診させることが必要です。前述のとおり、躁状態は放置すると社会的問題行動に発展する可能性が高いですから、受診の緊急性と必要性の観点から、職場で受診命令を出してでも、家族にすみやかな対応を促すことが重要です。

（3）躁うつ病の再発予防

躁うつ病は、適切な治療により回復する場合が多いですが、病気の再発には注意が必要です。そこで、統合失調症と同様に、職場では再発予防の観点からも、きちんと定期的に通院をすることができる環境を整えてあげることが重要です。まちがっても、職場で「最近調子良さそうだから、もう通院なんてしなくてよいのでは」とか「薬を飲んでいるうちは、仕事は任せられないな」などと言って、通院をしにくくする環境をつくってはいけません。

（4）「双極Ⅱ型障害」という概念にも注意が必要

　今回の事例の安田さんは、明らかに病的と捉えられるような躁状態を呈していたため双極性感情障害と診断されましたが、安田さんほどは躁症状が顕著ではなく、社会的に問題となるほどではないが、少しテンションが高いといった軽い躁状態を呈する病態にも、注意が必要です。専門的には安田さんのように明確な躁状態を伴う病態を「双極Ⅰ型障害」と呼びますが、そこまでに至らない軽躁状態を伴う病態を「双極Ⅱ型障害」と呼びます。

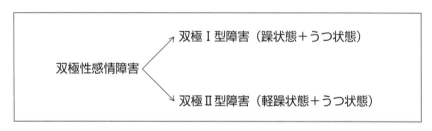

　この両者の違いをわかりやすく模式的に示すと、本事例のような双極Ⅰ型障害の場合には、躁状態となると精神的エネルギーが200％以上の状態となり、明らかに周りからも異常と感じられます。しかし、双極Ⅱ型障害における軽躁状態では精神的エネルギーが120％程度で、普段よりもちょっとテンションが高いな、調子が良いなといった状況ですので、専門家ですらこの軽躁状態を的確に診断することは容易ではありません。ましてや職場の周りの人は「最近元気だな。何か良いことでもあったのかな」程度の認識で、とくに異常とは感じません。

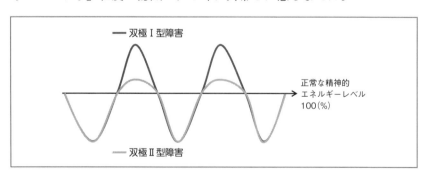

ですから、本人はこの120%の状態の時にバリバリと仕事をこなすものの、しだいにエネルギーを使い果たしてしまったかのようにうつ状態へと至ってしまうのです。実は、繰り返すうつ病や、いわゆる燃え尽き型のうつ病（何か目標に向けてものすごく熱心に取り組んで、目標達成後に燃え尽きたかのようにうつ状態に至ってしまうタイプのうつ病）の患者さんの多くが、この双極Ⅱ型の概念に当てはまるのではないかということが、専門家の間で指摘されています。

　自覚的には、これまでの人生で気分が高揚し、ハイテンションで、怒りっぽく、普段の調子（100%）を超えた時期が数日以上続いたことがあると感じたことがある人の場合、この双極Ⅱ型障害である可能性が高いといわれていますので、このような病態が疑われる場合には単にうつ病として対応するのではなく、双極性感情障害を視野に入れながら専門家に相談をするとよいでしょう。

大きな環境変化をきっかけに状態が急変

適応障害（テレワークうつ）

❶ テレワークのストレスで メンタルヘルスが悪化した事例

事 例

> **原田真美さん　34歳　金融機関勤務（事務職）**
>
> 　原田さんは国立大学の法学部を卒業後、新卒で現在の会社に入社しました。法務部の所属となり、契約関連の仕事を中心に10年以上、優秀な成績を収めてきて、部門の評価も高く、部署の主任を務めていました。
>
> 　入社11年目の８月、部署内の人材交流（ジョブローテーション）を目的に、法務部内のコンプライアンス部門への異動の打診を受けました。原田さんとしては、引き続き契約関連の仕事でキャリアを積みたいと考えていたのですが、直属の係長との年齢が近かったこともあり、キャリアアップを考えるのであれば他の部門で経験を積むのもよいかと、前向きな気持ちで打診を受け入れ、10月にコンプライアンス部門に異動しました。実際に仕事を始めてみると、これまでとは仕事の中身がまったく異なり、一から勉強し直さなければならないことも多かったのですが、大変だなとは感じるものの、決して悲観的な気持ちではなく、新しい知識を得ることができる喜びも大きかったといいます。
>
> 　異動翌年の４月、感染症の流行にともなう緊急事態宣言が発出され、直接顧客にかかわらない部門の社員は全員、原則としてテレワークで勤務することとなりました。原田さんにはテレワークの経験がなく、もともと相手の顔を見ながら対話をしたり、電話でこまめにやりとりしたりして仕事を進めていくタイプであったため、戸惑いも大きかったものの、社会的な状況も理解していたので、一生懸命、オンライン会議システムなどに慣れ

る努力をし、独居の自宅での勤務を続けました。

　会社からは当初、緊急事態宣言が解除されれば通常どおりの勤務に戻すと説明されていましたが、5月に解除となっても、出勤の許可はおりませんでした。そこで上司に今後の出勤について尋ねてみたところ、「会社の方針として、オフィス定員を極力30％に抑えるという基準が示された。営業職の社員は一定割合、オフィスに出勤することになるが、我々法務部は原則として、今後も当面の間テレワークを継続することになった」と伝えられました。

　この頃から、原田さんは、オンラインでの会議に対して強いストレスを感じるようになりました。発言しようとすると会議の出席メンバーと声がかぶることなどもあり、徐々に、会議で発言することが億劫だと感じるようになってきました。また、ファシリテーターが自分に発言を求めないまま会議が終わることもあり、自分は知識も経験も乏しいから必要とされていないのだと、被害妄想的に落ち込むことも増えました。

　会社にいれば、落ち込むようなことがあっても、周りの同僚と雑談などをして気持ちを切り替えることができます。しかし、家で1人で仕事をしていると、気持ちを立て直すきっかけがつかめません。延々と落ち込んでしまうことが続きました。また、仕事とプライベートの切り分けが難しく、会社のパソコンを閉じても、いつも仕事に追われているような気がするようになっていきました。

　そうして6月下旬、上司に「リモート勤務を続けるのは限界なので出社させてほしい」と申し出たものの、「会社が導入しているオンライン会議システムは非常に使い勝手がいいし、クラウドによる文書管理も進んでいるので、出勤して仕事をする必要はないと考えている。実際、ほとんどのメンバーは、これまでと変わらない成果を出している。あなたの場合は自宅に子どもがいるわけでもなく、仕事に集中できる環境なんだから、出勤を認めるわけにはいかない」と言われてしまいました。その翌日から家で業務に取り組むことができなくなり、近所の精神科医療機関を受診したところ、「適応障害」と診断されました。

❷ 心の健康問題は「適応障害」

　原田さんの抱えている心の健康問題は、俗に「テレワークうつ」と呼

ばれるものですが、精神医学的には、大きな環境の変化にともなう適応障害と診断することが適切と考えられます。

　適応障害とは、ある生活の変化や出来事にすみやかに反応して、その人にとって重大で、普段の生活が送れないほどの情緒面や行動面の症状が出現し、それが明らかに正常の範囲を逸脱している状態で、ストレスの終結後はすみやかに症状が消退する病状のことをいいます。アメリカ精神医学会の診断基準（DSM-Ｖ）では、症状はストレス因子の始まりから３か月以内に出現し、ストレス因子の消失後６か月以内に改善するとされています。当然、ストレス因子が持続すれば、適応障害も引き続き持続します。

　原田さんの場合には、４月にこれまで経験したことがなかったテレワークが開始された後、５月になって、意欲が低下したり被害妄想的な思考になったりと、精神的な不調が出現しています。そして６月には、仕事に取り組むことができなくなり、普段の生活が送れない状況に至ってしまいました。このような経過から、原田さんが抱えた心の健康問題は、適応障害と考えるべきでしょう。

❸ 適応障害を理解する

　適応障害とは、重大な生活上の変化やストレスに満ちた生活上の出来事（ストレス因子）により引き起こされる情緒面や行動面の症状で、社会的機能が著しく障害されている状態、と定義されています。つまり適応障害とは、ある生活の変化や出来事がその人にとって重大で、普段の生活が送れないほど抑うつ気分、不安や心配が強く、それが明らかに正常の範囲を逸脱している状態といえます。テレワークへの移行という大きな変化に対しストレスを感じる労働者はたくさんいると思われますが、原田さんのように、業務に取り組めなくなってしまうほどの病状に進展してしまうことは、正常の範囲を超えた症状と考えることが妥当でしょう。

また、適応障害の診断においてもう1つ重要な点は、ほかの心の病気が除外される必要があるということです。統合失調症、うつ病などの気分障害や不安障害などの診断基準を満たす場合には、こちらの診断が優先されることになります。

　なお、適応障害の原因となるストレス因子は、個人レベルから災害など地域社会を巻き込むようなレベルまでさまざまですが、ある人にとってはストレスに感じることが、ほかの人にとってはそうではなかったりと、個人のストレスに対する感じ方や耐性も大きな影響を及ぼします。そのため、診断基準においては、ストレスの性質や強度は特定されていません。

　事例では「テレワークへの移行」というストレス因子を取り上げましたが、適応障害の原因となるストレスには、仕事、家庭、恋愛、学校、病気など、生活のさまざまな場面における多くの出来事が挙げられます。仕事の場面においては、仕事の内容や人間関係が原因となることが多く、上司などを中心とした職場の人間関係、職場異動による仕事内容や環境の変化、仕事量の多さや責任の重さなどが主なストレス因子となります。家庭については、夫婦の不仲、嫁姑関係のような義理の両親との関係、育児や教育の問題、子どもの健康問題、引越し、経済的問題など多岐に及びます。これ以外にも、失恋、転校、いじめ、受験の失敗、慢性疾患、がん治療など、さまざまな生活上の出来事が適応障害の原因になり得ます。

❹ 適応障害の症状と予後

　適応障害の症状は非常に多彩であり、また個人差が大きいことが知られていますが、主な症状は次のように大別され、これらのいずれかが目立ったり、もしくはいくつかの症状が混在した状態として表れたりすることもあります。

> 情緒面の症状：抑うつ気分、不安、怒り、焦りや緊張など
> 行動面の症状：涙もろさ、暴飲暴食、無断欠席、無謀な運転やけんか等の攻撃的な行動など
> 身体面の症状：動悸、発汗、頭痛、めまい、倦怠感、各種の痛みなど

　適応障害の症状は、ストレス因子から離れると改善することが特徴です。たとえばテレワークがストレス因子となっている場合、テレワークをしている日は憂うつで不安も強く、めまいや頭痛などの症状があっても、出社して業務をする日には憂うつ気分も少し楽になったり、身体症状が消失したりすることもあります。この点が、環境が変わっても気分が晴れず、持続的に憂うつ気分が続き、何も楽しめないといううつ病との鑑別ポイントとなります。

　適応障害は、ストレスとなる状況や出来事がはっきりしており、その原因から離れると症状もしだいに改善するため、基本的には予後は良好と考えられています。しかし、ストレス因子から離れられない、ストレス因子が取り除けない状況、すなわちストレスが慢性的に存在する場合には、症状も慢性に経過していきます。そのため、適応障害と診断された人の40％以上が、5年後にはうつ病などの診断名に変更されているという調査結果もあり、適応障害はその後の重篤な病気の前段階である可能性と考えておくことも必要です。

5　適応障害に対する治療

　適応障害に対する治療としては、ストレス要因の除去や解決などの環境調整がもっとも重要かつ有効であるといえます。ストレス因子が取り除けるもの、あるいは回避できるものであれば、それを調整することで症状の改善が見込めます。ストレス因子を取り除いても症状が継続する場合には、「ストレス因子の消失後6か月以内に改善する」という診断

基準から外れることにもなりますので、ほかの心の健康問題を疑う必要もあるでしょう。

　また、あるストレス因子について、それを不快なストレスと感じる人がいればそうでない人もいるように、ストレス耐性は、人それぞれ異なります。そこで、ストレス因子に対する本人の適応力を高めるためのアプローチも、治療方法として有効です。さらに、情緒面や行動面での症状に対して、対症療法的に症状を和らげるため、薬物療法などが併用されることもあります。

　具体的に、それぞれの治療法について見てみましょう。

環境調整を行う

　適応障害の原因となっているストレス因子を取り除くための環境調整を行います。今回の事例でいえば、テレワークへのシフトが原田さんの不調の原因となっているようですので、出社して職場の仲間と顔を合わせながら業務遂行ができるようにしてあげることが、問題の根本的な解決につながると考えられます。

　しかし、事例におけるテレワークは感染症流行期における感染予防対策として実施されているわけで、同じ部署の人たちを、原田さんの環境調整のために感染のリスクにさらすわけにもいきません。原田さんが出社を許可されたとしても、出社した職場には仲間がいないわけで、仲間と顔を合わせて生き生きと働いていた頃のような状況にはならないでしょう。

　また、たとえ感染症を理由とするのではなくても、たとえば働き方改革の一環としてワークライフバランスを保ちやすくするためにテレワーク制度が導入されたという場合、やはり、原田さんの健康のために同じ部署の人たちを出社させ、その人たちのワークライフバランスが保ちにくくなってしまうのでは本末転倒です。

　このように、職場における環境調整においては、さまざまな事情を勘案しなければならず、かならずしも適応障害を発症した労働者の治療のためだけに環境調整を行うことができるわけではないということに注意

が必要です。

本人の適応力を高める

　職場においてはストレス因子に対する環境調整が難しい場合もありますし、さまざまなストレスと上手に付き合っていくことは労働者の職業人としての資質を高めることにもなりますので、環境への適応力を高めるようなアプローチも必要になります。

　ストレスとなる出来事を本人がどのように受け止めているかを見つめなおしてみると、その人の物の捉え方や受け止め方に、特有の癖やパターンがあることが多く見られます。この癖やパターンに対してアプローチしていくのが、「認知行動療法」と呼ばれるカウンセリング方法です。また、現在抱えている問題と症状自体に焦点を当てて、協同的に解決方法をみいだしていく「問題解決療法」もあります。いずれも、治療者と治療を受ける人が協同して行っていくものですが、治療を受ける人が治療意欲を持ち、主体的に取り組むことが重要になります。

情緒面や行動面の症状を改善する

　情緒面や行動面での症状に対しては、薬物療法が有効なこともあります。実際に不安が強すぎてしまう状況では、適応力を高めるための治療を行うことは困難ですし、被害妄想的な思考におちいってしまっているときには、環境調整を行ったとしても、その調整自体をネガティブに捉えてしまうこともあります。そこで、不安や不眠などに対しては抗不安薬や睡眠導入薬、うつ状態に対しては抗うつ薬を使って症状の改善を図ることもあります。

　ただし、適応障害の薬物療法は根本的な治療法ではなく、あくまで、症状を和らげるために薬を使うという対症療法です。つまり、適応障害の治療は薬物療法だけではうまくいかないことが多いため、環境調整や適応力を高めるための取組みが重要となります。

❻ 適応障害に対する職場対応

　ここまでご説明してきたとおり、適応障害はある特定のストレス因子に対して心身のさまざまな症状が出現する病態ですので、その原因となっているストレス因子を取り除けば、症状もすみやかに消退することが期待されます。ですから、職場において、適応障害の原因として過重労働やセクハラ、パワハラなど客観的に不合理なストレスが認められる場合には、そのストレス因子の除去を積極的に行うことが職場にとって重要です。

　その一方で、仕事には当然、一定程度のストレスが包含されていますので、職場において通常想定される範囲内でのストレスで適応障害に至ってしまっている場合には、ストレスを軽減するための環境調整は容易ではありません。①周囲との公平性を著しく欠くことにならないか、②配慮が漫然と継続し、周囲の負担が大きくなりすぎないよう、計画的に期間を区切って行われているか、③配慮した就業によって得られるアウトプットが、本人の労働の対価としての給与と著しくバランスを欠くことにならないか――などの点を確認しながら、職場として可能な環境調整を検討することになります。

　時に労働者から、「主治医に、適応障害はその原因となっているストレスを取り除くことが大事だと言われています。ですから安全配慮義務の観点からも、会社の責任で、適応障害の原因となっているストレス因子を除去してください」との申出がなされることもあります。実際には、異動などをきっかけに、自分の得意でない仕事に配属されたり、苦手な上司の下で働くことになったりした場合などに、「適応障害の原因は今回の異動なので、元の職場に戻してください」といった希望が聞かれるケースが多いように思います。このような場合、異動が通常のものであれば（嫌がらせのような悪質なものでなければ）、ある特定の労働者だけを長期間、自分の望む職場に配置することの問題点や周囲への影響などを考慮し、元の職場に戻すことが職場全体の利益に資するのか、

慎重に検討する必要があるでしょう。

　職場の判断として、適応障害になった労働者が望むような環境調整が難しい場合には、その理由を伝えるとともに、本人の適応力を向上させることを求めてもよいでしょう。たとえば今回の事例の場合、原田さんが望むような配慮を行うことは難しいと考えられますが、本書の第2章で取り上げたテレワークに対するセルフケアなどを参考に、テレワークという環境下でもメンタルヘルスを良好に保つことができるような工夫をすることを促すのも一案です。

　また、適応障害の場合には、どのようなストレス因子に対して発症したものなのかを冷静に考えることも必要です。今回の事例の原田さんの場合、すでに10年以上、会社内で活躍し実績を積んでいた労働者ですので、これまでとは別の部門への異動や、慣れない仕事にもかかわらずテレワークをせざるを得ない状況になってしまったことがストレス因子であることは明白です。しかし、入社後まもなく適応障害を発症してしまうような事例も散見されます。このような場合には、職務内容や対人関係などがストレス因子なのか、それとも会社・業界の風土や文化といった、もっと根本的なことがストレス因子なのかによって、環境調整の方法も変わってきます。前者であれば異動などで解決することもありますが、後者の場合には転職も含めたキャリアの再検討が必要となってきます。

　このように、適応障害に対する職場対応としては、適応障害を引き起こしているストレス因子を明確にしつつ、そのストレス因子に対して職場がどこまで環境調整に協力できるのかを見極めるとともに、本人にも適応力を高めるための努力をしてもらうような、バランスを重視した対応が求められるといえます。

困難事例に対応するために

① 職場対応が困難な事例における
主治医との連携の方法

　さて、ここまでお読みいただいた方は、非常に不安になってきたのではないでしょうか？　こんな数多くの困難事例があるのに、自分は本当に正しい対応できるのだろうか、と。不安に感じるのは当然です。でも、心配は無用です。なぜなら、みなさんが１人で、自分の判断だけで対応する必要はないからです。

　もちろん、第２章や第３章でお話ししたような、一般的なメンタルヘルス対策に関しては、みなさんが自信を持って推進していただくことが望まれますが、第４章でご紹介したような職場対応が困難な事例の場合、上手に専門家を絡めながら判断をし、対策を立てていく必要があるのです。

　職場対応が困難な事例に対応する場合にもっとも重要なことは、その人が抱えている心の健康問題の本質は何なのかということを明らかにすることです。つまり、統合失調症やパーソナリティ障害の方にうつ病と同じ対応をしようとしてもうまくいかないことは明らかですから、きちんと病名・病状を把握して、それぞれの心の健康問題に応じた対応をすることが必須なのです。しかし、先にお話ししたように、主治医から発行される診断書には主治医が知っている情報のすべてが記載されているわけではありませんから、診断書のような書面にされた情報のみに頼って対策を考えようと思っても決してうまくいきません。したがって、第２章や第３章でお話しした一般的な心の健康問題への対応を行ってもう

まくいかない場合には、主治医に会社としては一般的な対応をとっているにもかかわらずなかなか状況が好転しないことをはっきりと告げ、「なぜうまくいかないのか」、「この人の抱える心の健康問題は何なのか」、「今後、会社としてはどのような対応をすればよいのか」などについて、率直に情報を求めることが必要になります。

　もちろん、主治医には守秘義務がありますから、本人の同意なくして会社の人に情報提供をしてくれることはないでしょう。ですから、本人に対して「あなたの職場復帰支援の方法を尋ねるために主治医と面談させてほしい」とか、「あなたの病気が良くなるために、会社がどのようにサポートすべきか、主治医の先生に聞きたい」などときちんと目的を告げ、主治医と面談するための本人の同意を取り付けるようにしましょう。

　このとき、よく問題となるのが、本人が職場の上司や人事労務担当者と主治医との面談をすることを拒む場合や、主治医がそのような面談を拒む場合の対応です。そこで、このような場合の対応方法をお教えしましょう。

② 会社と主治医の面談を本人が拒む場合の対応

　やはり誰でも、自分の健康情報が他人に知れることに良い感情は抱きません。とくにまだまだ心の健康問題への社会的偏見が強い日本では、精神科の主治医と会社の上司や人事労務担当者が会えば自分の雇用や出世に響くのではないかと心配になるのは、ごく当然のことです。このような不安から会社と主治医の面談を本人が拒む場合には、主治医への病状調査は本人の職場復帰への適切な支援方法を検討したり、会社として再発予防のためにどのような協力ができるかを探ったりするためのものであり、決して雇用や出世には影響しないこと、主治医から知り得た情報は上司や人事労務担当者、産業医など労務管理上必要な人にしか開示しないことなどをきちんと説明する必要があります（この説明が欠けていたり不十分であったりしたために、本人が不信感を持ってしまう事例

をよく見かけます)。また、必要に応じて、配偶者や両親などにも主治医と会社の面談の必要性をきちんと説明し、面談の了解を取り付けるように心がけましょう。

このような適切な説明を行ってもさらに本人が主治医と会社の人との面談を拒む場合には、本人にとって会社に知られたくない事情が存在する場合がほとんどです。たとえば、「毎日帰れないくらい仕事があって調子を崩した」とか、「課長にセクハラをされて調子が悪くなった」などと、実際にはありもしないような職場の状況を主治医に話している場合などがこれに当たります。このようなことが推測される場合には、「あなたへの適切な配慮を検討するために主治医に会うことが必要です。もし、主治医に会うことができなければ、病状がわからないのでどのように配慮したらよいかわかりませんから、職場があなたに配慮することはできませんよ」とはっきり告げるべきでしょう。

つまり、主治医には会ってほしくない、だけれども配慮はしてほしいというのは一方的な言い分ですので、「会社として配慮をするなら主治医と面談をする必要がある」、「もし主治医と面談をさせてもらえないのであれば、あなたに配慮することはできない」という枠組みをきちんと示し、毅然とした対応をすることも必要です。

③ 会社と主治医の面談を主治医が拒む場合の対応

会社(上司や人事労務担当者)と主治医の面談を主治医が拒むケースでは、実際には職場復帰する本人が、主治医と職場の人が会うことに抵抗感を持っており、会社には「主治医が職場の人には会いたくないと言っている」などと話すというケースも多く見られます。そのような場合には、前述と同じ対応(きちんと枠組みを示す対応)をとればよいでしょう。

しかしながら、なかには「時間がないから」という理由で職場の上司や人事労務担当者に会いたがらない医師もいます。そのような場合には

まず、職場復帰を目指す本人から、「適切な配慮を検討するために主治医の先生の意見を聞きたいと職場の上司が言っている」と伝えてもらいましょう。多くの主治医は、面談の目的が明確でない状態で職場の人と会うことには難色を示しますが、自分の患者さんの利益につながる面談だとわかれば喜んで面談に応じます（ただし、大半の主治医は診察の合間や診療終了後の面談を望みますので、長時間待ってでも主治医と面談をしたいという気持ちを示すことが重要です）。

それでも自分の大切な患者さんの職場復帰にすら協力してくれないような主治医であれば、セカンドオピニオンとしてほかの先生に診察していただき、職場復帰に際しての助言を得たりする必要があるでしょうし、主治医と本人との信頼関係も構築されていないような場合には主治医を替えることを提案してみてもよいでしょう。

❹ 主治医から得られた情報を最大限利用する

精神科を専門とする産業医や、メンタルヘルスにくわしい産業医がいる場合には、その産業医が職場対応困難事例への対応の中心的な役割を果たすことになりますが、そのような産業医と契約をしている企業はごくわずかだといえます。もちろん精神科が専門でない産業医でも、ある程度のメンタルヘルスに関する知識は有しているはずですが、そうした産業医には、専門的な判断を求められても踏み込んだ判断をするのは難しいのが現状です。

そのような場合には、前述のようにして得られた主治医からの情報を最大限活用しながら、職場の上司は職場を管理する立場から、会社の人事労務担当者は法令を遵守し会社が採用している制度の枠組みを維持する立場から、産業医は一般的な健康管理の立場から、それぞれ知恵を出し合って、協力することがもっとも重要なこととなります。

5 回復が得られなかった場合に企業ができることは

　本書では、職場におけるメンタルヘルス対策の進め方から、休業事例への対応、さらには困難事例への対応まで、幅広くお話をしてきましたが、最後に、職場が適切な対応をとり十分な配慮をしたにもかかわらず、病状が好転せずに雇用契約を維持することが困難になってしまった場合に、企業の人事労務担当者がどのように対応すべきかについてお話ししたいと思います。具体的には、就業規則に定められている休職期間満了を迎えても、就業できる程度にまで病状が回復せずに退職を余儀なくされてしまった場合や、ご本人が家族・主治医と十分相談したうえで、病状の回復を最優先に考えて退職を選択された場合などがこれに当たります。このような場合に、企業は何かすべきことがあるのでしょうか？

　もちろん、退職となれば労働契約関係がなくなりますので、心の健康問題が労災であると認定されているような特別の場合を除き、企業が果たさなければならない法的な配慮はとくに定められていません。ですから、通常の退職と同様に事務処理をすれば、法的な問題は生じないということになります。

　しかし、心の健康問題で退職を余儀なくされた労働者やその家族にとって、その後の生活は大変心細いものであるに違いありません。会社の人事労務担当者や上司が、その後の生活の道筋をつけるために、何かできることはないのでしょうか？

6 傷病手当金

　多くの方がご存じのとおり、傷病手当金は、病気休業中の被保険者とその家族の生活を保障するために設けられた制度です。病気や怪我のた

めに会社を休み、事業主から十分な報酬が受けられない場合に健康保険組合等から支給されます。ですから、心の健康問題で休業を余儀なくされた労働者にとって、会社から報酬が支給されない場合には非常に心強い制度になります。

以前は、退職後でも任意継続被保険者となれば傷病手当金が支給されていましたが、平成19年4月1日の健康保険法改正により、任意継続被保険者は傷病手当金の受給ができなくなってしまいました。しかし、退職日（資格喪失日前日）までに継続して1年以上被保険者であった方で、かつ退職日の時点で傷病手当金を受給していた方は、資格喪失後も継続して傷病手当金を受給できるのです（「資格喪失後継続給付」。健康保険法104条）。

つまり、退職日の時点で傷病手当金を受給している場合には、最長で1年6か月の傷病手当金を受け取ることができるわけです。しかし、受給していない場合には、一部の例外（傷病手当金の支給要件を満たしていた者が、事業主から報酬の支払いを受けていたため資格喪失まで健康保険法58条1項の規定によって傷病手当金が支給されていなかった場合）を除き、その後も傷病手当金を受け取ることができません。

一般的に、退職を余儀なくされた場合には、「仕事」というストレスやプレッシャーからは解放されることになりますが、退職後は金銭面での将来的な不安を抱えることになってしまいます。そこで、この傷病手当金が支給されるか否かは、じっくりと回復に向かって療養することができるかどうかを左右する重要なポイントとなります。

もちろん、休職期間中に傷病手当金の支給を受けて1年6か月の期間を経過してしまった場合には、それ以上給付を受けることはできません。しかし、本人が自主的に退職を申し出た場合や、勤務不良を理由として企業側と退職の合意が形成された場合など、休職期間の満了を待たずに退職するケースでは、本来であれば傷病手当金を受給できるにもかかわらず、それが受給できていない事例を数多く見かけます。退職を余儀なくされた方に対して、人事労務担当者や上司が傷病手当金をきちんと受給できるような配慮をすることが望まれます。

（1）精神障害に関する受給基準

　精神障害に罹患し、回復に時間がかかっている場合には、身体障害・知的障害と同様に、障害年金を受給することも可能です。その精神障害に関する受給基準は次のようになります。

《1級》
精神の障害により、長期にわたる安静を必要とする病状が、日常生活の用を弁ずることを不能ならしめる程度のもの

　　→つまり、他人の介助を受けなければほとんど自分の用を弁ずることができない程度のものがこれに当たり、身の回りのことはかろうじてできるが、それ以上の活動はできないもの、または行ってはいけないものがこれに当たります。

《2級》
精神の障害により、長期にわたる安静を必要とする病状が、日常生活が著しい制限を受けるか又は日常生活に著しい制限を加えることを必要とする程度のもの

　　→つまり、かならずしも他人の助けを借りる必要はないが、日常生活は極めて困難で、労働により収入を得ることができない程度のものがこれに当たります。

《3級》
精神の障害により、労働が著しい制限を受けるか又は労働に著しい制限を加えることを必要とする程度のもの、及び、傷病が治らないで、労働が制限を受けるか又は労働に制限を加えることを必要とする程度のもの

　　→つまり、精神障害により、時間外労働の禁止、労働時間の短縮、出張の制限・禁止など働く上で労働する内容や条件に制限を受けるか、または制限を加えることを必要とする程度のものがこれに当たります。

もちろん、障害年金が受給できるかどうかには、本人の生活能力や医師の見解など、さまざまな要素が加味されますので一概には明言できませんが、その受給の可能性があることは退職を余儀なくされた労働者に伝えておくことが望まれます。

（2）障害年金の請求要件

　障害年金は、次の要件を満たした場合に、初診日より1年6か月を経過した日以降に請求することができます。

1. **障害状態要件**…受給基準に該当するような障害があること。
2. **年金加入要件**…初診日時点で公的年金（国民年金、厚生年金保険、共済組合）に加入していること。
3. **保険料納付要件**…初診日の「前日」において、初診日の属する月の「前々月」までに「被保険者期間があり」、その被保険者期間内に、保険料納付済期間と保険料免除期間を合わせた期間が3分の2以上あること、または初診日の属する月の「前々月」までの1年間に未納期間がないこと。

　つまり、障害年金の請求においては、「初診日」と、初診日から1年6か月経過後の「障害認定日」が重要となります。障害年金の存在を知らずに何年も経過してしまい、その後に慌てて請求したとしても、その時には初診日のカルテが消失してしまっており、障害年金が受給できない事例などもたくさん見受けられます（カルテの保存義務は、医師法24条により5年間です）。

　この点も、退職を余儀なくされた労働者に、企業の人事労務担当者や上司が助言できていれば、より円滑に請求をすることができ、心の健康問題により就業が困難となってしまった方の経済的負担の軽減と、人生に対する自信の維持に役立つと考えられます。

　障害年金は、法令上は就労、在職、休職に関係なく請求できます。在職中から準備して傷病手当金の受給後から途切れなく受給できれば、企業にとっても休職期間満了時の対応が円滑に行える可能性が高まります

ので、障害年金に関する知識を持っておくことは重要です。

しかし、障害年金の請求手続はかなり難解です。せっかく多くの手間と費用をかけて請求をしても、提出した書類によっては受給が認められないケースも多々あります。障害年金を専門に手がけている社会保険労務士に相談したり請求を委託したりすることも1つの選択肢です。参考までに、電話相談に応じているNPO法人をご紹介します。

NPO法人 障害年金支援ネットワーク

電話相談 （固定電話から）　0120-956-119

（携帯電話から）　0570-028-115　※通話料有料

URL　　　https://www.syougainenkin-shien.com/

---

⑧ 企業の助言は「安心感」「信頼感」に結びつく

以上の傷病手当金と障害年金に関する助言は、企業が法的にしなければならないことではありませんが、従業員に安心感を与える重要なものだと思います。一生懸命仕事をした結果、心の健康問題を発症してしまったのに、退職となったら知らんぷりという会社のために、誰が全力を注げるでしょうか？　「会社は仕事をするところだ」「会社を辞めた後は何ら関係ない」という主張はもっともですが、万一、従業員が健康を害してしまった際に、会社がどのようなフォローをしてくれるのかということは、従業員にとっても決して関心の低いことではないはずです。「うちの会社は、退職することになってしまっても、その後の生活も考えて公的資源の紹介などをしてくれるのだな」と思えば、従業員は会社に守られているという感覚を覚え、一生懸命、会社のために力を注いでくれることと思います。

このような、一見、会社にとって無意味と思えるようなことでも、「安心感」「信頼感」という、メンタルヘルスにとってはもっとも重要な要素に結びつくことがあることを忘れないでいただきたいと思います。

お わ り に

　本書をここまで読み進めていただいた方々に、心より感謝申し上げます。

　私たちは、今回の4訂版を、新型コロナウイルスのワクチンの職域接種の合間を縫って執筆させていただきました。多くの方が早期のワクチン接種を望まれる中で、東京2020オリンピック・パラリンピックの開催の是非で社会が分断されている、そんな非常に混沌とした時代にあって、精神科を専門とする産業医として何ができるだろうと考える日々ですが、その答えの1つが、この書籍の4訂版の執筆でした。

　社会が混乱し、さまざまな変化が求められる時代において、人が心の平和を保つことは決して容易ではありません。実際に、令和2年度は11年ぶりに自殺者が増加に転じ、うつ病等のメンタルヘルス問題も増加傾向にあることが指摘されています。感染症が流行し、多くの職場で十分な準備のない中、緊急避難的に開始されたテレワークなどは、日本人の働き方を大きく変化させたとともに、これまで想定されてこなかった、働くことの難しさを生じさせています。そこで、この新しい働き方に対応できるメンタルヘルス対策について大幅に加筆を行い、少しでも新たなメンタルヘルス問題に頭を悩ませている方々のお役に立てればと考え、筆を進めてまいりました。

　今回の新型コロナウイルス感染症では、多くの方が命を落とされました。また、感染後の後遺症で悩まされる日々を送られている方や、失われてしまった日常に戸惑い、心の平穏を失ってしまった方もおり、このような方々を目にすると、いつも胸が張り裂けそうになります。しかし、この歴史的な出来事を乗り越えた後には、きっと、大きな希望が待っているに違いないと、私たちは信じています。

　今回の感染症の流行にともなう、強制的な働き方改革の成果として、

私たちは、かならずしも毎日オフィスに出勤しなくても、仕事ができることを実感できました。地方や海外にいる社員とも、リアルタイムで簡単に、顔を見ながらコミュニケーションをとることができる手法も手に入れました。これらの経験は、子育てや介護、また自身の病気の治療と仕事を両立させることを容易にするに違いありません。また、これまで通勤に奪われていた時間と体力を、ほかのことに振り向けることも可能になります。このような変化が、我々に、より大きな可能性と多様性をもたらしてくれることでしょう。「感染症の流行が、将来の働き方にプラスの影響を与えた」と言われる日が来ることを、心より願っています。

　本書を執筆するにあたり、企業から少しでも心の健康問題を減らしたいと願い、大変ご多忙のなか監修いただいた恩師、筑波大学 松崎一葉教授には心より御礼申し上げたいと存じます。また、本書の改訂のための資料収集などに尽力してくれたゲートウェイコンサルティング株式会社の斎藤真理子さん、そして本書の社会的意義をご理解くださり、コロナ禍においても粘り強く原稿を待ち続けてくださいました日本法令の松本千佳様にも深く感謝申し上げます。

　最後に、本書籍を執筆している私たちに、文句のひとつも言わず、最大限の協力をしてくれた、吉野家・梅田家の家族にも感謝の意を表したいと思います。私たちは精神科医である前に、小学生の娘を抱える父親です。自分たちの愛娘が社会に出る頃には、多くの会社でメンタルヘルス問題が前向きに解消され、夢と希望に満ちた社会になっていることを願ってやみません。

　令和3年7月吉日

吉野　　聡
梅田 忠敬

著　者

吉野　聡　（よしの　さとし）

吉野聡産業医事務所　代表・精神科産業医
ゲートウェイコンサルティング株式会社　代表取締役

1978年生まれ、2007年筑波大学大学院博士課程修了。博士（医学）、精神
保健指定医。産業精神医学と労務管理に関する法律が専門。東京都の産業
医として休業労働者の職場復帰支援に携わった後、民間病院でうつ病の患
者さんの職場復帰支援プログラムを創設。筑波大学医学医療系助教を経て、
2012年7月に吉野聡産業医事務所、2017年1月にゲートウェイコンサルティ
ング株式会社を創業。各企業・団体で予防的メンタルヘルス活動に広く従
事する。日本精神神経学会精神科専門医、日本スポーツ精神医学会理事。
著書に『「職場のメンタルヘルス」を強化する』（ダイヤモンド社）、『現役
精神科産業医が教える「うつ」からの職場復帰のポイント』（秀和システ
ム）、『こころとからだのリハビリテーション　職場復帰を成功させるため
の30日ノート』（現代けんこう出版）、『それってホントに「うつ」？－間
違いだらけの企業の「職場うつ」対策－』（講談社）、『「現代型うつ」はサ
ボりなのか』（平凡社新書）、『早わかりストレスチェック制度』（ダイヤモ
ンド社）等多数。

梅田　忠敬　（うめだ　ただひろ）

吉野聡産業医事務所　副代表・精神科産業医
ゲートウェイコンサルティング株式会社　COO

1980年生まれ、2011年筑波大学大学院博士課程修了、2014年神戸大学大
学院社会人MBAプログラム修了。博士（医学）、経営学修士（MBA）、
精神保健指定医、精神科専門医、日本医師会認定産業医。大学卒業後、筑
波大学産業精神医学グループに所属し、職場のメンタルヘルスに関する研
究や多くの公的機関・民間企業において、産業医として予防的メンタルヘ
ルス活動に従事。現在は、現職にて引き続き産業医活動を行っている。
著書に『産業精神医学＆経営学の視点から見たストレスチェック活用術』
（日本法令）、『公務員のための部下が「うつ」になったら読む本』（分担執
筆、学陽書房）、『ここが知りたい職場のメンタルヘルスケア』（分担執筆、
南山堂）、『精神障がい者のための就労支援〔改訂第2版〕』（分担執筆、へ
るす出版）がある。

監 修 者

松崎 一葉 （まつざき いちよう）

筑波大学医学医療系　教授

1960 年生まれ、1989 年筑波大学大学院博士課程修了。医学博士、精神保健指定医。産業精神医学・宇宙航空精神医学が専門。労働者のストレスに関係した研究成果を広く社会還元するために、労働者のメンタルヘルスから宇宙飛行士の選抜まで幅広い分野で疾病の発生予防活動に取り組んでいる。日本精神神経学会指導医、日本産業衛生学会評議員。

著書に『会社で心を病むということ』（東洋経済新報社）、『もし部下がうつになったら』（ディスカヴァー・トゥエンティワン）、『クラッシャー上司　平気で部下を追い詰める人たち』（PHP 新書）、『情けの力』（幻冬舎）、『御社に「うつ」が多い理由（ワケ）』（東洋経済新報社）がある。

4訂版

精神科産業医が明かす
職場のメンタルヘルスの正しい知識

平成21年12月10日　初版発行
令和3年8月10日　4訂初版
令和6年5月1日　4訂2刷

検印省略

日本法令 ®

〒101-0032
東京都千代田区岩本町1丁目2番19号
https://www.horei.co.jp/

共　著	吉　野		聡
	梅　田	忠	敬
監修者	松　崎	一	葉
発行者	青　木	健	次
編集者	岩　倉	春	光
印刷所	千		修
製本所	国　　宝		社

（営　業）　TEL　03-6858-6967　　Eメール　syuppan@horei.co.jp
（通　販）　TEL　03-6858-6966　　Eメール　book.order@horei.co.jp
（編　集）　FAX　03-6858-6957　　Eメール　tankoubon@horei.co.jp

（バーチャルショップ）　https://www.horei.co.jp/iec/
（お詫びと訂正）　https://www.horei.co.jp/book/owabi.shtml
（書籍の追加情報）　https://www.horei.co.jp/book/osirasebook.shtml

※万一、本書の内容に誤記等が判明した場合には、上記「お詫びと訂正」に最新情報を掲載
しております。ホームページに掲載されていない内容につきましては、FAXまたはE
メールで編集までお問合せください。

「労働・社会保険の手続き＋関係税務」「人事労務の法律
実務」を中心に，企業の労務，総務，人事部門が押さえ
ておくべき最新情報をご提供する月刊誌です。

https://www.horei.co.jp/sr

ビジネスガイド

開業社会保険労務士専門誌 SR

開業社会保険労務士のため，最新の法改正やビジネスの
潮流をとらえ，それらを「いかにビジネスにつなげるか」
について追究する季刊誌です。

https://www.horei.co.jp/bg/

便利でお得な 定期購読のご案内

定期購読会員（※1）の特典

¥0 送料無料で確実に最新号が手元に届く！（配達事情により遅れる場合があります）

少しだけ安く購読できる！
- ビジネスガイド定期購読（1年 12 冊）の場合：1冊当たり約 155 円割引
- ビジネスガイド定期購読（2年 24 冊）の場合：1冊当たり約 260 円割引
- SR定期購読（1年4冊（※2））の場合：1冊当たり約 410 円割引

会員専用サイトを利用できる！
サイトでは，最新号の全記事の閲覧，バックナンバーの記事タイトル検索などがご利用いただけま

割引価格でセミナーを受講できる！

割引価格で書籍や DVD 等の弊社商品を購入できる！

定期購読のお申込み方法

振込用紙に必要事項を記入して郵便局で購読料金を振り込むだけで，手続きは完了します！
まずは雑誌定期購読担当【☎03-6858-6960 ／✉kaiin@horei.co.jp】にご連絡ください

1. 雑誌定期購読担当より専用振込用紙をお送りします。振込用紙に，①ご住所，②ご氏名（企
の場合は会社名および部署名），③お電話番号，④ご希望の雑誌ならびに開始号，⑤購読料
（ビジネスガイド1年 12 冊：12,650円，ビジネスガイド2年 24 冊：22,770円，SR1年 4
5,830円）をご記入ください。

2. ご記入いただいた金額を郵便局にてお振り込みください。

3. ご指定号より発送いたします。

（※1）定期購読会員とは，弊社に直接1年（または2年）の定期購読をお申し込みいただいた方をいいます。開始号はお客様のご指定
りますが，バックナンバーから開始をご希望になる場合は，品切れの場合があるため，あらかじめ雑誌定期購読担当までご確
さい。なお，バックナンバーのみの定期購読はできません。

（※2）原則として，2・5・8・11 月の5日発行です。

■ 定期購読に関するお問い合わせは …

日本法令 雑誌定期購読会員担当【☎03-6858-6960 ／✉kaiin@horei.co.jp】まで